蓝色报告 2021

——浙江海洋大学学生关于社会经济发展问题的调查与思考

主　编　严小军　杨灿军

副主编　佘红艳　王飞越　王建友　章其真

ZHEJIANG UNIVERSITY PRESS

浙江大学出版社

·杭州·

前　言

在这个日新月异的时代，高等教育的目标已远不止于理论知识的传授，更在于培养具有创新精神、实践能力、综合素质和社会责任感的新时代青年。2019年3月18日，习近平总书记主持召开学校思想政治理论课教师座谈会并发表重要讲话，讲话强调，思政课要坚持理论性和实践性相统一，用科学理论培养人，重视思政课的实践性，把思政小课堂同社会大课堂结合起来。大学生思想政治理论课社会实践，成为连接校园与社会的重要桥梁，也是新时代高等教育理念变革的生动实践。它不仅要求学生走出象牙塔，深入社会各个领域，用所学理论知识解决实际问题，更在于引导学生关注社会热点，思考人生价值，促进个人成长，实现自我超越，最终培养出更多让党放心、爱国奉献、担当民族复兴重任的时代新人。

《蓝色报告2021——浙江海洋大学学生关于社会经济发展问题的调查与思考》的编纂出版，正是基于这样的背景与初衷。本书汇集了来自浙江海洋大学不同专业、不同领域的大学生思想政治理论课社会实践成果，每一篇调研报告都是学生们汗水与智慧的结晶，是他们对社会现实的深刻洞察，对专业知识的灵活运用，以及对未来梦想的不断追求。这些报告内容广泛，涵盖了海洋经济、科技产业发展、民生治理、文化传承、乡村振兴等多个方面，它们或是对海洋发展的专业思考，或是对基层社会问题的深入剖析，或是对地方发展的独到思考，或是对乡村振兴案例的深刻总结，蕴含着当代大学生们对社会、对人生、对现实问题的独特见解和思考，充分展示了他们关心国家发展、服务地方社会的时代责任感和使命感。我们希望这本调研论文集的出版，能够为广大读者提供一个了解浙江海洋大学学生社会实践成果的平台，激发更多青年大学生投身于火热社会实践的热情和动力。同时，我们也期待这些宝贵的实践经验和创新思考能够为社会各界提供有益的参考和借鉴，共同推动社会的发展与进步。

最后，我们要向所有参与浙江海洋大学思想政治理论课社会实践并撰写调研报告的大学生们、指导老师们致以崇高的敬意和衷心的感谢。是你们的持续坚持与付出，让这本论文集充满了"烟火气"和青春味;是你们的智慧与汗水,让思政课社会实践的价值得以彰显和传承,提高了学校思政课的针对性和吸引力。愿我们继续携手并进,勇敢走出校园,在广阔的"大思政课"社会实践中不断探索真理,在伟大的历练与创新中成就梦想与未来!

目　录

第一编　海岛发展篇

第二编　经济产业篇

第三编　民生治理篇

第四编　文化发展篇

第一编
海岛发展篇

从来治国者，宁不忘渔樵

——关于新建村重大选题落实情况的调查

作者：胡菲菲，林宇梦，王艺颖　　班级：A19 经济 2　指导教师：林晓芳

摘　要：在 2021 年暑假，暑期社会实践调研团成员针对新建村乡村振兴战略的落实情况展开了一系列社会调查。在此期间，调研团成员集体外出进行了问卷的分发和回收。通过这次暑期实践，调研团成员在调查访问中了解了新建村目前在乡村振兴战略实施过程中的现状和现实障碍，也在和村民的交谈中获悉他们对于乡村振兴战略落实情况的满意程度，运用数据分析为新建村未来规划提供参考，促进乡村振兴五个方面协同发展，创造新的发展生态，为新建村发展提供新的力量，切实实现舟山地区海岛乡村的振兴。

关键词：乡村振兴；新建村；渔樵

一、项目概述

（一）项目背景

1. 政策背景

2021 年是实施"十四五"规划、开启全面建设社会主义现代化国家新征程的第一年。实施乡村振兴战略是党的十九大提出的重大决策部署，是实施城乡融合发展、决胜全面建成小康社会的重大历史任务，目的是解决人民日益增长的美好生活需要和不平衡不充分的发展之间的矛盾。"十四五"期间，全面实施乡村振兴战略成为国家重点战略。

2. 历史背景

2005 年，时任浙江省委书记习近平在浙江提出"绿水青山就是金山银山"的理念。2015 年 5 月，习近平总书记第 14 次踏上舟山群岛，实地调研舟山定海新建村。充满生活气息的渔民画、一件件精致实用的手工艺品无不吸引着习近平总书记，令他频频驻足

欣赏。他指出,"美丽中国要靠美丽乡村打基础""绿水青山就是金山银山,就是科学发展、可持续发展"。舟山坚定践行"绿水青山就是金山银山"的理念,始终沿着总书记指引的方向撸起袖子加油干,全力打造独具海洋海岛特色的美丽新样板。其中,新建村起了很好的带头作用,是实施乡村振兴战略的先行者。

3.社会背景

2020年,由于新冠疫情的冲击,新建村的民宿、餐饮、休闲等产业几乎全面停业,新建村的创业者以及经营者都遭受了巨大的打击。另外,疫情对很多正在进行中的乡村振兴项目的进度也造成了影响,相关工作不能按计划开展。村里相关负责人坦言,新冠疫情防控期间乡村旅游受到了一定影响,"但这也正好给了我们时间、空间修炼内功。短暂地俯身是为了跳跃时能跳得更远"。他还提到,2021年1—6月在新建村的旅游资源开发运营上,他们将大部分精力用在深挖海岛乡村文化、整合资源上,引入了更多合作伙伴,提升了新建村的品质内涵。

(二)课题研究意义

人民网从以下五点阐述了实施乡村振兴战略的伟大意义:"实施乡村振兴战略,本质是回归并超越乡土中国;实施乡村振兴战略,本身是对近代以来充满爱国情怀仁人志士们的理想的再实践、再创造;实施乡村振兴战略,核心是从根本上解决'三农'问题;实施乡村振兴战略,有利于弘扬中华优秀传统文化;实施乡村振兴战略,是把中国人的饭碗牢牢端在自己手中的有力抓手。"[1]在乡村振兴战略的落实过程中,虽说成绩是显著的,但仍或多或少存在一些亟待解决的问题。新建村是该地区实施乡村振兴战略的先行者,对其乡村振兴战略落实情况的调查和研究可以帮助我们认识和了解乡村发展遇到的困难和挑战,研究和分析解决当前问题的途径和方案,为乡村的深入发展路径提供思路。

(三)研究思路与创新点

1.研究思路

作为党的十九大作出的重大决策部署,乡村振兴战略成为国家的战略重点。随着乡村振兴战略的逐步落实和乡村资源的逐步开发,出现了许多亟待解决的问题,例如乡村人才外流问题、城乡基础设施建设现状差距和配套公共资源的完善问题、乡村人才缺乏活力问题等。

我们通过文献查阅法、调查分析法、采访谈话法来研究新建村乡村振兴战略的落实情况,通过对相关问题的调查,了解和掌握新建村在乡村振兴战略落实方面所面临的困境,找到解决问题的思路,并提出具有参考价值的建议。

具体思路如下：

（1）提出并确定课题。调研团成员各抒己见，用头脑风暴的方式充分提出自己的看法并确定课题。

（2）收集背景资料，制订问卷内容。了解乡村振兴战略落实的政策背景、经济背景、社会背景，对症下药，针对乡村振兴战略的五个方面设计不同的调查问题。

（3）深入线下进行调研。调研团成员前往舟山新建村，实地进行调查问卷的填写。

（4）访谈调研。调研团成员前往新建村文化活动中心，采访了村委会余金红书记，并进行了深入的交流。

（5）数据收集和分析。对线下收集到的问卷资料和访谈笔记进行归纳和整理，并对数据进行分析。

（6）得出结论。对于研究分析的内容进行概括性的整理，提出合理的建议，得出结论。

2. 创新点

调研团采用实地访谈和线下问卷填写相结合的方式，分别对基层建设中的干部和参与其中的村民等主体进行调研。对于基层干部，团队选择新建村建设的直接推动者、十九大代表余金红书记进行访谈调查；对于村民，团队选择在新建村进行随机抽样调查，并展开问卷的填写工作。团队力图通过对基层干部和享受乡村振兴战略落实福利的村民等主体进行合理的调查分析，从而提出科学有效的建议，得出可靠的结论。

通过对乡村振兴战略落实过程中的各主体进行调研，获得了在国家政策推动下新建村乡村振兴战略实施情况的综合评价。通过对乡村振兴中文化振兴、人才振兴、产业振兴、生态振兴、组织振兴五个方面的探索研究，可以比较直观地看出战略落实过程中面临的问题和挑战，从而更好地认识和解决问题，进而可以更全面、更迅速地推动乡村振兴战略的实施。

（四）调查概况

1. 调查主题

调查主题为"关于新建村乡村振兴战略实施情况的调查"。

"一直以来，农业农村农民问题是关系国计民生的根本性问题，必须始终把解决好'三农'问题作为全党工作重中之重。因此要坚持农业农村优先发展，巩固和完善农村基本经营制度，保持土地承包关系稳定并长久不变，第二轮土地承包到期后再延长三十年。确保国家粮食安全，把中国人的饭碗牢牢端在自己手中。加强农村基层基础工作，培养造就一支懂农业、爱农村、爱农民的'三农'工作队伍是阶段之重。"[2] 因此，我们选择此主题进行调查。不仅能深入了解新建村乡村振兴发展过程中所遇到的困难以及解决方法,还能亲见经历了乡村振兴后的新建村崭新面貌,探寻新建村乡村振兴战略实施情况,加以了解与学习。

2.调研对象与范围

此次调查报告是基于新建村乡村振兴战略实施情况的调查,故调查对象选择了新建村村民。在乡村振兴中,村民的意见和满意程度是评价和衡量乡村振兴战略实施结果的一个重要标准,村民是直接受益者和第一体验者,所以村民的感受很重要。选择新建村相关领导进行调查的原因则是在实施乡村振兴战略过程中,相关领导是直接领导人,他们比村民更了解为什么要开展此次乡村振兴活动以及新建村开展活动的优势和到目前为止的效果,因此选择相关领导进行调研必不可少。最后,选择周边村落村民进行调研是为了更好地调查新建村乡村振兴的效果,作为第三主体,他们的反馈也具有重要价值。

3.调查目的及意义

乡村振兴战略一直是我国的重要战略,但关于乡村振兴战略实施效果的调查却少之又少。实施乡村振兴战略是党的十九大作出的重大决策部署,是实施城乡融合发展、全面建成小康社会的重大历史任务。"十四五"期间,全面实施乡村振兴战略成为国家战略。在乡村振兴战略的落实过程中,成效是显著的,但同时还存在很多亟待解决的问题。新建村坐落在浙江省舟山市定海区干览镇上,在这里,乡村振兴战略得到了一定的落实。对新建村乡村振兴战略落实情况的调查和研究可以帮助我们了解和认识乡村发展遇到的困难和挑战,研究和分析解决当前问题的途径和方案,为探寻乡村的深入发展路径提供思路。同时,还能以小及大、由点及面地分析和概括不同地区乡村振兴战略实施后所面临的问题和效果,以便解决问题。

4.调查方法

(1)问卷法

问卷法是目前国内外社会调查中较为广泛使用的一种方法。问卷是指为统计和调查所用的、以设问的方式表述问题的表格。问卷法就是研究者用这种控制式的测量对所研究的问题进行度量,从而获得可靠资料的一种方法。我们将关于调查的问题打印在纸张上,通过线下实际分发问卷的形式进行调查。

(2)抽样法

抽样法是指从总体中不加任何分组、划类、排队等,完全随机地抽取调查。我们调查的地点固定,但每次采访调查的对象不一样,完全随机,对各个年龄段、各种职业的主体都进行了调查,由此保证调查不具有偶然性。我们随机找新建村村民进行问卷调查,无特定目标,整个过程具有随机性,充分保证了调查结果的准确性。

（3）采访谈话法

通过实地与新建村村领导交流访谈，我们得到了关于新建村在实施乡村振兴过程中遇到的困难以及如何克服困难的事例，还了解了新建村的历史文化与地理位置的优越性。

二、问卷回收与数据处理

（一）问卷管理

问卷每天由各个负责人员进行发放并回收，汇总后由团队一名专门人员负责统计发放的问卷数量与收回的问卷数量，进行核对工作。完成后由其妥善保管，以防止数据丢失和有关人员擅自更改问卷的情况。

汇总并核对后对问卷进行审核，标注容易填错或填写内容不符合要求的题目，告知并要求调查人员在调查及相关过程中重点关注此类问题并进行适当的指导。但是调查人员只能告知被调查者关于题目填写的方式方法，不得以任何诱导性语言授意被调查者改变初衷，致使问卷内容失真，影响问卷的有效性和合理性。

（二）数据预处理

1. 对答卷质量的审核

剔除无效问卷。问卷的有效性和真实性是实践团队审核答卷的第一步，根据人员的分配和安排将每日收回核对后的问卷等分给各个成员，要求按照以下几个要点进行无效答卷的剔除工作。

（1）基本信息没有填写，说明调查对象不具有准确的可信度，回答不认真，所提供的信息是不合理和不可信的。

（2）问卷中没有回答的题目超过5题（包括5题）。

（3）问卷有明显错误。

在录入的过程中进行第二步工作，即检查问卷中每个题目的回答是否都符合问卷的规范和要求，是否按照事实等进行填写。

满足以上三点中任意一点的答卷视为无效答卷，对于这些答卷予以剔除，不必再对所回答的各个题目仔细检查。

2. 数据的净化

如果有奇异值，首先要找出它们在哪里，其次要分析产生的原因，最后要判断是否需要修改。此时的数据错误可能是原始数据问题，也可能是录入的问题。

（1）清理异常值

所谓异常值，或称极端值，是相对于每个变量来说超出了所应取值的范围的值。由于在对问卷进行审核时已经对异常值做了检查，此时出现的异常值多数属于录入错误。清理异常值分两步进行操作。第一步，普查，即在所有的变量中，查找含有异常值的变量。由于本问卷中均为离散型变量，实践团队通过频数表，考察变量的取值情况，以便发现异常值。第二步，对于含有异常值的变量，利用 SPSS 中的数据定位查找异常值出现在哪一行，问卷的编号是多少，即看异常值出现在哪一份问卷中，并决定是否需要剔除。

（2）重复个案的排查

在调查过程中，重复问卷时有发生。实践团队利用 SPSS 中的 Identify Duplicate-Cases，对重复个案进行排查。

（3）统计分析前对数据的预处理

确定了数据本身的准确性、有效性和适用性之后，在对数据进行统计分析之前，实践团队对数据做一定的统计预处理，包括对缺失数值的处理、对数据分布的检验等。

（三）数据分析

为了使问卷简洁有效，提高民众问卷填写的方便性以及调研过程的高效性，团队成员发放问卷 85 份，回收问卷 80 份，问卷回收率达 94.1%。其中有效问卷 80 份，有效率达 100%。

调查结果显示，接受调查的新建村村民男女比例为 5∶3。

1. 基本情况

根据小组走访和调查，大致统计出了以下情况。

（1）年龄分布

根据调查问卷的分析结果，可以看出：35 岁以上的人口占据了新建村常住人口的大部分比重，达到 55%。这说明新建村存在人口老龄化的情况或者存在一定程度的人才外流现象，从而使新建村青壮年的比重下降，进而导致新建村年龄分布的失衡（见图 1）。

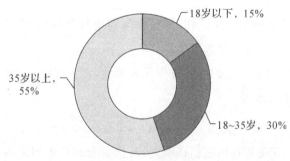

图 1　新建村调查对象年龄分布情况

（2）文化程度与乡村振兴了解情况的交叉分析

由交叉分析图表（见表1）可知，文化程度与乡村振兴了解情况成正比，文化程度越高，对乡村振兴战略的了解程度就越高。

表1　文化程度与乡村振兴了解情况的交叉分析表

文化程度	人数（百分比）				人数小计
	完全了解	基本了解	了解一些	不太了解	
小学	0(0.00%)	4(26.67%)	4(26.67%)	7(46.67%)	15
初中	2(10.53%)	4(21.05%)	11(57.89%)	2(10.53%)	19
高中	0(0.00%)	8(50.00%)	8(50.00%)	0(0.00%)	16
大专及以上	7(30.43%)	13(56.52%)	2(8.70%)	1(4.35%)	23
文盲	0(0.00%)	1(14.29%)	2(28.57%)	4(57.14%)	7

2.文化振兴

（1）文化振兴的战略方法

通过对调查问卷的分析，实践团队可以看出新建村主要通过村风文明建设、村史村志梳理、文创产品开发等推动新建村文化的振兴。村民们基本上都认为村子采取了一定方式来推动乡村文化的发展，没有一个人在填写问卷时选择"没有采取任何方式"这个选项。

68.75%的调查对象认为自己所在的乡村采取了村风文明建设来改善村民的精神面貌，推动培育文明乡风、良好家风、淳朴民风。由此可知，新建村对文化方面的发展是比较重视的，文化建设在新建村深入人心（见图2）。

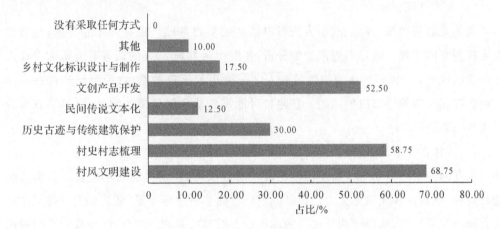

图2　新建村文化振兴方法

（2）文化振兴的障碍

乡村文化振兴是精神基础,是推进乡村振兴战略的一个重要支撑。通过问卷分析,实践团队可以比较直观地看出新建村乡村文化建设中存在的问题和现实障碍。其中,乡村人口减少、公共文化设施匮乏、乡村文化缺乏生命力等分别占 66.25％、45.00％、42.50％。深入了解后发现,新建村村民人数近几年都有所减少,并且缺乏适用于各个年龄阶段的活动中心、文化广场等基础设施,新建村的文化活动也较为单调,导致文化生命力不足,阻碍了文化振兴的发展(见图 3)。

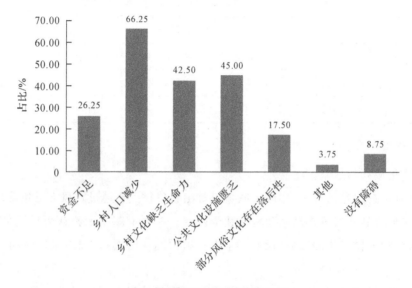

图 3　新建村文化振兴障碍分析

3.人才振兴

（1）人才外流程度

人才是各项政策、理念、战略方法得以落实的重要基础。没有人才的支撑,也就没有乡村振兴的实现。通过调查问卷的分析,实践团队发现 85％的调查对象认为存在人才外流的现象,其中 37％认为新建村的人才外流现象比较严重,这说明新建村在人才方面还存在一些亟待解决的问题。新建村可能需要从乡村资源的配套、待遇等方面着手进行完善(见图 4)。

（2）留住人才措施

调查问卷中列举了一些新建村留住人才的方法,对新建村的人才振兴的落实情况进行研究,调查发现无论是大力建设基础设施提高乡村生活水平,还是扩大乡村工作单位人员的发展空间,选择这两个选项的比例没有明显的差别。此外,选择其他选项的比例为 38.75％,说明调查问卷在选项的设置上存在着一些问题,还有一些对于人才的措施没有列举出来(见图 5)。

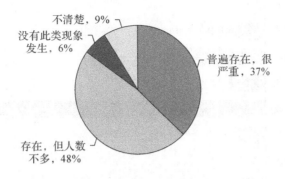

图 4　新建村人才外流现象

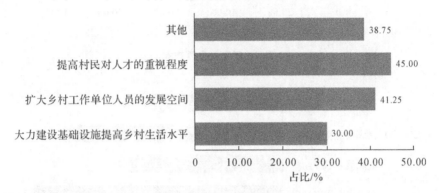

图 5　新建村留住人才的措施分析

4.产业振兴

（1）主要产业

根据调查问卷的调查结果，96.25％的调查对象认为观光旅游业是新建村的重要产业，35.00％的调查对象认为种植养殖业也十分重要。由此可知，位于舟山定海区干览镇新建村的南洞艺谷基地的观光旅游业是其主要产业，如何从内涵上升级、从外延上拓展观光旅游业是新建村产业振兴需要考虑的一个关键点（见图6）。

（2）产业振兴战略

产业振兴是乡村振兴战略落实的物质基础，是乡村振兴战略的重中之重。通过调研分析，实践团队总结出新建村主要通过促进产业集聚发展、促进小农户与现代农业的有机衔接、破除城乡二元结构等发展主要产业。调查得出，新建村对于产业振兴的落实主要还是在于对旅游资源的开发，促进旅游业的产业集聚，加速产业振兴（见图7）。

5.生态振兴

（1）环境问题

根据调查，42.50％的调查对象认为新建村没有突出的环境问题，32.50％的调查对象认为新建村存在一定程度的生活垃圾污染。由此可见，新建村在生态治理与修复、环境保

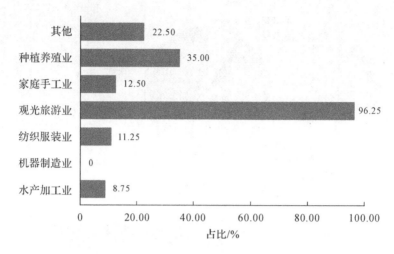

图 6　新建村主要产业

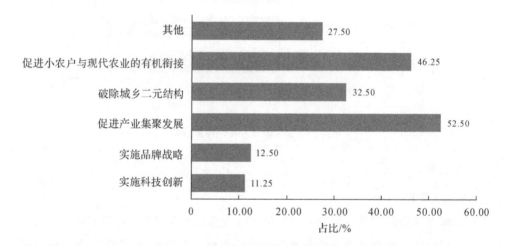

图 7　新建村产业振兴战略方法

护、系统治理方面还是卓有成效的,大部分村民都对目前的生活环境比较满意(见图8)。

(2)生态振兴实施问题

生态振兴在"如何振兴"的实践过程中必然会遇到各种各样的问题。通过实地调查,实践团队对新建村在生态振兴进程中遇到的问题有了更加深入的理解和认识。

72.50%的调查对象认为环境问题产生的原因或生态振兴落实过程中问题产生的原因是个人环保意识有待提高且行为习惯有待改善,乡镇政府治理不到位。还有37.50%的调查对象认为生态振兴实施过程中没有问题,这些认为没有问题的调查对象大部分都是认为新建村没有突出环境问题的,即对新建村生态比较满意的(见图9)。

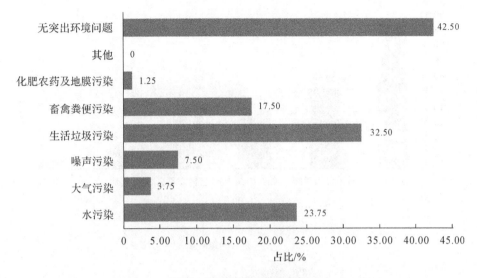

图 8　新建村环境问题分析

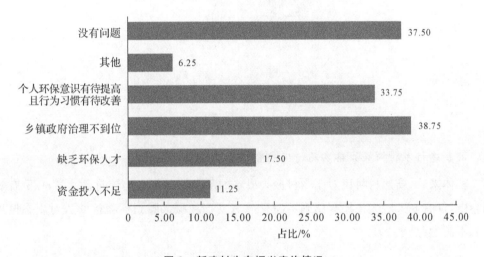

图 9　新建村生态振兴实施情况

6.组织振兴

(1)组织满意度

通过调查分析,可知分别有92.50%、52.50%、41.25%的调查对象认为党组织、村民自治组织、村监督委员会的作用发挥得相对较好。由此可知,从整体上来看,新建村对于各种组织的满意度普遍较高,这说明新建村在组织振兴方面的落实情况是令群众满意的(见图10)。

(2)组织振兴实施问题

由调查结果可知,大部分调查对象都认为组织振兴是存在问题的,但问题不大,可见大部分调查对象对于新建村组织建设、乡村治理能力和治理体系的满意度较高(见图11)。

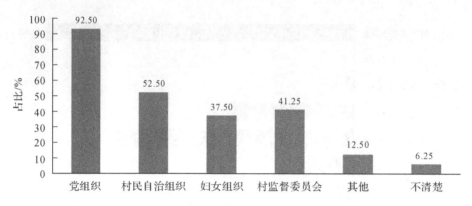

图 10 新建村作用发挥较好的组织

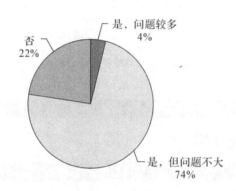

图 11 新建村组织振兴实施问题

7. 新建村乡村振兴战略实施情况综合评价

整体来看,新建村村民对于乡村振兴战略的落实情况普遍比较满意。在 80 份有效问卷中,仅有 6 人对人才振兴感到不满意,3 人对产业振兴感到不满意,1 人对生态振兴感到不满意(见表 2)。

表 2 新建村乡村振兴战略实施情况综合评价表

乡村振兴战略	村民满意情况				
	很不满意	不满意	一般	满意	很满意
乡村文化振兴	0(0.00%)	0(0.00%)	19(23.75%)	32(40.00%)	29(36.25%)
乡村人才振兴	0(0.00%)	6(7.50%)	29(36.25%)	24(30.00%)	21(26.25%)
乡村产业振兴	0(0.00%)	3(3.75%)	14(17.50%)	38(47.50%)	25(31.25%)
乡村生态振兴	0(0.00%)	1(1.25%)	16(20.00%)	35(43.75%)	28(35.00%)
乡村组织振兴	0(0.00%)	0(0.00%)	17(21.25%)	31(38.75%)	32(40.00%)

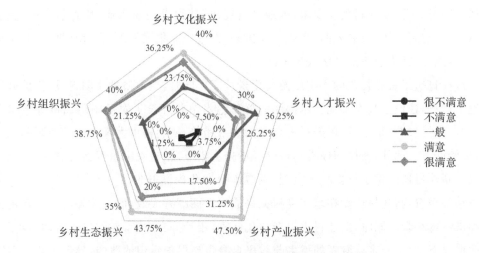

图 12　新建村乡村振兴战略实施情况综合评价

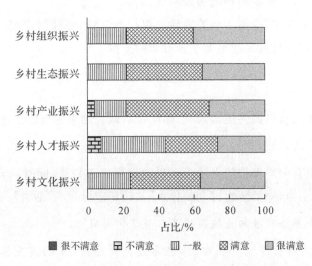

图 13　新建村乡村振兴战略实施情况综合评价

三、调查结论与建议

（一）调查结论

新建社区位于干览镇西北，居山坳腹地，地势低凹，三面环山，由黄沙、南洞、里陈三个自然村组成。乡村振兴社区环境优美，景色宜人，有定海第二高峰五雷山。社区水利资源丰富，水库一座，山塘五处。近年来由于乡村振兴战略的实施，社区主要河道——南洞大溪坑已经完成生态化建设。社区主要道路铺设均已完成，并另辟了一条长 3 千米的沿山道路。新建村紧紧围绕"科学规划布局美、村容整洁环境美、创业增收生活美、乡风文明身心美"新农村建设要求,因地制宜提出"建设发展新产业、培育新农民、塑造新风貌、创建新班子"发展思路,实施产业振兴,促进产业集聚发展,合理规划,确定了以"文化休闲旅游"为引领的经济发展模式。

该村打造了富有特色的南洞旅游文化景观区。同时,注重精神文明建设,借助采风基地的优势,建设了具有文化艺术内涵的群岛艺术馆并开设了农民画培训班等艺术课程以丰富村民的业余生活,提升村民自身的艺术涵养,壁画村里大家创作的壁画随处可见,惟妙惟肖。此外,该村积极带动村民开展自主创业,创建农家乐餐饮、民宿一体化的模式。新建村还注重了村史村志梳理,围绕本村文化内涵开发了一系列文创产品。从调查结果来看,新建村虽然在落实乡村振兴战略方面颇有成效,但人才外流带给新建村的冲击不可小觑。同时,新建村人口老龄化严重,年龄分布失衡,导致村中劳动力不足。在此情况下,由于外来旅游者的增多与村民自身生态保护意识的薄弱,导致新建村在实施乡村振兴战略后存在一定的环境污染问题。

新建村的"白手起家"少不了相关领导的组织与支持,新建村定期公开公正选拔村干部,为新建村落实乡村振兴战略做了强有力的支撑。

(二)建议

为了更好地落实乡村振兴战略,我们团队针对调查结果提出以下建议。

1.落实人才引进计划,加大人才引进福利力度

新建村应让具有创新思维的人才为乡村的发展出谋划策,同时向青壮年发出返乡创业号召,增加劳动力,降低新建村老龄化水平,让新建村充满"活力"。

2.乡村振兴和经济发展的关键实质是人与文化振兴

乡村建设不仅需要物质基础建设,也需要文化建设,人的转变和文化建设将决定基础建设的成功与失败。故新建村应增设大量公共文化设施与活动中心,开设多种多样的文化活动,并且结合新时代精神,赋予新建村文化生命力,促进文化振兴的发展。

3.产业振兴是乡村全面振兴的基础和关键

乡村振兴是包括产业振兴、人才振兴、文化振兴、生态振兴、组织振兴的全面振兴,其中最重要、最根本、最关键的是产业振兴。当前新建村产业单一,故在以后的发展中需开展其他产业,拓展业务范围,例如可以采取旅游业与种植养殖业相结合的方式,产出品还可以结合当地文化加工成文创产品进行推广宣传。

4.生态振兴是乡村振兴的重要支撑

乡村振兴,生态宜居是关键。良好的生态环境是乡村最大的优势和宝贵的财富。要坚持人与自然和谐共生,走乡村绿色发展之路,让良好生态成为乡村振兴支撑点。

近年来，新建村生态存在一定问题，究其根本是村民与游客生态意识的认识不到位和村组织意识的问题。故在实施生态振兴中，村组织需起好"领头羊"的作用，宣传与督促保护生态概念，加深村民保护环境理念，村中各处贴上标语，并对外来游客不文明现象进行处罚。

五色登步，移步皆景

——登步岛致富新路发展状况调研报告

作者：何莹，黄倩　班级：A19 行政 2　指导教师：林晓芳

摘　要：浙江省舟山市登步岛紧跟乡村振兴战略的发展步伐，规划了属于登步岛的独特发展战略，打造出一条符合登步岛发展基本状况的致富新路——登步岛"五色产业"。黄色的黄金瓜、紫色的杨梅、蓝色的生态养殖、绿色的生态休闲旅游、红色的革命基地，这五种颜色组成了"五色产业"的主要内容。独具特色的产业模式，使得登步岛的发展多彩多样。在推动乡村振兴过程中要依据当地生态环境优势，结合周边条件，制定与当地乡村发展相适应的政策战略。登步岛的"五色产业"独具创新特色，巧妙利用岛屿地理位置的优势与登步岛战役的文化背景，将登步岛的独特优势与经济发展相结合，坚持了"绿水青山就是金山银山"理念，推动了经济发展。但是，在"五色产业"的带动下，当地的经济发展却并没有想象的那么顺利，近几年的势头有所降低，发展后劲不足、劳动力结构老龄化、销售渠道单一等问题相继出现，要继续深入发展"五色产业"，登步岛当地政府应积极调整政策战略，强化基础设施建设，加快产业转型升级，促进产业持续发展。

关键词："五色产业"；登步岛；乡村振兴；红色文化；生态文明建设

一、前言

党的十九大报告提出了实施乡村振兴战略，高度重视农业农村农民问题，坚持农业农村农民优先发展，按照产业兴旺、生态宜居、乡风文明、治理有效、生活富裕的总要求，建立健全城乡融合发展体制机制和政策体系，加快推进农业农村现代化。乡村振兴战略是关系全面建设社会主义现代化国家的全局性、历史性任务。登步岛时刻紧跟国家发展战略，积极处理好农业农村农民问题，提出了一条属于登步岛的致富发展道路。登步岛地处浙江省舟山市普陀区，位于朱家尖、普陀山、桃花岛与沈家门构成的海上旅游"金三角"中间，以登步岛为主体，由西闪岛、东闪岛以及无人岛礁组成。登步岛近几年

产业发展以渔业为主，多业并存，大力发展黄色黄金瓜、紫色杨梅、绿色生态休闲旅游、蓝色生态养殖、红色革命基地等"五色产业"。登步岛独具特色的产业发展特点，多方面带动了经济的逐步发展，优化了当地产业结构，增强了岛民的生产积极性。但是，登步岛产业在近几年的发展中呈现出缓慢的状态。"五色产业"这一发展道路是否适合登步岛，在发展过程中又出现了怎样的问题，本小组就这一系列研究问题于 2021 年 7 月 11 日至 7 月 16 日对登步岛展开了为期 6 天的调研，总结分析了相关产业发展现状并提出了政策建议。

二、现状分析

(一)基本状况

我国城镇化率可达 70%，农村仍然有 4 亿多人口。要实现农业农村发展现代化，处理好城乡关系，就要坚持乡村振兴战略，将"三农"问题放在经济发展的关键位置。登步岛乡村发展尽管独具特色，有一定的发展优势，但是由于地处偏僻岛屿、外界交通不便、人口稀少等原因，近几年登步岛的经济发展状况总是不尽如人意。登步岛的发展后劲不足、经济建设遇到瓶颈，需要新的政策方案与解决方法来帮助登步岛人民走向美好生活。

登步岛位于舟山群岛东南部海域，地处普陀山、桃花岛和沈家门的中间，北距沈家门 5.5 海里。登步由登步岛、西闪岛、东闪岛以及一批无人岛礁组成，陆域总面积 16.5 平方公里，其中登步岛面积 15.9 平方公里。登步岛属海岛丘陵地形，除鸡冠到大岙有一狭长平地外，其余均是山丘地带。岛内有基本农田 3455 亩，林地 9677 亩，围塘养殖 3762 亩。其中，可建设用地面积 15000 亩左右，近 10 平方公里。

自 2012 年起，登步岛就开始兴起"五色产业"，形成了一条适合海岛发展的致富新路。

(二)数据分析

1.调查简要

2021 年 7 月 11 日至 7 月 16 日，本小组对登步岛"五色产业"发展状况进行了实地调研，调研活动以当地岛民为主要对象，通过问卷调查、集体访谈、采访政府等方式展开。此次调研共发放线下问卷 40 份，收回线下问卷 40 份。

2.调研对象基本情况

从图 1 和图 2 所反映的数据看，调研对象年龄为 20~40 岁的占 2%、为 41~60 岁的占 35％、为 60 岁以上的占 63％。本次调研对象的年龄主要分布在 40～60 岁与 60 岁以上的中老年人，并且学历大多数是小学及以下以及初中毕业的群体。上述情况表明，登步岛上居住的岛民大部分都是中老年人，年轻人相对较少，并且居住岛民学历水平较低，接受高等教育的人数占比较低。这也导致了经营"五色产业"的群体大部分都是老年人，劳动力结构趋于老龄化，是产业发展后劲不足的原因之一。同时，岛民学历较低，思想较为封闭落后，不敢于尝试新的产品销售方式，造成了产品销售渠道开发缓慢，创新能力低下，进而导致产品滞销。

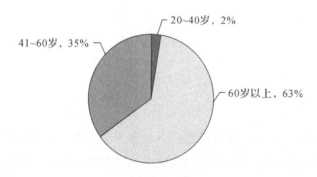

图 1 调研对象的年龄

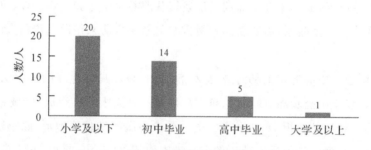

图 2 调研对象的学历

3.调研对象从事的职业

如图 3 所示，在对所有的调研对象进行访谈之后，不难发现登步岛岛民以从事农业、个体户职业的占比较大。目前从事农业的岛民占比 34％，从事个体户职业的岛民占比 37％，从事渔业的占比 10％，从事养殖业的占比 7％，社区街道公务员占比 5％。综上所述，登步岛岛民的职业以农民、个体户为主，职业结构构成较为单一。

4.岛民对登步岛"五色产业"的了解程度

从图 4 的数据分析看，对于登步岛"五色产业"理念的了解，大部分岛民是了解的，知道"五色产业"理念的调研对象占比 78％。有部分岛民有听说过"五色产业"理念，听说过的调研对象占比 17％。还有部分岛民并不了解"五色产业"理念，占调研对象的 5％。由上述数据分析可知，登步岛对于"五色产业"理念的宣传、普及工作还是到位的。

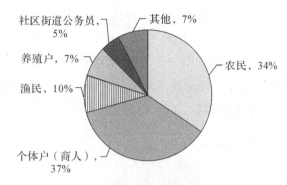

图 3　调研对象所从事的职业

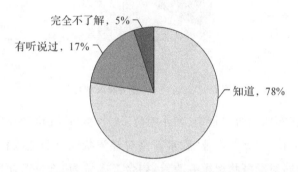

图 4　调研对象对登步岛"五色产业"的了解程度

从图 5 的数据反映看,调研对象对"五色产业"中黄金瓜产业的了解程度较高,占比 21%。对杨梅、休闲旅游、革命基地的了解程度相同,占比 20%。对于生态养殖的了解程度最低,占比 19%。在实地调研过程中我们也发现,登步岛居民种植黄金瓜的人数较多,普及度较高,而杨梅则以外商承包的方式进行生产销售。休闲旅游产业一般以饭店、民宿等模式经营。

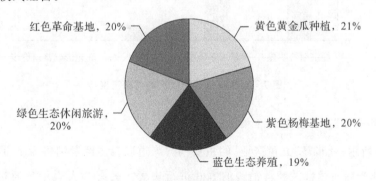

图 5　调研对象所了解的"五色产业"

5.通过"五色产业"致富新路获得经济收入状况

从图 6 所反映的数据分析看,通过"五色产业"致富新路,登步岛居民还是获得了一定的经济收入,并且增长明显。从事"五色产业"的当地居民表示,大多数年收入为

1万~5万元。年收入为1万~5万元的岛民占比68%，比重较大，人数较多。年收入为5万~10万元的岛民占比23%，相对较少。而年收入在10万元以上的岛民占比9%，比重较小。由此可知，岛民通过"五色产业"所获得的年收入大部分为1万~5万元，经济收入还算可观，改善了当地居民的生活状况，但还是与预期的经济收入相差较大，与到达小康社会的要求差距明显。

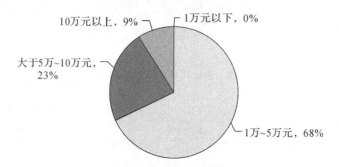

图6 "五色产业"经济收入状况

如图7所示，在实地调研过程中，本小组以22名参与"五色产业"工作的岛民作为调研对象，其中7人认为"五色产业"致富新路对经济状况有明显改善，另外13人认为"五色产业"致富新路对经济状况稍有改善，剩余2人认为"五色产业"对经济状况影响不大。综上所述，登步岛致富新路得到了大多数岛民的支持。调研对象的表述反映，"五色产业"有效带动了登步岛经济的发展。

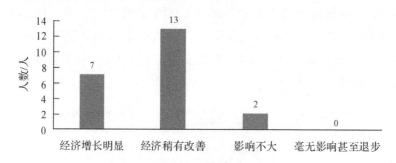

图7 对登步岛经济状况的改善程度

6."五色产业"产品主要销售渠道

如图8所示，登步岛"五色产业"的主要销售渠道以自主经营销售为主，调研对象中19人表示其产品通过自主经营销售的方式进行售卖。另有5人表示其通过传统供应配给的方式出售产品。传统供应配给一般是供应给超市或者批发商，这一方式所获收入较自主经营销售多。但是也有当地居民表示，现在已经很少有超市、批发商来收购黄金瓜等产品，导致农产品滞销，经济收入降低。还有1人表示通过线上电商平台进行销售，这一方式有利于增加产品销售量，扩大产品知名度，推动经济收入快速增长。

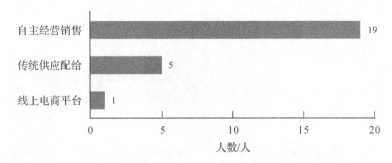

图 8 "五色产业"产品主要销售渠道

7. "五色产业"存在的问题

如图 9 和图 10 所示，"五色产业"存在的问题分为两个部分：一个部分是黄金瓜、杨梅产业存在的问题，另一个部分是水产养殖存在的问题。从图 9 的数据分析看，调研对象中 50％的居民认为黄金瓜、杨梅产业存在政府支持力度不够的问题。从实地调研过程中我们也了解到当地政府虽然对"五色产业"有补贴，但是当地居民中有很多外地人是不享有这一政策优惠的，很多人并没有得到政府的经济补助。还有 27％的居民认为产业结构趋于老龄化。我们在调研中也发现，大部分黄金瓜种植户都是中老年人，当地青年不愿意留在登步岛，产业劳动力不足，也因此导致了黄金瓜产业的停滞不前。另外有 23％的居民认为产品销售渠道单一化。从图 8 的统计数据看，产品销售主要以自主经营销售与传统供应配给等方式，单一的销售渠道不利于产品的出售与推广，销售渠道的闭塞也大大挫伤了农民的生产积极性。在对水产养殖农户进行调研时，50％的养殖户表示登步岛渔业基础设施建设薄弱，随着新时代新科技的发展，渔业养殖技术要求越来越高，基础设施建设要求也越来越严格，薄弱的基础设施不利于养殖业的发展。另有 50％的养殖户表示养殖技术水平较低，据了解还有很多人是通过祖辈传承的方式学习养殖技术，没有专业的技术培训，没有科学性的养殖依据，从而无法大幅度提高水产养殖的品质和产量。

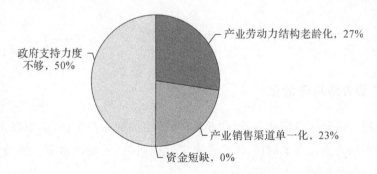

图 9 黄金瓜、杨梅产业所存在的问题

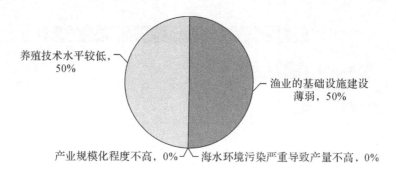

图 10　水产养殖业其所存在的问题

8.岛民对登步岛的了解状况

图 11 的统计数据显示,调研对象中 87% 的居民听说过登步岛战役。作为解放战争中一次重要战役,登步岛人民对当地的战役还是有所了解。其中 13% 的居民表示了解登步岛战役。由此可见,登步岛战役知名度较高,将其作为红色文化,加入"五色产业",有利于带动当地旅游业的发展,极大地推动了登步岛文化产业建设进程。但是同为著名战役,蚂蚁岛的宣传教育工作却比登步岛做得好,这也是登步岛当地政府和居民应该反思与共同解决的一个问题。

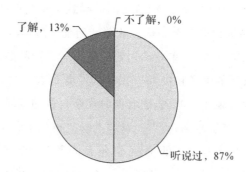

图 11　登步岛战役的了解状况

三、存在的问题

(一)劳动力结构老龄化

登步岛的大部分人口都从事着与"五色产业"相关的一些工作,其中以黄金瓜的种植和渔业的养殖为主。岛上居民,无论是家中开饭店的,还是经营杂货铺的,后院里基本上都会有一两片瓜地。

在岗位工作的人群中,劳动力老龄化极为严重。这是我们在这次调研中发现的一个最为明显的问题。无论我们刚登岛时看到的在码头卖瓜的老奶奶,还是之后走访调研时接触到的种植黄金瓜的大爷大伯，他们的平均年龄都在 60 岁上下，其中甚至有 70 多岁的村民，仍在田地间劳作。

(二)政府支持力度不够

登步岛政府在发展经济的过程中，相关政策制定不够全面，贯彻不够彻底。例如，登步岛的黄金瓜种植农户的补贴政策，在政府推广黄金瓜种植之初就已经推出，但据被调研的许多种植户反映，除去政策开始的一段时间能领到这份补贴，之后的几年里，补贴就停止发放了。

在政策的制定方面，可以以附近的蚂蚁岛作为对照，与之相比，登步岛有着"登步岛战役"这一切实存在的事迹和两处代表性的红色基地，但在"红色"这一方面的知名度，却远不及蚂蚁岛。登步岛政府对于红色基地的开发和宣传虽然有，但却不够系统和全面，宣传力度明显不够，在登步岛以外地区的知名度还没有真正打响。

(三)销售渠道单一

近年，登步岛政府提出了"五色产业"的概念，并着重发展其中的黄金瓜种植和渔业养殖。而且登步岛在这两种农副产品上，相较于舟山其他岛屿，有着较为明显的优势，每年的产出不在少数。

其中，因近年来岛上积极提倡渔业科技入户等项目，水产养殖的产量逐年提高，全岛有围塘近 4000 亩，年均产量 2600 余吨，年均产值 9900 万元左右。

养殖技术的升级和引进鱼苗的改进，让登步岛的生态养殖业的产量有了一定的提高。但在调研中，我们也了解到，95％的养殖户最终产品的去路基本一致——卖给收货的人或自己吃，基本采用了中间商的传统零售方式。

岛上的人口老龄化较为严重，在一定程度上导致了岛上的种植户和渔民对于产品售卖的方式偏向于传统的形式。当问及网上售卖时，大部分人都是摇头表示不了解和对新技术的无奈。

(四)思想落后保守

登步岛是一个陆域面积仅有 15.9 平方公里的小海岛，人口只有 6000 余人，本土的劳动力稀缺。因此，人才引进与招商引资十分必要。

但在调研中，登步岛的村民们表现出了本地人和外地人之间的隔阂，本地人在言行中表现出对外来人口的排斥。政府在某些政策的实施中，也会有对本地人和外来人口的区分。这就导致外来务工人员与引进人才不易获得在本地的归属感，人才吸引力削弱。

(五)产业发展质量不高

在登步岛的经济产业建设中,仍存在产业链条较短、前后延伸不足的问题。每个产业间的分割较为明显,从而导致岛上的一些产业附加值低,也无法为岛上的居民和外来人口提供更多的就业岗位。所以,对岛上的一些产业的扶持无法真正地带动登步岛的潜力与活力,产品的销售范围也十分地有限,限制了市场和发展。

登步岛上的居民基本上都只是从事相对简单的上游产业,本身的科技创新能力并不强,农产品基本以直接售卖为主,创造的产值相对较低,附加值也小,带来的经济效益有限。

在调研中,据从事水产养殖和捕捞的渔民透露,现在渔业所用的设施多数还是早年就一直在使用的,已有许久未更新换代。捕鱼技术也多是父母亲一代一代地传承下来的。大多数情况是:父母是渔民,孩子也是渔民。

黄金瓜种植因是小户种植,几乎不适用大型农业设备,而全部采用了最为原始的人力劳动,设施和技术的不足导致产品产量比较有限。

四、对策建议

(一)破除思想固化,完善劳动力结构

当地的年轻人出去,外面的人不进来,造成了登步岛现在尴尬的劳动力结构,人口老龄化十分严重。登步岛政府应当充分认识到实用人才对于当地经济发展的辐射作用,在当地培养和招揽实用人才,这是提高当地科技创新能力和实现当地经济健康快速发展需要的一种理想手段。而岛上的村民们也应该抛下所谓的"门第观念",对当地和外地的人都一视同仁,让登步岛成为一个和谐包容的美丽小岛,这对于登步岛的发展有利无害。同时,对于发展"五色登步"的登步岛来说,无论"绿色休闲旅游",还是"红色革命基地"的项目的发展,都离不开外来人员的贡献。改变自己狭隘的地区观念,可以为今后经济的良好发展打下稳固的基石。

(二)延长产业链,提高产业质量

登步岛想要产品质量不断提高,岛民收入不断增长,当地的经济就要紧跟市场的变化,不断调整和优化当地的经济结构。

延长产业链,使登步岛不再局限于上游产业的发展,发展产品深加工技术,增加当地农渔业产出的产品附加值,提升经济效益。

(三)加强政策支持，强化基础设施

近年来，登步岛正式提出"五色产业"的概念，包括黄金瓜、杨梅、渔业、旅游和革命基地。除去早年发展的黄金瓜和一直以来传承的渔业，杨梅、旅游和革命基地的发展和经济效益的展现，都需要一定的人力和物力的投入，需要政府对此在各方面做好工作，尤其是扩大宣传以打响名气。而且，当地村民对于新概念的出现和新产业的发展的接受程度，也需要政府通过一定的政策来逐步调整。

政府对于一个新的方向的发展和促进，必须建立在良好的基础设施之上。只有配套好"硬件"，之后的"软件"发展才不会被沉重的身躯所拖累，才能显示出新的活力。

登步岛政府在政策实施过程中，应严格执行政府的相关规划，一视同仁，加强对岛上突出问题的治理力度。

(四)拓宽销售渠道，增加经济收入

2021年，全村提出，"有效开发农村市场，扩大电子商务进农村覆盖面，支持供销合作社、邮政快递企业等延伸乡村物流服务网络，加强村级电商服务站点建设，推动农产品进城、工业品下乡双向流通"。这是继2014年"加强农产品电子商务平台建设"之后，相关要求连续第七年出现在中央一号文件之中。

一个地区商品经济的有效发展，必须紧跟市场的步伐。一根网线，连接城乡，对接产销。近年来快速发展的网络为农村的产品销售提供了新的方案。登步岛可以在传统销售的基础之上，拓展网上的销售路径，加大网上宣传力度，开设网上商铺，打通线上线下通道，为当地的商铺买卖架设一条更为便捷的交易渠道。

五、小结

经过本小组对登步岛"五色产业"的调研活动，我们对登步岛的实际情况有了更深入的了解，自2012年起，"五色产业"理念的提出明显改善了登步岛的经济状况，登步岛的经济结构趋于多样化，岛民对"五色产业"的认可度比较高，总体来说，"五色产业"致富新路是一条适合登步岛经济发展的道路。

然而，在道路发展过程中，也存在着不容忽视的问题。近几年，登步岛的发展速度缓慢，发展后劲不足等状况，岛上居民排外的落后思想观念，政府对"五色产业"缺乏支持，以及基础设施建设不够完善等问题，都需要政府与当地人民共同努力解决与治理。乡村振兴建设不仅仅需要一条正确的道路指引，更需要紧跟时代发展，结合乡村实际情况，不断完善发展理念与政策，形成一条能够推动乡村长足发展的致富道路。

参考文献

[1]霍菁,王晓光.我国生态观光农业经济发展现状与改进措施[J].吉林农业,2019
(9):34.

关于舟山市普陀区渔村渔业发展的调查

作者:毛怡清,朱怡婷,帅雁　　班级:A19 养殖 1　　指导教师:侯晚梅

摘　要:中国渔业发展的历史可以追溯至原始人类的早期阶段,特别是在河流、湖泊和沿海地区,渔业在漫长的历史发展过程中始终占有不同程度的重要地位。作为中国最大的海产品生产、加工、销售基地,舟山自然和渔业发展息息相关,它甚至被誉为"东海鱼仓"和"中国渔都"。本文根据调查结果简要介绍了舟山市普陀区渔村的渔业发展,并对其现实形势作出了分析,通过对舟山渔业发展的现状分析提出发展理念和具体措施,以探索舟山渔业发展的总体理论框架。

关键词:舟山市普陀区;渔村;渔业发展;现实形势;未来方向

前　言

海洋渔业一直是舟山的重要支柱产业和经济优势。长期以来,舟山人都为拥有一个富饶的东海渔场、10 万捕捞大军、万余艘捕捞渔船和百万余吨海水鱼产量而引以为豪。但是,当历史演进到 20 世纪 90 年代末,舟山渔业遇到了前所未有的困难和挑战:传统作业的东海渔场水产资源急剧衰退,舟山渔民历经 10 余年辛勤开发的外海渔场受到周边国家和地区越来越多的限制,特别是中日、中韩两个渔业协定生效后,舟山捕捞渔民被迫从许多海域撤出,作业时间和空间大幅缩减。面对捕捞能力强大和作业渔场有限的艰难困境、水产资源脆弱和广大渔民生存发展的严酷现实,要如何结合当下实际,作出明智选择,来摆脱"船多鱼少、人多海小"的困境,为渔业经济可持续发展寻求新的转折点和出路,这已经成为舟山渔业发展正在面临的一个重要课题。

在此背景下,从渔民的视角出发,实地走访了舟山市普陀区的箬箕湾渔村、乌石塘渔村以及漳州湾渔村,其中,既有以传统捕鱼业为主的渔村,也有以发展休闲渔业为主的渔村。经过深入的走访、细致的归纳分析,我们对舟山市普陀区渔村的渔业发展现实

形势进行了研究分析。其中,既有优点,也有一些不足之处。此外,进行了线上问卷发放,以求更好地了解游客们的真实需求,并以此问卷结果和舟山市普陀区渔村现实形势为依据对渔村的渔业发展提出建设性意见。整体而言,以发展休闲渔业来推动渔村渔业发展是时代的趋势,但在此过程中仍有一些问题需要解决。

一、问卷数据及分析

根据调研课题(舟山市普陀区渔村振兴发展的调查),设计了一份调查问卷,共 12 道题,多为多选题。问卷针对调研课题,对舟山市普陀区渔村的旅游业、文化产业和发展方向等方面进行调查。调查采用线上和线下相结合的方式,总计 60 份有效填写问卷,数据保证真实有效。经过统计,调查问卷详情及数据分析如下。

(一)旅游业发展分析

经过调查,对于通过什么方式了解渔村,有 34 人选择"朋友推荐",占总人数 56.67％;有 20 人选择"广告宣传",占总人数 33.33％;有 18 人选择"微信公众号",占总人数 30％。由此看来,渔村如果要提升知名度,还是要大力宣传,让更多人知道渔村。

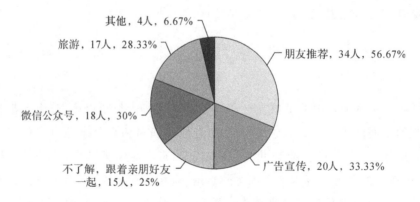

图1 了解渔村的途径

对于去渔村游玩的主要考虑因素,43 人选择"交通便利",占总人数 71.67％;41 人选择"安全性",占总人数 68.33％;31 人选择"服务态度",占总人数 51.67％;21 人选择"硬件设施",占总人数 35％。可以看出,交通是否便利和是否安全,是影响游客前往渔村游玩的主要因素。

表 1   渔村吸引游客的主要因素

选项	小计	比例
交通便利	43	71.67%
安全性	41	68.33%
服务态度	31	51.67%
硬件设施	21	35%
本题有效填写人次	60	—

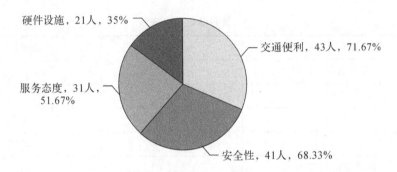

图 2   影响游客前往渔村游玩的主要因素

对于在渔村的消费预算,有 42 人选择"1000 元以下",占总人数 70%;有 14 人选择"1000~2000 元",占总人数 23.33%;仅有 4 人选择"2000 元以上",占总人数 6.67%。所以,大部分游客并不想在渔村进行高消费,渔村在物价方面需要更亲民一些。

表 2   渔村游客消费预算调查

选项	小计	比例
1000 元以下	42	70%
1000~2000 元	14	23.33%
2000 元以上	4	6.67%
本题有效填写人次	60	100%

对于渔民的收入来源问题,有 38 人选择"海洋捕捞",占总人数 63.33%;有 32 人选择"水产养殖",占总人数 53.33%;有 31 人选择"旅游民宿",占总人数 51.67%;有 29 人选择"农家乐及饭店",占总人数 48.33%;有 21 人选择"渔产品销售",占总人数 35%;选择兼职收入的占 5%。

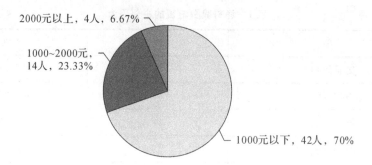

2000元以上，4人，6.67%

1000~2000元，14人，23.33%

1000元以下，42人，70%

图 3　渔村游客消费预算

表 3　渔村渔民收入来源

选项	小计	比例
海洋捕捞	38	63.33%
水产养殖	32	53.33%
旅游民宿	31	51.67%
农家乐及饭店	29	48.33%
渔产品销售	21	35%
兼职	3	5%
本题有效填写人次	60	—

　　对于旅游，重要的当然是体验。有 43 人选择"自然景观"，占总人数 71.67%；有 37 人选择"体验传统渔村生活"，占总人数 61.67%；有 30 人选择"渔村传统文化及其氛围"，占总人数 50%；有 23 人选择"渔村特色民宿"，占总人数 38.33%。其主要原因是游客们平时在城市工作生活，故对于未曾体验过的传统渔村文化可能具有更浓厚的兴趣。所以，渔村在发展过程中应当最大限度地保留自身的特色。

表 4　游客在渔村的体验倾向

选项	小计	比例
自然景观	43	71.67%
体验传统渔村生活	37	61.67%
渔村传统文化及其氛围	30	50%
渔村特色民宿	23	38.33%
其他	4	6.67%
本题有效填写人次	60	—

以上就是关于渔村旅游业发展的调查及分析。旅游业可以极大地带动当地的经济发展和民生改善。如果想发展好渔村旅游业,交通是首先需要解决的问题。其次,消费不能过高,价格要合理公道。最后,不能为了发展而破坏渔村的传统风貌,要保留渔村的传统风貌,这才是重中之重。

(二)文化产业分析

文化产业与旅游业息息相关,文化产业的水平高低代表了当地的文化素质水平。文化和经济两手抓,哪一头都不可以放松。对于渔村的文化产业,有 35 人选择"不太了解,对其概念比较模糊",占总人数 58.33%;有 12 人选择"比较了解,知晓其基本含义",占总人数 20%;有 7 人选择"完全不了解",占总人数 11.67%;只有 6 人选择"十分了解,熟悉其包含种类、作用及发展",只占总人数 10%。

表 5　当地人对渔村文化产业了解程度

选项	小计	比例
十分了解,熟悉其包含种类、作用及发展	6	10%
比较了解,知晓其基本含义	12	20%
不太了解,对其概念较为模糊	35	58.33%
完全不了解	7	11.67%
本题有效填写人次	60	100%

在人们所了解的渔村传统文化中,有 36 人选择"捕鱼方式",占总人数 60%;有 32 人选择"捕捞工具",占总人数 53.33%;24 人选择"沿海建筑",占总人数 40%;有 20 人选择"饮食习惯",占总人数 33.33%;有 19 人选择"海洋信仰与海洋传说",占总人数 31.67%;有 9 人选择"民俗节气文化",占总人数 15%。

表 6　当地人对渔村传统文化类型的认知程度

选项	小计	比例
沿海建筑	24	40%
捕捞工具	32	53.33%
捕鱼方式	36	60%
饮食习惯	20	33.33%
海洋信仰与海洋传说	19	31.67%
民俗节气文化	9	15%
本题有效填写人次	60	—

　　对于渔村文化产业兴起对渔村渔业发展有什么作用的问题,有 38 人选择"推进渔业转型,带动渔民增收",占总人数 63.33%;有 33 人选择"利于新型渔村建设",占总人数 55%;有 30 人选择"促进传统渔村文化活化利用",占总数 50%;有 23 人选择"就业机会增加,村落人才回流",占总人数 38.33%;仅有 6 人选择"作用不大,甚至加速部分传统渔村文化的变质和消亡",占总人数 10%。

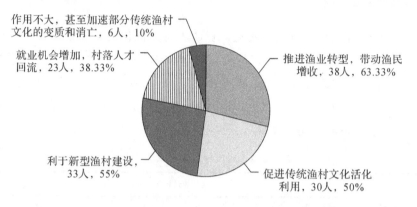

图 4　渔村文化产业对渔村渔业发展的促进作用

　　其他问卷情况统计如下列图表:

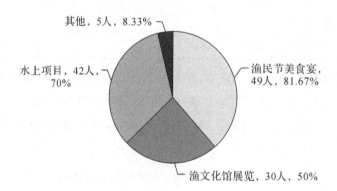

图 5　游客对休闲渔村项目的爱好选择

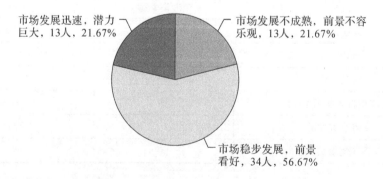

图 6　渔民对渔村产业发展的前景预期

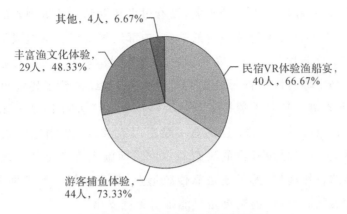

图 7　游客对渔村项目的倾向选择

　　以上是对渔村的文化产业现状及未来发展的分析。可以看出,超过半数的人都认为文化产业对渔村的发展至关重要,但是很多人对渔村的文化产业并不是很了解。所以,小组成员认为,在发展经济的同时,不能忽视文化产业的发展,不能顾此失彼。

二、渔村发展现状及原因分析

　　通过对比分析三个实地走访的渔村,渔村的发展现状不尽相同,与改革开放以来的发展历程也大体相符,具体分析如下。

(一)经济收入

　　在三个实地走访的渔村中,樟州湾村的经济水平最好,乌石塘次之,箐箕湾村经济水平最为落后。从经济收入来看,樟州湾村在旅游旺季通过民宿、海鲜、带游客出海海钓、出海捕鱼等项目,月收入可达到人均 1.5 万～2 万元;在旅游淡季或休渔期也可以靠民宿及农家乐项目达到人均 7000～9000 元的月收入,所以樟州湾村也是舟山乃至浙江省有名的富裕村。乌石塘村和樟州湾村的发展模式大体类似,发展主要依靠旅游业以及乌石塘门票,在旅游旺季可达到人均 9000 元到 1.2 万元的月收入。旅游淡季游客减少,人均月收入为 6000 元左右;而箐箕湾村的发展现状有点不尽如人意,箐箕湾村目前主要发展模式还是依靠传统渔业,就是靠天吃饭。在捕鱼期,渔民们靠出海捕鱼,人均月收入勉强可达 4000 元,丰收的时候可达到 5000 元左右。在每年的休渔期,年轻的村民或出去打短工或在家赋闲,年纪大一点的在家编渔网,一天大概 50 元的收入。

(二)发展模式

　　经济收入的差距也是由发展模式的差异所导致的。樟州湾村作为远近闻名的富裕村,它的发展十分多元化,既有传统渔业模式又有当代旅游业。而且两者完美相结合,使樟州湾村在收入上波动不大,没有过多地受到季节等因素的影响。尤其是民宿的建设,外部保持了传统渔村的外观,内部装修现代。本组成员认为樟州湾村的发展模式十分合理且先进。乌石塘村距离樟州湾村并不远,但是发展模式存在不小差异。乌石塘村因为得天独厚的自然条件,已经抛弃了传统出海捕鱼的方式,转向旅游业发展。这种发展模式虽然人均年收入可达到 15 万~20 万元,但是旅游业本身存在淡旺季的问题,且具有不确定因素,2020 年新冠疫情对该村收入影响就十分巨大,许多村民开设的民宿和农家乐面临入不敷出的状况。筲箕湾村作为舟山最早的自然渔村,发展还是靠传统渔业,靠天吃饭。捕鱼期出海打鱼,收获多少都是看运气而定;休渔期更是只能维持家庭支出。

(三)造成现状原因

关于现状的原因分析,通过查找资料得出以下结论:

(1)地理位置因素:樟州湾村和乌石塘村因为地理位置更靠近朱家尖的东港商圈,交通更为便利,两个村都通了公路。而筲箕湾村地处偏僻,整个村依山而建,风景优美但是不好行车,且整个村还是保持着传统渔村的风貌。

(2)政策因素:樟州湾村和乌石塘村较早受到改革开放的福利,率先通了公路,得到政府的支持,所以发展较好。筲箕湾村虽然起步较晚,但是近几年也在旅游业有了起色。

三、发展建议

要想推动舟山渔业的发展,助力渔村振兴,应当扬长避短,结合游客实际需求,把压力变为动力。现针对前面论述研究内容所得的信息,提出三项具体措施。

(一)挖掘地方特色,发展第三产业

舟山的休闲渔业在近几年发展迅速,但部分渔村仍然处于传统渔业的发展阶段,经济滞后,渔民们收入水平不高,导致生活质量难以提升。对于这些渔村,应当在渔业文化与海洋文化的背景下,充分挖掘地方文化特色,赋予渔村丰富的文化内涵,以提升渔村的文化吸引力。除此之外,还需要筑牢硬件设施的坚实基础(比如便利的交通),以提升游客游玩体验,带动第三产业的发展。

(二)充分利用资源,转变经营思路

关于休闲渔业必然的季节性特征而导致的渔业经营不平衡,一直以来是困扰渔业经营者们的难题。在旅游旺季时,景区内人满为患,不仅旅游体验的质量大打折扣,同

时也给环境带来一定的影响。而在旅游淡季时,旅游区大量设施和人员的闲置,不仅会造成资源的浪费,暂时待业的员工对于社会而言也是一个不稳定的因素,对于当地政府而言更是一种负担。季节性是旅游业发展的不利因素之一,季节性旅游会给旅游区域产生一些负面的经济效应。针对这一问题,必须从平衡旅游淡旺季和理顺旅游业的时间布局入手,这样既可以丰富渔业相关产品,扩大其影响力,又可以使淡季旅游市场趋于繁荣,以提高旅游淡季的经济效益。

(三)制定地方规范,保障游客安全

随着国内旅游市场的日益成熟,旅游者对质量的要求已远远高于对价格的要求。从目前来看,使质量内涵更加丰富,已经不仅仅是指产品质量,更多地体现在服务质量、安全、清洁、卫生和健康等方面所采取的措施。因此,渔村应该从新的质量内涵出发,满足旅游者的新要求。休闲渔业经营企业和有关管理部门要加强规范化经营程序,提高自身标准。在管理层面,确立更严格的法律法规体系及更高的质量标准,以推动企业和行业来加强自律,为旅游者提供高标准的旅游服务和安全工作,最终使旅游者在旅游过程中舒适、放心、满意。

四、调查小结

根据本次调查显示,舟山市普陀区渔村渔业发展存在不平衡的现象。为了提高渔民的总体生活水平,加快渔村渔业发展的进程,应当针对不同渔村的现状采取不同的措施。以硬件设施为坚实基础,以渔村文化为共同纽带,以政策法规为强劲引擎,来拓宽舟山渔村渔业发展的阳光大道。

参考文献

[1]李卫丁,徐灵燕,姚建波.舟山群岛休闲渔业现状分析与发展探索[J].海洋与渔业,2014(11):76-78.

桃花岛旅游业发展现状及问题调研报告

作者:孟智慧,吴佳忆　班级:B19 小教 1　指导教师:佘红艳

摘　要:在工业化资源禀赋不具优势的条件下,桃花岛利用其风光及文化底蕴,把发展旅游业作为经济社会发展的突破口,实现华丽转身。本次调研就基于桃花岛当地居住人群以及外来游客的反馈,分析旅游业发展状况以及存在的问题,对舟山政府和企业如何改善和进一步开发桃花岛旅游业进行探讨,并提出相关建议。

关键词:桃花岛;乡村振兴战略;旅游业;问题;策略

一、桃花岛概况

桃花岛是浙江省舟山市普陀区下辖的岛屿,面积约 41.7 平方公里,国家 4A 级旅游景点,素有"海岛植物园"的美称。桃花岛古称"白云山",传说秦朝时期有个叫安期生的道士抗旨南逃来到这座岛屿隐居,他在修道炼丹时醉墨洒于山石之上,石头形成桃花状的斑纹,所以称为"桃花石",这座山也因此被称作"桃花山"。桃花岛的主要景点有射雕影视城景区、塔湾金沙景区、大佛岩景区、桃花峪景区、桃花寨景区、安期峰景区等。

二、桃花岛的华丽转变

乡村振兴战略在 2017 年党的十九大报告中首次提出,它的总要求是"产业兴旺、生态宜居、乡风文明、治理有效、生活富裕"[1]。其中文化振兴是乡村振兴的灵魂,若想实施乡村振兴战略,必须振兴乡村文化,推进乡村文化的繁荣兴盛,激发乡村发展的内生动力和活力。

桃花岛在发展旅游业之前只是一个普通的以渔业为主要支柱产业的海岛,为了获得发展,桃花岛开始振兴发展海岛旅游文化并充分结合金庸的武侠文学和当地的宗教

信仰文化。在政府的政策支持和桃花岛当地居民的勤劳努力下,桃花岛得以成为现在的旅游胜地:2004 年成功申请为国家 4A 级风景旅游区;2013 年游客量为 40 万人次,桃花岛旅游业的发展进一步推动了第三产业的迅猛发展[2];"2009—2014 年游客量增加了近 101.26 万人次,年平均增长约 20 万人次,成功创建成为首批省级旅游强镇"[3]。桃花岛居民的生活得到了极大的改善,桃花岛的基础设施如公路、通信设施、电路系统等也得到了极大的优化与改进。

三、数据分析

为了更深入地了解桃花岛旅游业的发展现状,也为了更好地获得社会实践结果,本小组采用实地观光、现场采访等相结合的方式,共参观了射雕影视城、塔湾金沙两大景区,分别采访了游客、居民和工作人员,并专门设置了不同的采访问题。

游客:①之前是否来过桃花岛,这是第几次来到桃花岛,是否经常旅游,一般以怎样的形式进行旅游(如单人、好友结伴、家庭、单位团建等);②怎么知道桃花岛的(如金庸小说、网络景点查询、周围人的推荐、旅行社等);③来桃花岛的主要目的(如度假休闲、探险寻奇、宗教信仰、促进家庭和谐等);④怎样来到桃花岛的(如自驾、单位派送、旅游团等);⑤你觉得桃花岛哪处景点最吸引你(如奇山怪石、武侠景区、佛寺区域、海滩玩水等);⑥觉得桃花岛这个景点还有哪里可以改进(如服务设施、工作人员的态度、交通条件、食宿条件、安全条件等);⑦如果还有机会,是否愿意再来桃花岛游玩。

居民:①岛上的游客是否对日常生活造成了影响(如果造成了,是好的方面还是坏的方面);②岛上发展旅游业之后,岛上的生活是否更加便利;③岛上的物价近年来的变化还稳定吗;④主要的生活收入来源是什么。

工作人员:①最初的桃花岛是什么样的;②今年的客流量与往年相比有无明显变化(受疫情影响严重吗);③平时在哪里居住(是否方便);④卖纪念品的摊位是流动的还是固定的(这个摊位是如何分配的)。

经过采访,我们了解到游客们几乎是第一次来到桃花岛,基本上通过朋友推荐、旅游团建议前来旅游,游客们都很好奇金庸先生笔下桃花岛的原型,大部分游客表示桃花岛来一次就足够了。接受采访的游客都很满意自己在岛上看到的风景。岛上居民的日常生活几乎不受游客的影响,居民的日常生活因为岛屿的开发得到了便利,旅游业并不是岛上居民的全部。景区的工作人员告诉我们最初的桃花岛其实只是普通的海岛,但是大家抓住了发展的机会,桃花岛才变得越来越繁荣,虽然 2020 年的旅游业受到了疫情的严重打击,但是桃花岛一定会越来越好。

在采访过程中,我们发现来桃花岛旅游的游客大多是家庭一同出行,岛上的居民大部分为中年妇女和老人,在景区工作的工作人员也多为中老年人,看到的导游大多为中年妇女,而店家大多为老年妇女,整个岛上除了游客,几乎很少看到青壮年和儿童。

在国家推行乡村振兴战略后,桃花岛的交通得到了发展、居民的生活水平得到了提升、景区的服务设施也得到了极大的改善。在国家政策的支持下,桃花岛的旅游业得到了更好的发展。

四、发现问题

(一)旅游文化单调、专断,缺少新颖

桃花岛文化主要构成为信仰文化和武侠文化两类。宗教作为一种文化现象,与旅游是密切关系的,是一种重要的旅游资源。民间信仰、宗教信仰、民间传说等信仰文化影响着当地旅游景观的建设,因此,本小组在实地参观桃花岛时,常可见有观音庙堂、系满红布条的老树、龙女雕像、安期生传说文化墙等。《观音经》是当地观音信仰文化中最为流传,也可说是家喻户晓的经典作品,故事传颂的是观世音菩萨在桃花岛白雀寺出家的事情。文化影响旅游景观建设,观音文化在桃花岛旅游景观中的体现有含羞观音、观音望海、观音佛壁等。桃花岛的民间信仰中最具有代表性的就是龙女信仰,为当地所特有,在旅游景观中的体现为龙洞、东海神珠、龙女洞等。民间传说中属安期生传说最为出名,甚至以它为名专门建设了安期石峰风景区,还有与其相关的清音洞等。除此三种信仰外,桃花岛居民还信奉妈祖信仰和其他一些民间神祇信仰。

金庸武侠文化是桃花岛旅游业发展的另一大主流文化。"金庸"这个名字既意味着小说,也意味着电影和电视剧;既是文字和想象,也是影像和形象。无论大银幕还是小荧屏,金庸作品不断被重新演绎,成为海峡两岸乃至海外华人心中理解武侠精神和中国历史文化的媒介。"2001 年,借助《射雕英雄传》拍摄契机,射雕英雄传旅游影视城得以建成,随后政府部门以及各领导大力支持,规划和开发与金庸武侠文化相关的旅游景区或旅游景观,并筹办金庸武侠文化节等相应节庆活动"[4],这些举措共同推进了桃花岛旅游景观的形成与建设,促进桃花岛旅游业繁荣发展。金庸武侠文化对桃花岛的影响非常重大,金庸先生甚至被岛民们列为"桃花岛岛主",当初桃花岛建设者专程拜访金庸先生,提出给他建设"金庸文化园"以及"金庸铜像"。本小组在实地调查桃花岛过程中也着重对"金庸文化园"进行了参观拜访与考察,园中保存记录着大量金庸武侠文化的影视作品、小说、报纸专刊,并结合了电子媒体科学技术,循环播放《射雕英雄传》主题曲以及微电影宣传片等。园内还有一面墙,上面贴满了游客写下的对金庸武侠文化或者来此一游的感想与赞叹的信纸。

"桃花岛信仰呈现多元化,既有一般性的宗教信仰,又有海洋特色的地方民间信仰,这些成为现有宝贵的信仰文化资源,形成了桃花岛独具特色的旅游人文文化景观。"[5]

金庸武侠文化也为舟山桃花岛旅游开发提供了重要的文化素材,给桃花岛增添了"武侠""爱情"的浪漫色彩,吸引大众游客,促进桃花岛旅游业发展。旅游景点有自己独特主流的旅游文化固然是个优势,但若开发不当也是个制约因素。桃花岛过于专注信仰文化和金庸武侠文化的开发建设,而忽略了本地海岛独有的传统文化,如民间节庆桃花会,有种舍本逐末的意味。这样的旅游文化不利于本岛自我发展和文化传扬。就如"桃花岛"这个地名的来源,受金庸武侠文化的熏陶,加之"桃花岛"这名字本身就具有江湖侠义、浪漫爱情的意思,很多人都误以为是"桃花岛"的命名是取自武侠小说,改变了旅游者对"舟山桃花岛"地名的历史来源的认知,甚至有人将桃花岛的生存完全和金庸的武侠文化锁定,认为是金庸武侠文化创造诞生了桃花岛。

景区中随处可见的《射雕英雄传》影视拍摄照片、金庸武侠小说节选、龙女传说等多有重复,且看多了容易给游客带来腻味麻木之感。景区的建筑基本都是根据影视拍摄而高度还原,没有深入结合本土及海岛建筑特色。周边饮食小吃、戏服店铺、商品货物体现的金庸武侠文化色彩浓重,虽也有海岛的海鲜、贝壳、沙雕工艺品等海洋特色,但缺乏深度与特色。照片墙长年不更换,武侠文化仅限金庸小说,单调过时,各小摊店铺的商品雷同,且其货品与普陀山、东极岛等其他岛屿的商品并无太大差别,甚至可以网上搜索到一模一样的商品,没有创新性,没有体现桃花岛本岛独有的特色。

(二)基础设施有待完善

在交通方面,桃花岛交通系统建设不全面,通行不便。先说岛际交通,通往桃花岛的路线非常有限,游客只能通过乘坐游轮或快艇抵达桃花岛,自驾游的游客则是直接开船上车。若是省外游客来桃花岛旅游,交通就更为不便,必须先到宁波、上海、杭州等大中型城市,再换乘客车轮渡抵达桃花岛,没有直达的动车和飞机,波折迂回,在一定程度上影响游客旅游质量。交通工具有限且不发达,轮船或快艇航班少,间隔长,速度慢,受天气影响航班不稳定,时有滞留或停运现象,给游客带来诸多不便。

至于岛内交通,岛上的交通工具主要是中巴车,中巴车的发车间隔时间漫长且拥挤,游客不能随时搭车,有时还需要排队等候。桃花岛内各景区非常零散、距离远,景区间的交通通行只有中巴车,几乎无法使用滴滴打车,也无岛内观览车,交通非常不便。另外,交通道路弯曲狭窄,路面崎岖不平,车辆行驶颠簸缓慢,噪声大,造成游客乘车旅游体验感差且存在安全隐患。

在基础设施和服务质量方面有待提高。一是环境卫生,虽然岛内设有垃圾分类、爱护环境等标牌标识,垃圾桶设分类投放,但缺乏管理,垃圾积存没有及时清理,垃圾乱扔现象时有存在,多处出现"到此一游"等乱刻乱画的文字图案。特别是旅游旺季,游客数量增多,卫生问题就更为凸显,实在影响游客对桃花岛的印象。二是设施设备落后不齐全。岛内卫生间、母婴室、便利店铺、亭子座椅等休憩场地数量少、间隔远。中巴车站台没有车次时间、路线和价格标识,游客都是直接上车,上下车全靠车内服务员喊站停车,口头播报站点,车费也是人工服务,服务员要挨个向乘客告知价格、出示收付款码或现金交易。岛内滴滴打车、高德地图导航软件几乎派不上用处,共享单车也没有推行,电子技术落后。这些都会降低游客旅游的体验感和满意度。

(三)整体知名度不高

在采访记录的数据分析中,本小组发现,大多数游客对桃花岛的认识来源于亲朋好友的告知,对桃花岛的了解也只知道是个《射雕英雄传》的影视拍摄基地,而对桃花岛本土的传统文化、海岛特色文化一无所知。对于桃花岛的节庆习俗、产品特色等都鲜有人知。网上除了百度百科对桃花岛有个较为详细的介绍,其他途径便对桃花岛的记录少之又少。桃花岛的旅游产品单一,品牌效益低下,缺乏深度和特色。

(四)开发力度及推广力度有待提高

目前桃花岛部分的旅游资源始终处于原始状态,没有得到合理的开发利用,其旅游资源的效益尚未发挥出来,而且桃花岛的宣传推广力度不够、产品老化现象明显。

五、原因分析

(一)历史因素

在桃花岛早期的开发过程中,因为对海岛自然界的信息掌握不全,海岛居民对海洋环境、荒岛生存产生不可避免的恐惧,为减缓和消除内心焦虑与恐惧,岛民转向对宗教信仰、海洋神祇信仰的依赖,于是就有了以观世音菩萨为代表的佛教信仰、以安期生为代表的道教信仰、以桃花龙女为代表的龙信仰,还有妈祖信仰等。相关神话、宗教传说也在民间口口相传,延绵不断。因而,信仰文化长久持远地影响着桃花岛居民。信仰文化的根深蒂固自然而然成了桃花岛旅游文化的主流。

1957—1959 年,金庸先生写下《射雕英雄传》一书,那时金庸先生并未到访过桃花岛,只是通过地理书知道东海有那么一个岛,而他写书正需要这么一个岛,有点浪漫情调,又不能距离大陆太远或太近,桃花岛距离适宜,面积合适,非常适合作为书中黄药师、黄蓉、周伯通活动的天地。央视著名导演、制片人、桃花岛名誉岛民张纪中把金庸名著《射雕英雄传》《天龙八部》《神雕侠侣》《鹿鼎记》《倚天屠龙记》改编的电视连续剧都选择在桃花岛上取景拍摄。这给桃花岛造就了无形资产,很大程度上提高了桃花岛的旅游知名度,为桃花岛的发展作出了良好的宣传声势。2001 年《射雕英雄传》拍摄时,金庸先生亲临桃花岛探班,亲笔题写了"桃花影落飞神剑,碧海潮生按玉箫"以及射雕英雄传旅游城等处的诗句和牌匾,并多次向媒体记者直言夸赞桃花岛的美丽宜人。之后桃花岛的开发便多与金庸先生有接触,桃花岛开发者甚至专门为金庸先生打造了一片"金庸文化园"和一个金庸铜像,保存记录珍贵资料。从此,金庸武侠文化便与桃花岛建立了血脉联系。桃花岛感恩珍惜金庸武侠文化带给他们的发展机遇,不由自主地对金庸武侠文化产生了依赖。

桃花岛的历史虽然很悠久,但真正成为景区并不断发展壮大也不过20年左右。景区在1992年才开始接待游客,1993年被列为浙江省旅游风景名胜区,直到2007年桃花岛才申请成为国家4A级风景旅游区。桃花岛的旅游发展历程短,是近年来才兴起的新兴旅游景点,没有被很多人熟知,知名度低。

(二)地理因素

桃花岛属于海岛,地理位置偏僻,距离大陆内地远,联系少,科技知识引入稍慢且迟缓,电子信息技术应用不够深化全面,故桃花岛的基础设施相比其他城市落后。

舟山群岛陆地破碎散乱,群岛之间的联系主要靠桥梁和渡轮,因为跨海大桥的数量有限,群岛间通行联系还是主要靠轮船或快艇。而桃花岛与其他各岛屿都没有修建桥梁,所以游客只能乘坐轮船或快艇,交通工具受限制。海岛地区的气候特殊,变幻莫测,而渡轮受天气影响较大,云雾太大或台风天气都有可能造成渡轮停运或延迟。桃花岛四面环海,受海洋气候影响显著,降水多,且多台风天气,沿山木质栈道多有破碎,影响交通,造成人身财产安全隐患。桃花岛多山地丘陵,路面崎岖不平,道路狭窄弯曲,不利于交通建设。

(三)人口因素

在实地考察和现场采访过程中,观察到桃花岛无论工作人员还是居民、游客,大多为中老年人,而青少年或儿童较少,游客中年轻人的个体或团体很少,几乎是伴有老人妇孺,缘由也多为陪同父母或孩子。本地年轻人多迁出岛外生存工作,留在本地生活的多为一些中老年人,以买卖自家蔬果和在景区设摊开铺为主要收入。桃花岛人口不多,游客流量相较普陀山、东极岛等其他景点少,且时间分布很不均匀,多集中夏季,客流量的不稳定给桃花岛景区管理工作带来不便,导致冬季交通车辆减少、各类店铺不开、服务不到位,而夏季车辆超载拥挤、卫生脏乱差、管理失控等。

中老年人比较信奉宗教,喜欢烧香拜佛或纯粹寻求安静,因此,桃花岛的信仰文化对此类群体较有吸引力。金庸武侠文化对青少年的吸引力更大,不过也是有限的。随着时代的变迁、潮流的变化,金庸武侠的魅力越来越难以吸引现代青少年。《射雕英雄传》《神雕侠侣》等电视剧只能勾起特定年代群体的遐想与回忆,现代青少年儿童追逐最新戏剧,爱情、科技、玄幻的主题兴盛,经典的武侠文化逐渐暗淡。而且在游客采访中,多数人表示对桃花岛的旅游不会再来第二次,要想提高游客的回头率,吸引更多消费群体的注意力,旅游文化必须更新、多元。

(四)其他因素

舟山群岛作为旅游胜地,除了桃花岛国家 4A 级景区外,还有很多著名的旅游景区,如普陀山、朱家尖、东极岛等。这些岛屿的旅游业开发都比桃花岛早,发展历史也更久,其名声早远超桃花岛。与这些景区相比较,桃花岛就显得逊色不少。特别是普陀山景区,一直以来独占鳌头,是舟山旅游人数比例最高的景区,而朱家尖同样拥有丰厚的海岛资源,并且得到普陀区政府的大力支持,正以高速高效的进程不断开发和规划中,它们的发展给桃花岛的建设带来压力与挑战。

六、对策与建议

(一)重视旅游文化多元化发展

大力开发桃花岛信仰文化和武侠文化两大主流文化,同时兼顾发展具有本土及海岛特色的传统文化,实现旅游文化的多元化发展才是长久之计。"桃花会"是当地的一种民风民俗,亦是非物质文化遗产,在 2011 年举办过程中吸引了众多游客慕名前来,可见地方风俗文化对游客还是比较有吸引力的。所以,桃花岛在开发旅游文化时应多融合民间艺术文化,进一步提升桃花岛未来的开发空间。

桃花岛得天独厚的地理环境和海洋气候造就了很多珍贵资源。各类灵岩怪石、奇珍花卉林木可以开发建设成博物馆、花园等,供游客观览抑或学者学术研究,发展园艺文化。丰富的海产资源如黄鱼、海蟹、条纹虾等可结合金庸武侠文学开发特色旅游美食,发展饮食文化。桃花岛的大立有机茶作为本土地方茶叶品种应与桃花岛的地域特色相结合,体现出桃花岛在人们心目中武侠与养生特色。此外,可以设一个大立有机茶庄,建设一个集种茶、品茶、茶艺表演为一体的桃花岛茶文化培育和传播基地,发展茶文化。[6]

多元文化兼顾发展,有侧重有全面,传承旧时经典文化的同时创新发展新颖文化,与时俱进,不忘本土,如此桃花岛旅游业发展必然长久。

(二)完善基础设施,大力发展交通

要想让消费者得到更好的旅游体验,提高消费者的满意度,就需要不断完善景区的各项基础设施,完善交通系统。多增设桃花岛景区内部的卫生间、母婴室、便利店等休憩场所,缩小间隔距离。为减少工作人员的管理工作,可以多引进自助贩卖机、卫生间自动冲水系统、共享充电宝装置等电子科技设备。设立公交巴士站牌,明确班次时间、

价格、路线，在站点处建立收费窗口，出售车票。增设公交车辆，缩短发车间隔时间。开发岛内电子旅游指南，创设桃花岛旅游公众号，联通全国统一使用的高德地图、滴滴打车、共享单车、掌上公交等软件，积极合作建设，方便游客及时查询旅游周边饮食娱乐以及公交发车时间。

交通运输部门应加强岛内路面修缮，拓宽道路面积，开设直达路线，减少弯曲避绕。努力建设桃花岛与其他岛屿间的桥梁联通，开发多样旅游路线，提供消费者多样选择。

(三)提高管理水平，谋划发展道路

桃花岛内分射雕影视城景区、塔湾金沙景区、大佛岩景区等大小景区，各景区是独立运营和管理的，缺乏整体性和统一性，政府应加强各景区间的合作与联系，创设桃花岛一日游或多日游套餐，集住宿、导游、巴士换乘、饮食、娱乐于一体的旅游套餐，并在价格上作适当优惠，既能提升消费者体验度，又促进本岛各行业共同发展。

政府要加派人员管理，加强监督和领导，及时处理岛内交通安全隐患问题、旅游旺季车辆超载、景区内的意外事故发生等情况。严格管理轮船及景区内部环境卫生，及时清理打扫，加派卫生巡逻。对乱涂乱画、破坏公共设施的人严厉批评教育，并设置法律条规对其进行适当的惩罚。

有意见才有改进，政府管理负责人员应广泛收集游客和居民对桃花岛旅游的意见和建议，设立反馈箱和网上旅游反馈平台，及时听取接受反馈意见，并付诸行动，不断改善桃花岛旅游建设。

(四)创新旅游产品，提升品牌效益

桃花岛景区和附近的普陀山景区、朱家尖景区等都属于舟山海岛景区，同业竞争激烈，极易出现大量相同的旅游产品。旅游产品的重复性会给游客带来审美疲劳，降低游客对桃花岛的印象，因此对桃花岛而言，旅游产品的不断创新对未来发展尤为重要。产品创新要求发挥当地特色，改进已有特色旅游产品，提高产品质量。例如，旅游纪念品的设计可以将海岛特色和金庸武侠文化相结合，融入一些桃花岛特有的桃花会节庆文化等。除旅游纪念品外，桃花岛还可以发挥本土特色大力开发茶叶、海鲜、奇珍异草等多种产品，实现产品的多元化。努力打造品牌效益，增强影响力和知名度。

(五)做好宣传工作，提高知名度

乡村旅游业发展光靠产品推销开发是远远不够的。随着时代变迁，互联网多媒体的科技飞速发展，景区发展必须紧随时代步伐，采用多元化的信息宣传方式，利用互联网广告、微博、微信公众号等便捷宣传工具，全方位宣传产品和文化，提升国内影响力和知名度。

(六)加大政策扶持,提供发展保障

乡村旅游业的发展需要政策的大力扶持。2018 年 5 月,浙江省建设厅召开省级风景名胜区《普陀区桃花岛风景名胜区总体规划》评审会,就桃花岛总体定位、景观资源评价分析、资源特色分析、浏览设施建设以及风景名胜区空间结构规划提出了具体指示,但政策的落实仍然需要各层级部门的重视,履职尽责,做好监督和引导工作。

七、小结

国家已然为桃花岛旅游业的发展提供强劲的政策支撑,舟山政府和企业也应铆足劲跟随国家的步伐,大力改善桃花岛的管理和开发。实施乡村振兴战略要按照产业兴旺、生态宜居、乡风文明、治理有效、生活富裕的总要求,建立健全城乡融合发展体制机制和政策体系,加快推进农业农村现代化。就桃花岛而言,集中发展旅游产业,要尽可能地展示多种多样的文化特色,形成在旅游产业的核心竞争力,这既是桃花岛的一次发展机遇,又是一次挑战。希望政府和企业可以抓住这次发展机遇,迎接挑战,改善对桃花岛的管理,加强基础设施建设和宣传,不断进步,真正实现旅游产业的兴旺。这也是我们小组对桃花岛未来的期望。

参考文献

[1]杨帆.实施乡村振兴战略中面临的问题及其解决路径[J].中共辽宁省委党校,2019.

[2]温佳卉,彭勃.舟山桃花岛旅游发展与管理策略研究[J].观察管理,2014(30):169-171.

[3]孙珺.桃花岛游盈娱一体化旅游建构研究[J].江苏商论,2019.

[4]董朝阳,童亿勤,薛东前,等.海岛旅游文化景观特征及影响因素分析——以舟山桃花岛为例[J].陕西师范大学学报(自然科学版),2018.

[5]罗菲,马丽卿.基于 SWOT 分析的海岛旅游开发策略研究——以舟山桃花岛为例[D].农村经济与科技,2017.

[6]邵艳,孙孟.乡村振兴战略背景下高校海岛文化帮扶的实践与启示——以桃花岛为例[J].浙江海洋大学学报(人文科学版),2020,37(2):51-55.

小智治撬动大振兴　马岙古村展新姿

作者:王霞,李海楠　班级:A19 行政 1　指导教师:林晓芳

摘　要:在乡村振兴战略这个大背景下,乡村发展成为重中之重。浙江省舟山市马岙村凭借自己深厚的文化底蕴和丰富的资源,依托现代智能技术和引进的智慧理念,通过一系列数字化治理方式,提出"一把扫帚大家扫""众家水井众家筹"等符合马岙发展的理念与决策,与全球环保议题接轨,成为净零碳乡村典型案例,在乡村振兴道路上大踏步前进,走出以最少碳排放实现更高质量发展的现代化新路,积极发展乡村旅游业,让马岙村焕发新姿。在马岙大放异彩的同时,也逐渐显露出来了一些问题,因此本文针对马岙现状进行研究并提出了一些发展建议。

关键词:乡村振兴;马岙文化;数智化;净零碳;乡村旅游

党的十九大以来,"乡村振兴战略作为中国特色社会主义进入新时代的科学论断,在脱贫致富、实现全面小康的道路上发挥了不可或缺的作用,在我国实现共同富裕的社会主义道路上,必将长期坚持这一战略"[1]。本次社会实践调研立足舟山市定海区马岙村,从以下四个方面实施调研:一是马岙文化的传承与宣扬;二是数字智能的引进与使用;三是环保净零碳的领头实践;四是乡村旅游的大力发展。其中,传统文化如何在现代化发展中呈现?智能技术如何与居民生活良好衔接?全球议题净零碳如何在小乡村呈现?乡村旅游如何在时代大潮中脱颖而出……种种问题是调研所要去探寻的,旨在通过调查,充分了解马岙村如今的发展与变化,探寻马岙村焕发生机与活力的奥秘,学习马岙村如何将地方文化与乡村建设融为一体、推进三旅融合、打造智慧乡村、营造可持续环境,不仅是对独具特色的发展成果予以肯定,也在调研寻访过程中实地体验、了解村民意见,发掘马岙村振兴发展背后的问题,从而更好地发挥榜样模范作用,带动其他村落,提供可借鉴经验,助力乡村振兴发展。

一、以马岙之名，看海洋文化

(一)历久弥新的"海上河姆渡、千年稻香村"

英国诗人雪莱说："历史是刻在时间记忆上的一首回旋诗。"马岙可以被视为海洋文化遗留下来的近 6000 年历史的痕迹。马岙的土墩文化是河姆渡文化的一个分支，因此马岙有着"海上河姆渡"的称号。在 6000 多年前的新石器时期，马岙就有人居住，他们在这里制作陶器、石器并种植水稻。民以食为天，我国是一个农业大国，在漫长的中华历史中，稻作文化一直影响着我们，马岙也一直伴随着浓厚的农耕文化与时俱进。经过专家的考察，在马岙土墩文化遗址洋坦墩发现了印有稻谷壳痕迹的新石器时代的陶片，还发现了大量的稻谷和谷壳堆积物，这是稻作文化发源于中国的强有力证据，经过后来的详细考察，推断日本弥生时期的"稻作文化"便发源于马岙。马岙古文化，也是中日文化传播的重要纽带之一。

马岙，古称"景陶"。原来马岙是一个名不见经传的小地方，直到 20 世纪 80 年代，省考古专家来这里考察发现这些偶然发现的陶器石器是新石器时代制作的，才发现马岙是有着悠久文化的一块文化宝地，它有着近 6000 年海洋文化史，境内文物古迹众多，旅游资源丰富，现有舟山群岛迄今发现规模最大、保存最完整、内涵最丰富的原始村落遗址——马岙海上河姆渡遗址和省级文物保护单位凉帽蓬墩遗址、浙江省首家乡镇级博物馆——马岙博物馆、古民居建筑群——唐家老街、林氏宗祠以及古驿亭、古驿站、古驿道等名胜古迹，是集科教、考古、休闲为一体的旅游胜地。马岙也是明代东南沿海抗击倭寇的前哨阵地。"昭君山和炮台岗上设有 9 个用石块堆砌而成的烽火台，是当年观察倭寇敌情、燃火传报军情的军事设施。"[2]

(二)远近闻名的"海岛第一村"

马岙原由勤丰、茂盛、五四三个自然村落组成，在 2002 年 5 月，三个自然村合并为马岙村；"2005 年，马岙建立起了社区，实行一村一经济合作社运行模式，目前，基本上形成了以青青世界带头的北部农家乐休闲旅游区块，以森森集团为主打造的南部工业区块以及村民聚居的商贸、餐饮中心区块"[3]。

马岙拥有浙江省第一个乡镇级博物馆，要想了解马岙，就得从马岙博物馆出发，馆内设有三个展厅——"海盐文化""海岛民风习俗""海岛第一村"，展出的文物有新石器时代的特大石犁等各种石器及陶器、有磨制精细的礼器，详细介绍了马岙古文化与河姆渡、良渚文化以及东瀛文化的渊源关系，馆内珍藏着考古出土的众多文物，生动形象地展示了 6000 年前海岛先民生活和文化的形成及发展。

经过这些文化的熏陶,马岙发展旅游业,以自身文化带动人们关注浙江海洋文化,为自己的发展谋划了一条出路。马岙凭借自身丰富的生态资源和历史悠久的稻作文化,形成一系列以"古"文化为主题的文化旅游产业,重点推出家庭自驾游、农创体验游、旅居生活,把马岙打造成一个多功能的旅游风情小镇,让马岙走出定海,走出舟山,走向全国,走向世界。同时,马岙回归传统活动,比如举办锣鼓、木偶戏、翁州走书以及马岙庙会等活动,让非物质文化遗产与现代节日交相辉映。

二、以数智建设新乡村,以产业振兴新经济

(一)数字智能化,治村又立业

1.数字治村,心连心共创美好马岙

马岙村三面环山,一面临海,呈盆地地形。走在马岙街道上,整洁干净的路面让人心旷神怡。走进村庄,会发现家家户户门口都贴着统一的蓝色二维码,这是网格化管理的数字化翅膀,名叫网格微连心。据了解,这是为了更好地与村民建立联系,让沟通的方式更加便捷化。马岙村有三个自然村,3500多个常住人口,因此分成了两个网格。马岙的老人居住较多,因此给每个老人配备了一个智能手环,并且与网格连接起来,让工作人员可以随时关注到老人的信息,有紧急情况老人可以通过触碰手环来联系网格员,网格员可以立马赶到老人所在地。

"善自分"小程序是马岙村"智慧村社数字乡村建设"项目的一个缩影。许多村社活动都在上面,采用积分制,不同活动的积分不同,有垃圾捡拾、反诈宣传、一把扫帚大家扫等各种活动,积分可以兑换等值物品,增加了村民的认同感与幸福感。

马岙村放置的舟山智慧村社平台有三个端口:手机端、电脑端、电视端。如果有外来游客,可以在村内安置的固定屏幕上了解马岙村的现状;居民可以扫二维码来推送消息,如街道内是否有垃圾、汽车是否乱停之类的情况;在家的老人可以打开电视来了解本村的实时信息。这三个端口拉近了村民的距离,让乡村治理更加便捷、迅速。

2.数字立业,手拉手带动马岙经济

在个别水果上市时节,许多游客会来到马岙村参加水果采摘活动,他们通过马岙农产品二维码溯源服务体系中的网页了解马岙的采摘果园,游客通过扫描外包装上的二维码,进入系统直观地了解该产品产自哪里、是否施肥用药以及采摘加工等各环节信息。这些农产品与互联网电商以及乡村旅游相结合,让农产品找到了"出头路"。[4]

数字化民宿是马岙旅游的一个特色。"一见青新"民宿在改造中将环保、低碳元素与数字智能相融合,使用刷脸技术进入房间,开启智能感应灯、太阳能等节能减耗设备。

在里面休息一个晚上之后,第二天就会产生睡眠数据,根据该数据与医院进行对接,达到了"康养"的目的。

马岙村运用数字化方式,治理乡村、发展旅游业和电商等,让数字乡村迅速发展,推动城乡物流、农业生产、公共服务、乡村治理、乡村旅游业大力发展,让马岙更加现代化,让马岙居民更加幸福。

(二)小山村融入大时代,打造马岙新业态

习近平总书记提出,"绿水青山就是金山银山"。在马岙振兴路上,不仅有对文化的传承、数字智能的引进,更是注入了环境可持续发展新理念,在传统环境整治、使用新能源基础上,呈现了全球议题——净零碳,让小山村美丽建设融入了大时代潮流。

1.“三治”协同,发展和谐美丽乡村

"在传统美丽乡村建设中,马岙围绕生态美丽、生活美好理念,遵循大基础设施完善、小细节优化升级原则,党员带头、充分发挥马岙村民自治作用。"[5]经过一系列实践调查,马岙村在环境治理中主要采用"三治"协同发展。

(1)法治为纲

马岙政府坚持依法行政,在原则性问题上制定法治化条款,在环境治理中建章立制,按条例、规则办事,加强法治宣传教育,规范环境治理工作要求,让绿色发展理念引领马岙前进。

(2)自治为基

马岙政府将马岙村进行划片区管理,以村为域,以党员带头,发挥村民自治积极主动性。据新闻资料记载,2018 年,马岙以点带面,率先在林家巷子试行"一把扫帚大家扫",在村里固定点设置"保洁站",放置一些扫帚等基础清洁工具,没有特定的清洁环卫工,根据智慧村舍平台二维码推送街道卫生状况,由村民自觉、主动地对道路垃圾进行清理。

(3)德治为领

马岙历史文化悠久,家风精神代代相传,村里形成独特的德治体系,将良好家风发展成为文明乡风,在村基层自发组织宣讲队、志愿服务队,进行乡村洁净、垃圾治理、文明出行等活动,推动马岙美丽乡村环境治理可持续地发展。

2.“减量提质”,垃圾分类别具一格

除了实施"三治"理念以外,马岙村在传统垃圾分类行动中实行垃圾"减量提质"分类。从 2019 年开始,马岙村建设了专门的垃圾收集区域——"垃圾集市",村民在大分类基础上,对可回收物、循环利用垃圾进行再分类,村民可在固定投放时间进行放置并且配置专门人员,根据垃圾精细化分类的数量多少、放置准确程度发放一定数量的积

分,村民可以用累积的积分换购生活用品。

这一细化举措大大推动了马岙美丽乡村建设可持续的发展。"一方面,针对马岙村老龄化程度,进行垃圾分类新理念宣传、对细化垃圾分类进行专门指导培训,真正将垃圾分类做到了'因地制宜''因人而异';另一方面,采用奖励机制,提高了村民自觉参与的热情,让他们切身参与到了村庄建设发展。"[6]

3. 新业态民宿建设,"贷"出新理念

2021 年 6 月 5 日,舟山市定海海洋农商银行成功发放第一笔"碳中和"概念贷款——"净零碳"乡村贷 200 万元贷款,舟山千年马岙旅游开发有限公司获得了第一笔净零碳贷款 200 万元,该公司充分利用此贷款打造了马岙首家数字健康民宿——"一见青新",净零碳理念正式进入马岙振兴路上。

该民宿以原有的农居别墅为改造主体,保留原有的定海本地砖石墙体和木结构的屋顶,大幅减少新的混凝土等建材,减少建筑材料的隐含碳排放量约 400 吨;室内也别具一格,与传统民宿不同,"一见青新"采用全屋智能家居系统与人体感应模块进行配合,客人刷脸入住、家电自动开关、智能语音个性服务,庭院布局使用太阳能裂纹灯,轻松实现无电照明……遵循"节约优先、保护优先、合理索取、循环利用"原则,该民宿将数字智能、绿色环保与净零碳理念体现得淋漓尽致。

4. 以加商做减碳,生态商业两手抓

2021 年 5 月 21 日—23 日,定海美丽乡村周"乡野游园会"开园,除了音乐节、村跑等活动外,净零碳商店碳币换购格外引人注意。在村落设置打卡点,以干净的小贝壳作为兑换货币,每次打卡可获得 2～10 个,一个碳币相当于 2 元钱,可在集市中换购商品,也可以用干净空瓶兑换碳币,还可以自带可循环利用包装(如帆布袋等)在净零碳商店中免费领取三份食品。

净零碳生态衣果铺(无包装商店)是马岙村净零碳生态建筑之一,也是舟山市首家无包装商店,店铺建设保留原有的石头墙体和木结构屋顶,通过褪去商品外包装、提倡顾客按需购买并自备容器等方式,从浪费源头呼吁减少碳排放和无意义的一次性浪费,倡导低碳可持续的生活方式。这种以商业贩卖带动减碳排放得到了众多当地居民和外来游客的认可,切实将净零碳生态理念落实到了乡村发展。

此外,马岙村还有可过滤降解污染物的生态溪坑、水电循环的生态公园以及生态善治学堂等净零碳发展地点。马岙突破传统生态建设格局,不仅在生活环境上增加绿化、改荒为林,还在节能减排上勇于变革,把当地环境资源与生产生活进行系统性重塑,将小山村振兴融入了"碳中和"时代议题,为环境可持续发展、建设美丽乡村添上了浓墨重彩的一笔。

(三)三旅融合——文旅、村旅、农旅

1. 一区一带多点,打造特色文旅

凭借悠久而又独特的海洋历史文化,马岙享有"海上河姆渡,千年稻香村"之称,为当地乡村振兴发展提供了得天独厚的条件。

马岙文化旅游发展主要集中在两大方面。一是古迹遗址的保护与文物展示。马岙土墩遗址规划区发掘了 6000 年前的农作痕迹,是马岙历史文化的重要载体,出土了众多新石器文物,充分展示了传统农业文明与河姆渡文化,是文化旅游建设的重点板块;马岙古驿道作为串接各个遗迹的纽带,连接了凉帽蓬墩遗址、林家祠堂等多个遗址点。马岙博物馆作为浙江省第一家乡镇级博物馆,丰富的文物展品展示了马岙千年海洋文化与农业文明的发展,不仅是传统生活习惯、作物生产的再现,更是文化传承的载体,其中还利用现代影像技术复刻新石器时代的人们劳作场景,让参观者切实感受,有身临其境之感。二是将历史文化融入时代发展。马岙将文化分布在村里各个地方,在家门口写上自己的家训家风,在村里绘制文化墙,还将数字智能融入文化推广,在文化遗址点放置二维码,游客不仅可以通过讲解员介绍了解历史,还可以通过扫码获得相关资料,让文化传播更为便捷、快速。

2. 创新农旅,发展"农业+"

马岙虽为海岛,但是农业发展历史悠久。"马岙在乡村振兴路上也紧抓农业基础,发挥'千年稻香村'产业优势,打造田园综合体,带动当地村民就业,增加经济收入。"[7]

(1)打造特色农业

在村民原有的稻物农作基础上完善农业工具和加强基础设施建设,将土地根据种植类别划分为不同片区,打造属于马岙的特色品牌农业,进行采摘园等小基地建设等。不仅充分利用了村里的闲置土地,也让当地居民"有事可做、有利可图"。

(2)用赏结合,打造农业景观线

发展"农业+旅游",将农业生产与观赏旅游相结合,利用部分闲置土地,种植花卉等具有观赏性的作物,打造景观农业。

(3)农产品电商推广

马岙打造"农业+网络"运营模式,线下商品销售与线上电商推广相结合,将特色农业产品更好地推向市场,不仅拓展了销路、加大了知名度,更让销售环节与购买环节直接连通,大大减少了中间商和建设成本。

(4)农作体验+现代化培训

马岙村作为省级农业标准化示范基地,除了重视农业生产和售卖,同时兼顾传统农耕活动的传播与教育。针对亲子出游,建设了农作生产活动体验区、农场等,让孩子将

书本知识践行;还与高校相关专业学生组织学习探究活动,对如何培育优质、高产、低成本农作物进行研学。

3.系统性重塑乡村资源,振兴村旅

马岙凭借丰富的历史文化内涵、得天独厚的生态环境,大力发展"文化＋旅游""农业＋旅游",以乡村旅游带动美丽乡村建设,实现乡村振兴。通过一系列实地走访调查,我们发现马岙从"住""行""娱"三个方面对传统乡村进行系统性重塑。

(1)"住"

从2017年开始,马岙对闲置农房进行整修、改造,由村里与房屋主人签订长期合同,并由外面企业等第三方组织进行建设运营,"欢庭·庆和院"就是马岙第一家特色民宿;2021年,马岙在传统民宿基础上,建设了首家数字智能民宿——"一见青新"。到目前为止,马岙已有12家民宿运营,不仅盘活了闲置房屋土地,保留了传统建筑元素,让马岙历史文化以崭新形式进行传承,更是解决了旅游发展住房问题,带动了村里经济发展,为村民提供了就业机会,大力推进了乡村振兴发展进程。

(2)"行"

马岙对道路改造施行"维旧增新"。对部分传统的老巷子(林家巷子等)进行维修,保留了古朴韵味;对于一些车辆必经地进行改建修筑,还针对传统遗留的停车问题进行道路规划、停车场修建,让外来游客"有路可走",让乡村旅游"有路可行"。

(3)"娱"

在各种基础设施建设完善后,马岙村为吸引游客,打造独具特色的打卡点和休闲场所,如巷艺房特色手工店铺、陶艺等体验活动。定海美丽乡村周在马岙举行了"乡野游园会",围绕生态美丽、回归自然理念,举办了岙礼乡野音乐节、乡野集市、村跑等多种活动,吸引了大批游客,为马岙乡村旅游发展助力,大大提高了知名度。

以引进数字智能促进提高生产效率、生活品质,以净零碳理念建设令人"碳"服的美丽乡村,以"三旅"融合推动内部文化、环境美促进外部产业兴。马岙村在乡村建设发展中,既传承经典,又敢于去旧纳新,所以有了今天日新月异的发展,成了人文乡风和谐、生态环境美丽、经济发展迅速的示范村庄。

三、发展力量

乡村振兴非一日之功,也非凭一己之力完成。在马岙的振兴路上,多方合力共建美丽乡村。

(一)内生机制——实行村民创新自治

马岙在乡村建设过程中,大力推进"善治"发展,即"自治＋智治",马岙村民自治体现在了各个方面。"村民在农作生产中,号召'百家田连心种',并且因地制宜,积极探索环境治理、居民交流、民主监督等基层治理新方式,打造具有马岙当地特色的'一村一品'村民自治微品牌,各村村民都积极投入共建共享共治"[8];在生活中,实施"一把扫帚大家扫"等微民约……充分发挥村民主动性,参与美丽乡村建设,既是对村民所属权利的尊重,也是更好地节约了人力、物力,壮大了乡村振兴的主体队伍,以内生力量助力乡村发展。

(二)外力驱动——政企跨界强强联合

马岙在美丽乡村建设中,从始至终坚持着党的领导、政府宏观调控,大到马岙村整体规划、治理,小到活动现场指导、民宿建设验收,马岙街道办事处以及上级领导都十分重视,会不定期对马岙整体发展进行考察,在马岙村网格化管理中,也是由党员带头,分管各个区域。此外,马岙举办的岙礼音乐节、乡村集市、村跑以及乡村会议等活动,除了外界赞助支持外,政府部门是最大的决策者、支持者与策划者。政府在马岙乡村振兴发展中,有着不可或缺的地位,既是大方向的宏观掌控者、乡村设施完善的资金提供者,也是获取外部支持与各方联合的重要桥梁和衔接纽带。

除了政府发挥领头作用以外,社会力量也参与了马岙乡村发展。在资金方面,银行贷款发挥着重要作用,例如 2021 年 6 月初,舟山市定海海洋农商银行发放了"碳中和"概念贷款——"净零碳"乡村贷,为马岙零碳乡村发展助力。在建设方面,主要是一些新概念商铺、民宿等由外部企业招标,引入民营资本进行建设经营。当地民宿"村回·未见海"是由舟山市欢庭民宿服务有限公司拿到正式的不动产权宅基地和房屋使用经营权证书,成为法定意义上的权利所属人,2021 年新建民宿"一见青新"是由舟山千年马岙旅游开发有限公司用所获首笔概念贷款进行建设,以及在建的观景台和绿化养殖工程等都是进行对外公开招标。在宣传推广方面,马岙不仅进行传统的公告、新闻进行旅游推广,还发挥智治优势,利用官方广播、公众号、朋友圈转发等提高知名度。

政府与企业的共建,是强大调控权与经济发展力的联合,为马岙乡村振兴、建设美丽乡村提供了稳健的发展方向与道路,强大了基础设施建设和乡村经济发展力量,是必不可少的两大外在驱动力。

四、马岙村发展现存问题以及未来发展建议

一个地区的发展是不断进步的、不断提升的,马岙无论在文化还是旅游和环保智治方面,都取得了很大的成就,但还可以得到更好的发展,在某些方面也还隐藏着问题。

（一）现存问题

1. 公共交通设施不完善

从 2018 年至今，马岙的停车难问题就受到广泛关注，随着近几年乡村建设，马岙街道已建成许多个公共停车场，总计可停放约 1040 辆车。停车难的问题已经基本解决，但美中不足的是公共交通工具不便捷。当前马岙更加适合自驾游，到马岙景点的公交线路主要是"游 1 路"和"52 路"，从马岙博物馆下车，进入楼门街，而驾车前往的话，可以直接从隧道口出来就拐进入口，不用从街区进入，节省了一大段距离，游玩路线也更为清晰明了，而公共交通路线稀缺、站点少、班次少；其次，缺乏景区内部的共享交通，道路交错纵横，想要真真切切感受马岙，步行就显得有些困难，如果走累了，村子里面想要找到便利店之类的很困难。游客在游玩时，没办法保持充足的体力，这就让游客对马岙的评价大打折扣。

2. 村民参与度不高

乡村振兴发展是要统筹推进农村政治建设、经济建设、文化建设、社会建设、生态文明建设和党的建设，加快推进乡村治理体系和治理能力现代化，加快推进农业农村现代化，走中国特色社会主义乡村振兴道路，让农业成为有奔头的产业，让农民成为有吸引力的职业，但目前马岙农村与农民的分化仍未得到改善，当地居民更多是半工半耕，一部分人在工厂企事业单位工作，一部分人在管理土地、进行耕作生产。

因此，乡村振兴不仅仅是让一个地方的 GDP 快速增长，让落后的村落变得繁华，"授人以鱼不如授人以渔"同样适用在马岙如今的发展道路上。在当前建设中，马岙产业发展不断繁荣，店铺、民宿、景点等各方面都在稳步建设中。但是在产业管理上，大多吸引外来人员进行经营管理，例如，由当地民房改建而成的"莫懊"咖啡馆，成为当地一个独具特色的打卡点，但是馆内的店主和员工都是招商入驻进来的，也就意味着在这个过程中，仅仅是土地资产的参与，当地人力并没有得到合适的利用，脱离了带动居民就业发展的实质，如何让居民更好地参与乡村建设，成为亟待解决的问题。

3. 对马岙文化内涵深入度不够

马岙村虽然充分利用古遗址文化与传统家风家训对自身发展进行文化加持，但对文化内涵的把握度只停留在表层，并没有深入挖掘，未能让游客深入体验马岙的独特文化，不利于游客"沉浸式"旅游。要想马岙旅游产业更上一层楼，就要利用好马岙的"地利"和"人和"，对马岙文化深入探索，寻找文化背后的价值与意义。

4. 马岙文创产品单一

吸引游客不仅仅要关注游客娱乐游玩时的内容，更要关注游客对文化旅游产品的兴趣度。如果在开发旅游文化产品时，不能精准定位产品，只是一味地模仿其他产品，让短期利益蒙蔽双眼,生搬硬套其他地方的文化创意,乡村旅游的竞争力就会大大降低,旅游变得千篇一律。

5. 旅游项目季节性和时段性强

马岙村开发游玩景点时,只考虑了某个时段当时的效益,并未对其他时段进行规划。比如,白天有许多文化旅游活动和娱乐项目,夜晚的旅游项目屈指可数,不能满足游客多样性的需求,无法感受马岙夜间的魅力。旅游产业兴旺离不开其他产业鼎力相助。对于马岙村而言,单纯的旅游业并不能维持长久的经济发展,许多旅游产业还需要结合农产品的生长情况,如水果采摘和花海的观赏有时间的限定,受到季节影响很大。另外,节假日客流量集中,其余时间客流量很少,导致村民收入起伏较大。

6. 农家乐发展陷入瓶颈

随着大众经济水平的不断提升,人们的消费升级,让农家乐不得不踏入转型之路。在旅游行业新态势发展中,要想出圈,必须要有自己的特色以及有深厚的文化底蕴支撑,服务态度也成为众家所较量的重要内容。

马岙村自身优秀的海洋文化就能吸引很多游客,加上前期的宣传,知名度不断提高,马岙逐渐进入大众视野。如何让马岙特立独行,成为乡村旅游业的亮点,是马岙未来发展的方向。

7. 宣传力度不够

目前,马岙村在网络上的宣传图片并不丰富,部分图片还是几年前的陈旧图片,想要了解更多,只能去官方微信公众号搜索。景区的工作人员也没有更好的方式宣传马岙,只有一些本地人知道马岙的美好。宣传力度不够,导致许多旅游者并不了解马岙。

(二)发展建议

1. 革新交通

(1)打造民俗公交新站点

马岙在后续发展中,可以在景区入口增设一个智能新站点。一方面,智能公交站系统自动报站、导乘线路、实时更新车辆位置,同时可以加入一些景点的广告,加大宣传效力。另一方面,将当地风俗民情展现在公交站点上,加上游玩指示牌、景点地图、全局导览,并且掌握景点大概情况,从一开始就让游客眼前一亮。同时,一个新型、有设计感的站点可以成为景区入口的地标建筑,成为游客的第一个打卡点,让站点不再仅仅满足于交通需求,也成了马岙独特的名片。

(2)引入共享公共交通和环保型电动观光车

针对步行游玩难这一问题,马岙可以引进一些共享交通工具,如共享单车、共享电动车等。一方面,有了代步工具,可以轻松前往不同景点,增加了骑行乐趣的同时让马岙村交通设施更加完善;另一方面,也十分契合马岙当前"净零碳"的发展道路,从消费群体上减少私人车辆驾驶,减少碳排放,不仅仅符合绿色发展理念,同时还缓解了当地的交通压力,减少停车问题和道路拥堵。当然,共享单车引进之后的管控问题也是一大重要关注点,不能为了交通便利而忽略了环境整洁有序。此外,为了游客游览便利,还可引入一些环保型电动观光车,制定固定的游玩路线,让游客进行自由选择,真正解放双手。

2.引导村民共建

(1)打造村俗产业特色

地方特色是产业振兴中最强的竞争力,而村民则是地方特色的创造者与体现者,让村民参与共建,是打造马岙特色的关键之一。乡村则彰显了产业振兴不同于城市建设的活力和可持续发展力,而村民则是这些力量的源泉。激发村民的积极性、主动性和创造性,是马岙现如今发展中可以更上一层楼的关键点。

在马岙产业发展中,除了引进大量现代化产业以外,还可以进行当地风情村俗开发,打造一些由当地居民主导的特色产业、活动。例如,打造马岙特色美食街,将一些传统的食物、小吃的制作过程展现出来,让游客在马岙可以享受真正意义上的"吃喝玩乐",也可以亲身参与到制作过程,增加乐趣。此外,还可以进行系统的传统手工艺教学,让游客学习手工编织等,既让手艺得到了传承,还增加了手工艺品的销量与知名度。通过特色村俗产业的打造,让马岙居民的生产、生活合二为一,既不影响已有的生活状态,还真正参与到乡村建设,真正实现在家门口赚钱,重塑乡村魅力,带动并吸引资源、人口等要素回流马岙。

(2)注重现代技术的传授,加强居民能力培训

除了一些专业性较强的产业建设外,马岙政府或招商企业可以定时组织系统的技能培训学习,合理利用当地的居民人力。在店铺经营中,聘用村民作为员工,同时学习现代商业经营模式,让当地村民与外来商业融合发展,让新经济深深扎根马岙的土地;还可以发展村民导游,经过专业化、系统化的学习,让村民可以用专业的语言介绍自己熟悉的地方,带领游客进行观赏游玩,村民既对路线熟悉,也对文化熟知,可以最大限度地展现马岙的风土人情。

3."沉浸式"旅游

文化旅游想要突破就要借助科技的力量来谱写创新。"沉浸式"体验与线下娱乐在近几年市场空间所占比重逐渐增大,获得了广大消费者的欢迎。身临其境的逼真感受,让旅游变得更加生动,不再是一味的游山玩水。利用科技力量,采用虚拟技术,让讲述历史文化故事、感受历史文化魅力不再是一个枯燥乏味的知识课堂,而是让空间相连,与过去"通话",释放城市的历史记忆。"沉浸式"旅游不仅仅是为吸引游客而提出的方

式,它背后蕴含的独特的人文关怀更是核心所在。

剧本杀游戏在年轻游客群体中颇受欢迎,"剧本杀+文旅"有望成为马岙文化旅游新出口。马岙博物馆不仅仅是一个收藏文物的地方,更是一个向大众传播文化的场所,对接当代年轻人喜好,专业地、人性化地满足年轻游客需求。马岙博物馆可以作为"剧本杀"的主舞台,让博物馆里的文物资源"活起来"。墙壁上的一条解说、展柜里的一件陶器,都可以成为剧本杀的线索,寻找文物背后的故事,通过故事传播马岙文化,让年轻一代了解文物、关注文物、保护文物。

4.提高文创产品的创新性

发展乡村旅游是乡村振兴的重要举措,文创产品在乡村旅游中也有着举足轻重的地位。文创产品除了自身要有特点,还要与马岙特色文化相结合,让产品烙有马岙的印记,让马岙的风采展示在产品中。文创产品不仅要新颖奇特,还要满足游客多功能、多样化的需求。

为了更好地让游客体验马岙文化,可以创造性地让游客参与文创产品的制作中,例如:游客可以自己 DIY 纪念品,也可以参与当地特色美食的制作过程,亲身感受和体验乡村田园生活。

5.注重旅游项目的季节和时段的更替

马岙村的乡村旅游有许多水果采摘、花卉观赏项目。短暂的水果成熟期和花期让客流量忽高忽低,不能稳定。花田可以采用间作套种的方法,例如在油菜花田中间作套种与油菜花不同花期的植物,等到油菜花败落后,另一种花卉如期而至,并不会让田间有"空窗期",让一年四季田间的观赏时间大大增加。与花卉相同,水果也可以种植应季水果。

目前,马岙乡村旅游项目多数是白天游玩的项目,例如采摘园、观赏水库等活动都是在白天进行。乡村的夜晚是寂静的,与城市的喧嚣大相径庭。在夜晚,可以增加一些相应活动,丰富游客的夜生活,增添乡野乐趣。

6.农家乐升级突破

(1)农家乐+休闲康养

城市的喧闹与嘈杂以及过多的二氧化碳排放,让人们对田园生活更加充满热情,农家乐就成为一个放松休息的上好地点,但要让农家乐长久经营,并增加回头客,可以以修身养性、休闲康养为经营理念,以质量良好的空气、宜人的环境为依托,打造一个绿色康养基地,将休闲养生融合在乡村旅游中,吸引且挽留更多游客。新冠疫情的发生让人们对于健康生活更加关注,"农家乐+休闲康养"既让人们放松心情,又可以达到健康生活的目的。

（2）农家乐＋娱乐场所

传统的农家乐都有着自身实惠的菜肴，并且各家菜色相当，分不出太大差别。如果增加娱乐项目，在亲子游方面吸引顾客，增加游客游玩马岙的另一理由。但要分清以下方面：经营是以娱乐为主还是以农家乐为主。若经营以娱乐为主，就需要把重心转移到娱乐方面，改变农家乐的本质业态，让餐饮成为娱乐的配套，而不是主要方面。但若经营以农家乐为主，就让娱乐项目成为提高营业额、增加人流量的另一种营销手段。

（3）农家乐＋特定圈子的俱乐部

农家乐不能仅仅停留在餐饮行业，可以以某种特定圈子为一个特色，打造各式各样的文化圈子。比如，马岙村内的手工陶艺制作就可以形成一个圈子，可以让喜好陶艺的人聚集在一起，成为"俱乐部"形式，类似的还有音乐、养生、书法、画画等各种艺术形态，让有相同爱好的人可以做自己喜欢的事，也可以认识一些和自己有同样爱好的人，满足人们的精神诉求。

7. 加大宣传力度

现在是"互联网＋"的时代，要想在时代中脱颖而出，首先要跟随时代前进，充分利用网络的便捷度和包容度，及时在网络上更新马岙村相关信息与图片，在加大宣传力度的同时，关注宣传的内容，要精准地吸引游客。此外，可以开通人工客服通道，为游客解答疑惑。

五、总结

在发展乡村旅游的振兴道路上，马岙村从未止步。建设美丽乡村，一是传承历史，马岙依靠悠久的海洋文化，在建设中挖掘、保护存留的古迹，在推广中融入当地风土人情，建设有文化底蕴、文明乡风的乡村；二是紧靠时代，领头探索低碳乡村振兴之路，建设"生态宜居、生产宜业、村舍宜游"的美丽可持续村庄；三是智能引进，在"自治"的基础上加入"智治"，提高生活质量，也提高生产效率，为乡村振兴发展添砖加瓦。

2018 年，马岙被评为省级 AAA 级景区村；2020 年，以马岙村为核心点的马岙旅游区升级成为国家 AAA 级旅游景区；2021 年 8 月 2 日，马岙成功入围第三批全国乡村旅游重点村……马岙村的实际成果表明，通过协同治理、内外联合驱动发展乡村旅游、加快实现乡村振兴之路是可行的。

参考文献

[1]中国共产党中央委员会.中共中央、国务院印发的《乡村振兴战略规划（2018—2022年）》[N].九江日报,2018-09-27.

[2]胡卫伟.浙江渔村古镇文化寻踪之旅[M].杭州:浙江工商大学出版社,2010.

[3]有"海味儿"的乡村旅游[N].中国旅游报,2020-04-01.

[4]让农产品"消化"在田间地头[N].今日定海,2015-10-26.

[5]陈岚.舟山篇:网红社区风景好"三治"融合入人心[N].浙江新闻客户端.

[6]林峥峥.垃圾减量分类,马岙村探索垃圾精细化分类[N].舟山日报,2019-08-26.

[7]助力共同富裕,舟山市定海区马岙街道:凝贤心聚贤力汇贤智携手同奔共富路[J/OL].浙江统战,2021-08-23.

[8]王倩倩,曹莉丽."百家田联心种"让村民结缘 马岙精心培育村民自治"一村一品"[N].浙江日报,2020-05-27.

浙江共同富裕示范区建设
——以舟山市蚂蚁岛为例

作者:甘巧玲,鲁茜　班级:A19 行政 1　指导教师:林晓芳

摘　要:2021 年 5 月,《中共中央国务院关于支持浙江高质量发展建设共同富裕示范区的意见》对外发布。这一意见的发布预示着浙江省成为我国第一个共同富裕示范区。而在 2020 年浙江省各大城市的 GDP 数据对比中,舟山市的 GDP 数据排在最后一名,但是舟山市却是浙江省唯一增长速度超过 10% 的城市。基于此,调研小组选取舟山市蚂蚁岛为调研地点,研究其红色旅游产业与虾皮加工产业是如何为蚂蚁岛乃至舟山市带来巨大的经济效益。

关键词:共同富裕;蚂蚁岛精神;红色旅游产业

2021 年 5 月,《中共中央国务院关于支持浙江高质量发展建设共同富裕示范区的意见》发布,其中提出了六大方面 20 条重大举措。

2020 年浙江省人均居民可支配收入首次迈上“五万元”的台阶,其中城镇居民收入与农村居民收入分别连续 20 年和 36 年居各省(区)之首,浙江城乡居民收入比降至 1.96∶1。居民收入水平的提高,城乡收入差距的缩小,成为浙江发展的突出亮点。同时,浙江省的面积、人口结构在国内也是比较具有代表性的,综合浙江省近些年以来在市场经济、环境治理与改善、社会保障等方面已经形成的一些制度创新成果等,《“十四五”规划和 2035 年远景目标纲要》提出,要支持浙江高质量发展建设共同富裕示范区,并且希望浙江能在未来为其他地区的共同富裕的建设作出示范。

2020 年浙江省各大城市 GDP 数据对比显示,舟山市 GDP 排名在全省的最后一位,其 GDP 只有 1510.80 亿元,但它却是整个浙江省唯一增长速度超过 10% 的城市。

在舟山市各区县 GDP 的排行榜中,普陀区就贡献了 439.9 亿元,而在普陀区中,蚂蚁岛无疑是对普陀区的 GDP 增长有巨大贡献。

一、蚂蚁岛的支柱性产业

蚂蚁岛位于舟山群岛东南部,蚂蚁岛乡在 20 世纪五六十年代曾是全国渔区的一面旗帜,在此处诞生了全国第一个人民公社,以艰苦创业精神名扬全国。曾经的蚂蚁岛以"穷"出名,困厄的环境、艰苦的生活让岛上的渔民苦不堪言,但是这并没有压倒蚂蚁岛的人民,反而将吃苦耐劳、自力更生的坚韧品质馈赠给了蚂蚁岛的人民。

(一)蚂蚁岛红色旅游产业

"艰苦创业,敢啃骨头,勇争一流"的蚂蚁岛精神让蚂蚁岛人众志成城,凝聚心力,爆发能量。为了更好地讲述蚂蚁岛故事,传承蚂蚁岛精神,2018 年,作为宣传蚂蚁岛红色精神的重要阵地,以蚂蚁岛精神红色教育基地为主的红色旅游产业应运而生。

蚂蚁岛管委会党工委委员、副主任顾博盛曾对外说过,"蚂蚁岛精神不仅没有过时,更要继续发扬光大"。而近些年以来,蚂蚁岛通过挖掘内涵、打造品牌、建造设施、推进项目等诸多方式,多举措地推进岛上红色教育基地建设,让蚂蚁岛精神在新时代焕发生机。

实践小组在走访过程中,从岛上居民那里得知,近些年以来,有很多来岛上游览、学习的游客,也有许多省内的夏令营选择蚂蚁岛作为青少年学习的阵地。蚂蚁岛当地红色旅游产业的兴旺也顺带让岛上的餐饮产业发展起来。在走访过程中,实践小组参观了当地爱国主义教育基地,那里有中国第一个全国人民公社。去那里参观时,正好有一个红色主题夏令营带着许多孩子和他们的家长在参观,实践小组也顺势进行了采访,参观的家长认为蚂蚁岛开展的红色教育基地建设很有意义,表示支持,同时也表示会经常带孩子来参观红色主题展馆,带他们来感受老一辈人艰苦奋斗的历程,学习蚂蚁岛精神。

如今,乘着"十四五"的东风,在蚂蚁岛精神的指引下,红色旅游产业如火如荼地发展着。这只东海之上的"小蚂蚁",已经蓄势待发,要扬帆起航了。

(二)蚂蚁岛虾皮加工产业

蚂蚁岛社区成立于 2005 年 5 月 17 日,由大兴岙、兰田岙、穿山岙、长沙塘、后岙五个经济合作社组成,蚂蚁岛社区以渔业和水产品加工为主导产业,渔业以虾皮加工业为主。社区渔业发达,蚂蚁岛辖区内设立虾皮加工相关经营单位超过 65 家,其加工地点根据政府的统一规划位于蚂蚁岛工业小区内,每户都有独立的加工区域,配备加工车间、烘道和冷藏设施,蚂蚁岛虾皮生产已经有 200 多年的历史了,而虾皮加工产业的市场占有率在全国超过 80%,是全国有名的虾皮之乡。

实践小组在蚂蚁岛工业小区走访时,由于虾皮的加工季节性较强,正处于休渔期,所以工业小区暂未开工。因此,调研人员选择走访蚂蚁岛贩卖虾皮的商店与周边居民家,以期从他们的口中获得一点信息。

首先,加工厂的工人大多数都是岛上的居民,且他们世世代代都居住在蚂蚁岛。

其次,结合图 1 和图 2 来看,实践小组所采访的贩卖虾皮的人大多数是平均年龄在 60 岁以上的老人,并且是世世代代生活在蚂蚁岛的岛民。由于家里有人在生产经营虾皮制造与销售工作,所以在淡季时帮忙售卖。加工后的虾皮可以保存两到三年,所以在淡季也有虾皮可供销售。

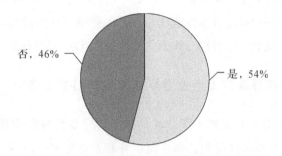

图 1　加工虾皮工人长期住在蚂蚁岛或者舟山

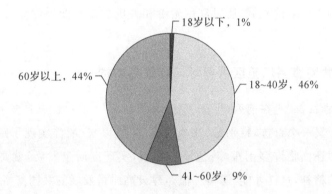

图 2　加工虾皮工人年龄

最后,在岛上加工淡季的时候,由于处于休渔期,渔民不能外出捕捞虾皮,因此不能对虾皮进行加工生产,岛上的大多数工人不会留在岛上,而是选择外出打工,如宁波、杭州等经济发达且距离舟山较近的城市。等到休渔期过后,可以进行虾皮捕捞与加工生产时,工人再返回蚂蚁岛。

二、蚂蚁岛精神对于红色旅游和虾皮加工产业的共同富裕建设影响

"艰苦奋斗、敢啃骨头、勇争一流"的蚂蚁岛精神,为蚂蚁岛红色旅游和虾皮加工产业的共同富裕建设提供了精神动力,也为实践小组今天推进浙江高质量发展建设共同富裕示范区注入力量。

（一）蚂蚁岛精神的孕育过程体现了共同富裕的价值理念

1950 年,蚂蚁岛被解放之初,岛上渔民生活极端贫困。而蚂蚁岛也被当地称为"癞头山"——山野树木乱砍滥伐使整个蚂蚁山成为"老鼠过岗也露身的癞头山"。但是艰苦的生活条件并没有压倒蚂蚁岛人民,他们在当地人民政府的领导下,掀起一场生产自救运动。1958 年,蚂蚁岛建立全国第一个渔业人民公社——蚂蚁岛公社。蚂蚁岛人民团结一气把一穷二白的蚂蚁岛建设成为浙江乃至全国都很有名的沿海渔区,其中就体现了共同富裕的精神价值理念。这种理念在当代社会没有过时,具有深刻的指导意义。

（二）红色旅游和虾皮加工产业需要继续发扬蚂蚁岛精神

蚂蚁岛的红色旅游和虾皮加工产业就是基于蚂蚁岛精神的指导作用,根据蚂蚁岛的现实情况,通过蚂蚁岛人民的艰苦奋斗所孕育和发展起来的。"艰苦奋斗、敢啃骨头、勇争一流"的蚂蚁岛精神一直在影响着世世代代的蚂蚁岛人民,同时也在影响蚂蚁岛红色旅游和虾皮加工产业的发展,所以红色旅游和虾皮加工产业仍然需要继续发扬蚂蚁岛精神。

（三）建设共同富裕示范区需要学习蚂蚁岛精神

一直以来,浙江都"走在前列、干在实处、勇立潮头"。在中国共产党的领导下,浙江人民创造了一个又一个奇迹,特别是"八八战略"实施以来,浙江实现了跨越式的发展。但是浙江的发展还面临许多困难,若想缩小短板,实现高质量发展,就要学习"艰苦奋斗、敢啃骨头"的精神,这样才能"勇争一流",建设高质量发展的共同富裕示范区。

三、红色旅游和虾皮加工产业现存的问题

（一）红色旅游产业现存的问题

1.宣传力度不够,知名度不高

蚂蚁岛的红色旅游产业主要是基于建党 100 周年的红色大背景之下,才逐渐带动起来。在舟山市甚至舟山市外的宣传力度都不够,知名度没有打响,一旦建党百年的热度一过,很难保障红色旅游会继续增加蚂蚁岛的旅游产业收入。

2.红色旅游没有突出特色

同时,蚂蚁岛的红色旅游也没有自己的突出特色,即使作为全国第一个人民公社,也没有把其作为红色旅游宣传的出发点和立足点。

3. 红色旅游产业缺乏基础配套设施

蚂蚁岛的红色旅游基础设施较弱,周边没有相应的交通站点、旅游饭店、住宿酒店等,单单只有一个纪念馆,导致游客找不到地方吃饭的现象经常出现。蚂蚁岛红色旅游的产业融合较弱,没有综合考虑周边相关产业的开拓和发展。

4. 红色旅游产业体制不健全和管理人才欠缺

产业化、市场化程度不高,服务设施不完善,体制机制不健全,产业融合发展不深,专业人才极为短缺,疫情对行业冲击较大。红色旅游产业的从业人员相对较少,而且文化水平较低,红色旅游管理经验不足,市场经营、管理方面的复合型人才严重缺乏。

(二)虾皮加工产业现存的问题

实践小组在采访过程中了解到,蚂蚁岛虾皮加工产业尽管销售量占全国的80%,但是它仍然存在着诸多问题。从图3可以看出,其问题主要集中在加工设备、食用口感、生产环境、物流运输、产品特色等方面。针对以上问题,进行分析总结,得出以下结论。

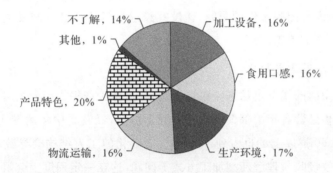

图3 蚂蚁岛的虾皮加工产业待改进方面

1. 虾皮加工缺少品牌效应,处于较宽松的管理状态

通过实践小组的实地走访调研,蚂蚁岛大多数销售的虾皮产品是以零散批发出口的形式进行对外销售,也就是说尽管全国80%的虾皮都来自舟山蚂蚁岛,但是仍没有一个统一的虾皮品牌,进行虾皮的对外推广销售。而就目前蚂蚁岛整体发展水平来看,蚂蚁岛的虾皮销售范围大,但是岛内加工企业精深加工水平不高,虾皮精加工研发能力不足,其加工产业发展相对滞后。虾皮经过简单加工就可以进入市场,产业链短、产品增值空间小,导致虾皮品牌也呈现出多、杂、小的局面,市场影响作用大、带动作用强的品牌少,这种形势就使蚂蚁岛的虾皮不能成为浙江省乃至全国具有影响力的品牌之一。

尽管蚂蚁岛的虾皮加工属于简单加工,但是不能否认它在一定程度上具有方便了当地群众、增加渔民收入等优势。然而想要深度发展蚂蚁岛虾皮产业,小作坊式的简单加工是远远不够的。其实虾皮加工的小作坊在舟山地区存在已久,一方面可以满足当地消费者的需求,另一方面也是对舟山当地饮食文化的特殊传承。尽管有相关条例规定,虾皮加工需要加工方拥有食品生产许可证,但是由于作坊式的生产收入低且不稳定,无法购买现代化设备进行生产加工及检验,因此它们并不具备获得生产许可证的资格,这就导致出现许多无证经营的虾皮贩卖与加工工厂。同时,农村地区对于商户比较宽松懒散的管理状态,使得无证虾皮加工厂有了生存的空间,无证追究、无人监管、无法保证,"三无"的局面使得虾皮产业极易引发食品安全问题。

2.虾皮加工有淡旺季,导致人员招聘困难

虾皮加工分为淡季和旺季,绝大多数的加工厂会选择在旺季开工,而旺季一般是在下半年,也就是从 10 月份开始旺季的加工生产,这个时间段同时也是蚂蚁岛一年当中最热闹的时候。但是一旦度过旺季,进入虾皮加工的淡季,蚂蚁岛也会随着人员流失逐渐变得平静下来。相关数据显示,从事虾皮加工的人员大部分都不是蚂蚁岛本地人。因此,在淡季工厂关闭时,他们会选择到杭州、宁波地区从事别的岗位,一旦在外的岗位稳定下来,他们就不会再选择回到蚂蚁岛继续从事加工行业,这就导致了旺季往往招不到足够的加工人员,出现"招工难"的问题。人员的流失加上生产在即,经营者就会在一定程度上放宽对人员招聘条件的限制,让没有经过专门培训且生产安全意识低的人上岗进行虾皮的生产加工工作。

3.销售经营者趋于老龄化,劳动力素质不高

首先,通过团队的线下走访调查可以发现,虾皮加工的销售经营大多以小作坊的形式存在,同时销售经营者年龄都偏大。相关数据显示,经营者中年龄在 40～60 岁占到了 60%,年龄在 60 岁以上的也占到了 30%。老龄化的工人结构会导致加工时工人行动迟缓、不能有效接收与理解新型加工方式等问题,这在一定程度上会阻碍后续产业结构的有效调整与改革。

其次,经营者的文化水平较低,大部分是小学或者初中学历,也存在少数不识字的现象,劳动力素质不高就会导致在生产过程中工人只能依靠个人经验添加原料与食品添加剂,不能有效保证食品生产安全。而在追求利润的前提下,加之食品安全意识不强,不注意虾皮加工的环境卫生、加工是否达标等,经营者就可能会造成虾皮的食品安全隐患。

四、改进措施

(一)关于红色旅游产业的改进措施

1.采用时下新兴平台宣传

蚂蚁岛红色旅游产业应加大各个新平台、新业务、新渠道、新方式的宣传力度,除了

联合社区、企事业单位进行强制性和灌输性的宣传,还可以利用时下新兴互联网平台和自媒体宣传方式(微信、微博、抖音、快手等平台)进行宣传。另外,在现在的社会流行中,短视频也受到了各个年龄阶段人士的广泛喜爱。因此,也可以利用创作短视频的方式来宣传和推广蚂蚁岛的红色文化,增加蚂蚁岛红色旅游的趣味性和丰富性,力争做到家喻户晓。

2.将科技融入红色旅游

在红色旅游活动中做到寓教于乐,不以古板的说教模式去宣传。在基于学习红色文化的前提下,可以适当地增加活动的趣味性和丰富性。蚂蚁岛的红色旅游产业可以采取VR、AR等新时代科技,让游客能更加身临其境,感受到革命前辈的艰苦奋斗过程。建设VR体验馆,利用VR技术模拟革命历史场景,在恢宏或惊险的情景里,加深体验者对红色故事的印象,提高人们了解红色文化的主动性和积极性。

3.开拓资金来源渠道,政企合作支持红色旅游

蚂蚁岛红色旅游产业应该作为舟山市旅游业的亮点之一,政府应该意识到蚂蚁岛旅游的发展潜力,支持红色旅游和其他产业的有效结合,向企业伸出橄榄枝,拓宽资金渠道来推动产业的建设和发展。

4.广泛招聘专业人才

通过校招、社招等渠道招聘旅游管理、市场营销等专业人才,在薪资的基础上给予适当的保障政策。利用人才专业知识结合蚂蚁岛旅游实际情况,有效改善管理蚂蚁岛的红色旅游产业。

(二)关于虾皮加工产业的改进措施

1.有效整治虾皮加工作坊,积极开展品牌宣传推介

首先,对于生产经营不规范的虾皮加工作坊,政府可以提出整改意见,出台有关规范虾皮加工的相关规定。政府行政机关人员也要积极地对虾皮加工作坊进行实地考察,对加工人员进行摸排,了解虾皮加工的实际情况。

其次,针对有意向扩大虾皮生产规模的加工商,政府可以将其进行整合,引导成立虾皮加工合作社,同时鼓励私人虾皮加工作坊加入合作社,建立统一标准、统一管理、统一培训等,提高虾皮加工的品牌效应和食品安全保障。

最后,在有效整治虾皮加工作坊的基础之上,支持虾皮加工行业协会通过政府及社会等渠道,组织承办优秀绿色虾皮产品交流博览会、优秀水产品展示展销活动,积极邀请全国各大虾皮及水产加工企业和工厂参与。同时,有效利用新闻媒介对蚂蚁岛虾皮进行宣传推广,提高其市场知名度和影响力。

2.增加灵活用工比重,搭建就业服务平台

一方面,搭建水产加工业灵活就业服务平台,鼓励人力资源服务机构搭建线上线下服务平台、用工余缺调剂平台等,实时监测水产加工企业与工厂缺工用工情况,广泛发布短工、零工、兼职等需求信息,支持有用工需求的企业与工厂高效匹配人力资源,同时解决部分企业与工厂工人短时间内工人过多的情况。另一方面,整合产业资源与有限劳动力,科学规划产业发展布局,提高产业聚集度,合理分配劳动力资源。

3.科学规划,合理布局

加强对蚂蚁岛优势虾皮生产的建设领导,重点抓好龙头企业的规划发展,在必要时应予以重点扶持、引导人才、资金向虾皮加工业领域和重点企业流动。政策、资金、人才三者有机结合,可以吸引部分青壮年返乡建设虾皮加工产业,同时在人才回流的基本条件下,全岛的水产加工业建设要切实围绕优势虾皮产业发展,并努力建设一批虾皮加工产业基地,将发展水产加工业与推进共同富裕示范区建设有机结合起来。

五、总　结

蚂蚁岛作为共同富裕示范区的一个重点代表地区,以红色旅游产业和虾皮加工产业为主要经济发展支柱产业。通过团队的本次调研,分析蚂蚁岛的红色旅游产业和虾皮加工产业的特点,从中发现产业问题以及提出相关对策。要坚守"艰苦奋斗、敢啃骨头、勇争一流"的蚂蚁岛精神,认识到产业的问题所在,展望经济产业的发展。

参考文献

[1]庄列毅.弘扬蚂蚁岛精神守好"红色根脉"[N].舟山日报,2021-06-03(004).

[2]胡倩,黄蔚艳.蚂蚁岛虾皮加工行业存在的问题及对策[J].农村经济与科技,2019,30(16):95-97.

第二编
经济产业篇

风雨二十年，激活新制造

——杭州吉宝传动设备有限公司的发展经验

作者：丁绮涵　班级：B19 数学 1　指导教师：章其真

摘　要：当下，经济和信息技术的发展为机械配件加工市场的发展带来机遇的同时也带来了诸多挑战，市场竞争愈发激烈。在此背景下，杭州吉宝传动设备有限公司发展成为行业领军者。从市场、人才、生产、研发、政策、环保等因素分析了杭州吉宝传动设备有限公司成功发展的原因，总结成功经验，并指出其他机械类公司想要得到更好的发展，可以借鉴杭州吉宝传动设备有限公司的发展经验，加强合作、重视人才、提升硬件水准、紧跟政策，从而谋取可持续发展。

关键词：机械配件加工；可持续发展；新制造

杭州吉宝传动设备有限公司创建于 2000 年 9 月，主要业务为拖链及机械自动化配件的生产与研发。自建立之初，杭州吉宝传动设备有限公司从一间小小的工作室到 2.1 万平方米的数字化工厂的建成；从老板一人完成接单设计及制作到拥有十个部门的四百人企业；从一个小团队到科创板上市企业。二十年来，杭州吉宝传动设备有限公司坚守实业，改革创新，在机床自动化后续处理的产品制造上在杭州市甚至浙江省处于领先地位。杭州吉宝传动设备有限公司成为更加出色的智能制造产品供应商，离不开公司以"质量第一，信誉至上"为经营宗旨，结合以人为本的管理理念，不断创新，全方位展现机械配件等产品的品牌特色，提升销售和售后服务的品质，强化公司在高端行业中的形象。随着社会的不断进步，杭州吉宝传动设备有限公司的发展顺应时代的潮流，它们的发展经验值得其他机械类企业学习借鉴。

一、杭州吉宝传动设备有限公司的现状

（一）公司经济效益良好

公司成立之初，杭州吉宝传动设备有限公司第一年的销售额仅 67 万元。通过二十年的积累与沉淀，公司的经济效益飞速增长，在 2019 年公司年销售额达到 1 亿元。

2020 年，杭州吉宝传动设备有限公司实现营业收入达到 23342.00 万元，同比增长超过 30％。其中，主要产品中智能制造产品的销售收入为 23300.00 万元，占营业总收入的 99％。

2021 年前四个月的销售额已经与去年前三季度的销售总数持平。根据初步数据统计显示，2021 年利润总额较去年同期数据相比增长了 40.17％；实现了净利润增长18％。计划 2022 年在 2021 年的基础上继续增长 1.5 亿元，并实现净利润增长达到 25％。

（二）公司产品具有优势

2000 年时，公司仅生产简单的塑料拖链，产品单一，销售额并不突出。但是二十年来，杭州吉宝传动设备有限公司的产品不断更新换代，由最初单一的产品到现在多样化数字化生产。公司自行研发生产了 TL 系列、JR 系列、JRA/F 型、TH 系列钢制拖链，相较于其他传统拖链其具有更加新颖美观的外形、更长的使用寿命，可在任何一个部位打开使得拆装方便，承载能力也更大，这是其他任何缆、管防护装置都比不上的。也正是这些优点使得公司的拖链在一众拖链销售商中脱颖而出，在全国各地畅销，主要销往大连机床、深圳创世纪、青海华鼎等公司，拖链的年度总销售额达到 6500 万元，占公司总销售额的 28％。而且公司的拖链已经售往国外，与美国哈斯、德国格劳博等企业建立合作，杭州吉宝传动设备有限公司的拖链逐渐走上世界舞台。

针对中国渤海海上石油开采时温度太低的问题，公司为中国海洋石油集团有限公司自主研发保温拖链，这套保温拖链能够将温度恒定在 5 度左右，为石油管线提供了更好的保护。就保温拖链而言，2020 年公司年生产量达到 1.1 万米，年销售收入 1800 万元，占公司总销售额的 8％。预计 2021 年销售量将超过 1.5 万米，销售总额将增长 28％。

公司的链板式、刮板式、螺旋式排屑机在机床与自动线上普遍使用，经过公司改良的排屑机可以更好地分离加工过程产生的铁磁材料切屑，尤其在处理铸铁碎屑及齿轮机床落屑等情况效果更佳。在对排屑机方面的深入研究的基础上，公司向浙江省品牌建设联合会提出《链板式数控机床自动排屑机》"浙江制造"团体标准的立项申请。该标准发布与实施后，将成为链板式数控机床自动排屑机行业的标杆标准，在一定范围内规定链板式数控机床自动排屑机的相应指标，为市场提供参考，有利于整个行业的良好发展。排屑机的销售在公司所有产品中占比最大，年生产总额能够达到9660万元，占比达到42%。

经过改良，杭州吉宝传动设备有限公司的中心出水过滤系统是结构紧凑、体积较小且成本较低的中心出水过滤装置，它非常好地克服现有过滤装置体积过大、占用空间太大和成本较高的困难。由于物美价廉，吉宝的中心出水过滤系统在市场中很受欢迎，年销售额2300万元左右，占总销售额的10%。

纸带式过滤机广泛地应用于精密机械生产中，主要应用于国内大型钢厂，例如日钢、宝钢、鞍钢等。过滤机可以有效地减少生产过程中的废渣污染，被大多数的钢厂所需要。就过滤机而言，公司的年销售额2760万元，占总销售额的12%。

(三)公司获得较多荣誉

杭州吉宝传动设备有限公司在技术和科技方面的研究成果较为突出，在过去的几年中陆续获得高新技术企业证书、浙江省科技型中小企业证书、浙江省高成长科技型中小企业证书、杭州市"雏鹰计划"企业等荣誉证书。在生产和质量方面的努力也得到了各界的认可，获得了安全生产标准化证书、质量管理体系认证证书等资质证书。

杭州吉宝传动设备有限公司的研发设计部门一直在不断地对机床配件极性进行研究，并且获得多项发明专利证书及实用新型专利证书。同时，它还作为杭州市大学生见习基地，每年都接受各级各类学校的毕业生来公司实习。

二、公司可持续发展的原因

(一)开拓市场，合作共赢

杭州吉宝传动设备有限公司在立足国内的同时积极开拓国际业务，与国内外企业结为友好的战略伙伴。在与它们建立互利共赢的合作关系的基础上，实现资金、技术、市场等不同方面的共享和互补，在交流中使得合作双方共同发展、共同进步。正是这种合作共赢的理念，使杭州吉宝传动设备有限公司从一个小厂走向上市企业，久经风雨而不倒，不断发展壮大。杭州吉宝传动设备有限公司也将秉承"诚信至上，优质服务，科学管理，追求卓越"的观念，在未来竭诚地为更多机械企业提供更高质量的服务。

(二)以人为本，人才引进

杭州吉宝传动设备有限公司将人才视作企业最雄厚的根基，以"以人为本"为原则，形成了一整套"发现人才、重视人才、爱护人才、提升人才"的人才管理机制,肩负着员工与企业共同成长的使命,在发展的道路上努力实现"持续发展,共同成就"的终极目标。公司非常重视对新晋员工的培养,通过实行师徒教带、轮岗实训、定期专业考评等多项举措,加大管理力度,最大限度地发挥他们的优点,为员工的个人发展提供一个很好的平台。同时,为了促进公司高质量、高水平员工队伍的建设,公司开展了各项技能大赛等活动。

正是因为公司坚持"以人为本"的原则以及重视人才引进,杭州吉宝传动设备有限公司从一个仅有一个工人的小车间发展成为一个拥有一大批优秀的研发设计、销售、售后人才以及各类技能操作人才的公司。其中,以高学历为主的中青年已经成为公司的核心骨干,员工学历以本科为主,硕士研究生以上人数占比达到 15%。同时,还有更多的优秀青年怀揣着对梦想的追求以及对事业的热忱加入杭州吉宝传动设备有限公司,他们也秉持"乐于奉献,勇于创新"的精神,迅速成为公司的中坚力量。

人才是公司发展必不可少的一部分,只有在人才方面进行投入,才能使公司发展之路更平稳,发展速度更快。

(三)自主研发,创新设计

"在前几年,我国对于机械产品具有完全自主知识产权的核心技术并不多,借鉴国际先进产品进行技术移植的较多,对于关键零部件自主开发的较少。"[1] 在这样的背景下,杭州吉宝传动设备有限公司能够进行一定的自主研发无疑大幅提高了他们的竞争力。

研发设计相当于一个企业的核心,公司对于研发设计方面也是相当的重视,首先是拥有一个单独的设计研发部门,并且公司定期对他们进行考核,提高他们的能力。在研发方面,与浙大的一些科研研究院合作,积极引进国际先进技术,并且公司拥有 28 名研究技术人员,可以很好地保障公司的产品研发设计,高效有序地完成每一次的客户订单。同时,公司还在部分学校定期进行招聘,使得有不断的新鲜血液进入公司,不断地更新完善已有的设计。也正是不断地设计创新,公司才能吸引更多新客户,留住更多老客户。

(四)政府支持,抓住机遇

在发展智能制造业是做大做优国民经济和改进国防技术装备的基石的影响下,杭州吉宝传动设备有限公司走向工业智能化,实现经济可持续发展。在浙江推进"八八战略"的政策影响下,杭州吉宝传动设备有限公司以"质量第一,信誉至上"的经营宗旨,结合以人为本的管理理念,不断创新,全方位创立高端产品品牌特色,提高服务能力,发展成更优秀的自己。

杭州吉宝传动设备有限公司积极发展智能制造促进了萧山区智能制造装备产业结构、技术结构、产品结构的调整优化，带动了萧山区机械智能制造经济发展，为社会提供了多个就业职位，使得萧山区经济发展更加快速高效。也正是这些优势使得吉宝公司得到了萧山区政府的大力支持，促使公司发展进一步加快。

因此，杭州吉宝传动设备有限公司在企业从传统制造业向智能制造业转型的过程中得到政府的大力支持，这更加有利于企业的发展。

(五)加工设备齐全

公司配有 4 台德国原装通快 3030 激光切割机；12 台数控折弯机；78 台松下气保焊及氩弧焊机；1 条自动喷涂线；自动焊接机械臂；焊接场地 1 万平方米以上等加工设备，并不断更新设备资源。拥有一条完整的产业链，所有产品都是从头到尾整体完成的。从设计到成品，由整体的 MES 系统和 ERP 系统结合，提升整体的生产制造的自动化水平。从整体设计到生产，从原来的非数字化到现在的数字化，整体的效率提升了 35%以上，人工效率将近提升 45%。正是完备的加工设备以及完整的产业链，使公司获得了更多客户的信赖和更好的发展。

(六)完备的生产链

为了追求精益求精的品质，杭州吉宝传动设备有限公司建立和完善了一整条完整的生产链，使得公司的产品处于行业领先地位。从设计研发—材料采购—产品生产—产品销售—产品售后，这一系列的过程，公司全都可以自行完成，无须依靠其他加工企业。无论生产中的哪一个环节，激光切割、焊接、喷漆等全都可以由吉宝的车间单独完成。杭州吉宝传动设备有限公司在发展过程中，不断完善自身的高标准生产要求，建立完善智能制造数据机制，综合运用智能制造技术，引导公司加快规范行业标准，依法依规加快相关智能制造研发和国际标准制定，完善企业创新发展理念。在企业生产中突出"精益求精，臻于至善"的理念，经过整个企业的不断努力，使得杭州吉宝传动设备有限公司成为浙江省乃至全国最优秀的机械配件生产基地之一。

(七)注重环境保护

公司生产过程中必然会产生一定的污染，但是只有遵守规则，才能使公司更好地发展。杭州吉宝传动设备有限公司的一切生产符合萧山区的环境保护政策，符合萧山区产业类型占比规划；公司对生产产生的水污染、空气污染、金属污染等都采取有效的治理方法，将污染排放控制在规定的排放标准之内，绝不会对周围生态环境产生过大的破坏。只有注重环境保护，坚持可持续发展，才能使一个企业更加长远地发展。

三、公司发展经验的借鉴

(一)积极开拓,加强合作

杭州吉宝传动设备有限公司在建立之初的客户来源仅仅是萧山新塘这一片的,经过不断地开拓,逐步走出萧山区,走出浙江省,走向全国,现在正在走向国际。因此,一个企业想要得到更好的发展,必须积极地开拓市场,必须与更多的客户建立良好的联系,只有拥有一定的客户基础,才能得到更好的发展。同时,企业需要更进一步地加强与客户之间的合作。在吉宝的发展过程中,可以看出当客户不满意原先的产品时,公司各部门便会及时进行修改。当然在这个工业 4.0 时代的市场竞争已经不像以前那样只需要简单地满足客户提出的需求,而是更多地需要提前预知客户未来的需求。所以,企业需要结合物联网以及大数据等新兴技术来判断现有产品的优点及不足,预测未来所需要的产品的特点等,以此来达到精确地把握客户的需求的目的,提前预测已有客户即将提出的要求,以及开发潜在客户,才能使企业更好地发展。

(二)重视人才,积极引进

杭州吉宝传动设备有限公司的发展离不开一批优秀的员工,正是公司对员工的重视,让老员工能够更好地在自己的岗位上认真负责地工作,也有源源不断的新员工进入杭州吉宝传动设备有限公司这个大家庭。因此,一个企业想要取得较好的发展,必须重视人才引进、给予人才较好的工资待遇以及为员工提供一个良好的发展平台。企业要做到更好地发现人才、善用人才、留住人才。

(三)提升硬件,保障发展

当公司的软件已经较为完善的时候,企业就要从硬件方面入手,使得企业更好地发展。在设施设备方面,杭州吉宝传动设备有限公司花了大量的人力物力进行提升,从最初的一台普通激光切割机到现在的德国通快以及日本阿玛达激光切割机等设施的改进,不断提高了生产的效率。因此,企业在硬件方面,要做到加大投入力度,不断更新完善,跟上时代的潮流。

(四)抓住政策优惠的机遇

杭州吉宝传动设备有限公司抓住国内市场情况和政策导向带来的新机遇。在党中央对机械制造业的改革作出了新的安排的情况下,在提倡提高工业发展的动力和激发制造业的市场活力的前提下,积极响应国家政策,使得公司的发展越来越好。随着改革力度进一步加大，改革带来的优惠将越来越多，企业一定会展现出新的发展面貌。只有抓住政策优惠的机遇，才能更加迅速提升企业在生产等多方面的能力和水平，才能使企业更好更快地发展。在众多政策的影响下，企业要牢牢把握优惠的政策，使得自己的发展更加顺应时代的潮流。

（五）重视可持续发展

杭州吉宝传动设备有限公司在发展过程中，严格遵守环境污染的排放标准，这使得公司能够更加长远地发展。同时，随着五大发展理念的深入人心，所有企业都需要响应国家号召实现绿色共赢，才能走得更快更远。只有和环境友好共处，一个企业甚至人类文明才得以长远地发展。

因此，其他机械制造工业必须重视企业排污问题，将污染严格控制在最低，将破坏降到最小，才能更好地发展。

四、结语

一个企业的成功绝非偶然，只有在做好准备的基础上及时地抓住机遇，才能得到更好的发展。杭州吉宝传动设备有限公司能够经历二十年风雨，不断前进，在杭州市甚至浙江省的机械配件领域成为佼佼者，并成功地成为一家科创板上市企业。它是在齐全的设备条件下，重视人才的培养、提高自主研发能力，从而把握政府政策、抓住合作机会，最终做到可持续发展。

学习他人长处、借鉴成功者的经验，是快速提升自我的有效途径。尚未涉足智能化制造的机械类企业可以通过学习杭州吉宝传动设备有限公司发展的成功经验，少走弯路，实现赶超式发展。在企业发展中，积极开拓市场，重视对人才的培养，提升硬件设施，实现传统机械制造向智能化制造的转型，实现可持续发展。

参考文献

[1]聂裕鹏.我国工程机械产品:拓展海外市场的成功经验及启示——以徐工集团的成功经验为例[J].对外经贸实务,2013(7):49-52.

"根缘"小镇
——开化县根雕产业发展现状调研

作者：刘欣灵　　班级：A19 环工 2　　指导教师：王建友

摘　要：根宫佛国文化旅游区自建成以来，由于其独特的根文化，已发展成为国家 5A 级旅游景区，并深受游客们的喜爱。现如今，随着时代的发展，根博园面临着游客年龄结构越来越单一，青少年游客普遍偏少；景区宣传形式单一，宣传途径较少；园内景区内容单一，缺乏长期吸引青少年游客的项目等问题。为确保根博园的长久发展，基于时代潮流发展和旅游业发展的关系视角，面向根博园旅游景区进行调研，总结现状，分析问题，并对根博园旅游景区如何建设既有传统文化气息又有新潮元素的旅游景区进行研究和探讨，并提出必须结合时代潮流，进而打造覆盖面更广的旅游品牌等相关建议措施。

关键词：根雕；根博园；青少年

在党的第十九次全国代表大会上，习近平总书记提出要将我国建设成为富强、民主、文明、和谐、美丽的社会主义现代化强国，把坚持人与自然和谐共生建设美丽中国纳入了新时代坚持和发展中国特色社会主义的基本方略。建设美丽中国，必须建好美丽乡村，美丽乡村建设成为中国特色社会主义新农村建设的趋势，也越来越受到人们的关注，为此，党的十九大报告提出了实施以"产业兴旺、生态宜居、乡风文明、治理有效、生活富裕"为总要求的乡村振兴战略，确立了加快推进农业农村现代化建设的奋斗目标，成为决胜全面建成小康社会需要实施的七大战略之一。休闲农业作为农村供给侧改革的重要抓手，要大力发展休闲农业和乡村旅游，乡村旅游已然肩负乡村振兴的特殊使命。

一、中国根雕在开化

"中国·根艺美术博览园"位于钱塘江源头——开化县,景区毗邻黄山、千岛湖、三清山,占地 360 余亩,以盆景、奇石、根艺、园林古建构成恬静自如、天人合一的画卷,汇聚各类植物、名贵树种 160 多种,有猫头鹰、山雀鹰、长尾蓝雀、红嘴相思鸟、白头翁、画眉等 36 种鸟类常年在此栖息,陈列盆景奇石作品 4000 余件,佛儒道、民间神话传奇、历史风云等系列大型根艺作品 2000 余件。开化是中国根雕艺术之乡。开化根雕历史悠久,是浙江四雕之一、浙江九大历史经典产业之一,享有"世界根雕看中国、中国根雕在开化"的美誉。清光绪《开化县志》载:"宋国光,字尔衍,清乾隆邑庠生,授例就营千总,善绘画,善雕琢,得盘根错节之树桩,随手刻画为人物花鸟,见者叹以为真。钟峰书院落成,门窗雕刻竹叶,镂梅花兼绘古十八学士栏壁,形神毕肖。"这是开化根雕艺术较早的文字记录。近年来,乡村振兴战略越来越受到社会各界人士的重视,根博园旅游景区积极响应国家号召,大力发展乡村旅游业,肩负着乡村振兴的特殊使命,在开化县乡村旅游业发展中起着显著的带头作用。根宫佛国文化旅游区是世界唯一的根文化主题公园、国家 5A 级旅游景区、国家文化产业示范基地、国家生态文明教育基地、中国雕塑院根雕创作实践基地。开化根雕的地域特征主要体现在以下几方面。

(一)宗教文化特征

"中国·根艺美术博览园"中最出名的一块景区为根宫佛国,这是一个以根雕艺术展现佛教文化的胜地,纵深有三座大殿,两边另有罗汉文化长廊依山而建环绕其间,还有未来佛殿、大雄宝殿、罗汉堂等,陈列有释迦牟尼、未来佛、四大菩萨、四大天王、五百罗汉等佛教文化系列巨型根雕作品 1000 余件。根宫佛塔,是一座四方塔楼,它气宇轩昂地屹立于根雕佛国的西北面,始建于 2012 年 6 月 26 日,占地 1500 平方米,塔建 13 层,高 79.99 米,工程造价 4000 万元,另有地宫一层。塔身挺拔于八面山腰,飞檐蔽日,直入云霄,宏伟壮观。宝塔内陈列的根雕作品以观音造像为主,260 余尊观音菩萨根雕造像,形态各异,妙相庄严,精美绝伦,又称观音塔。根宫佛国中最令人震撼的是一尊释迦牟尼佛雕像,其材质为黄心楠,高 9.9 米,重达 40 余吨(主佛 26 吨、底座 14 吨),作品造型奇绝,材料稀有,堪称镇园之宝。

(二)红色文化特征

浙西红色文化根雕艺术博物馆于 2021 年 6 月 27 日上午正式开放,该展馆坐落于根宫佛国华夏根文化景区,由徐谷青大师领衔规划设计和社会担当,统筹谋划,与国内根雕界顶尖艺术创作团队 100 余人共同创作,耗时三个多月完成。展馆一楼通过根雕艺术品的形式,展现了历史悠久的华夏文明、震撼人心的百年党史、中国特色的红色精神,展现了别样的红色开化。展馆二楼结合现代 3D、全息投影等科技再次展示了波澜壮阔、震撼人心的百年党史,弘扬了红色文化,践行着浙江精神,传承着地域文化。

(三)旅游文化特征

旅游文化是以一般文化的内在价值因素为依据,以旅游诸多要素为依托,作用于旅游生活过程中的一种特殊文化形态,是人类在旅游过程中(一般包括旅游、住宿、饮食、游览、娱乐、购物等要素)物质文明和精神文明的总和。开化县根博园旅游景区周边包含佛珠、小型根雕艺术品售卖点和醉根山房根文化主题酒店,景区内还有玻璃天桥、急速滑道、地下冰雕等娱乐设施。

醉根山房根文化主题酒店七楼还设有以天然根木装修,汉唐风格,并配有千年老船木书桌椅、字画、雕塑作品等的怀玉斋书吧,为游客提供优雅的阅读空间和借书业务。急速滑道围绕山体而建,全长 780 米,落差 50 余米,穿行于松柏密林和红叶丛中,直道和弯道的完美结合,让游客一路欣赏美景,景区的风光也一览无余。玻璃天桥又称"菩提桥",位于根宫佛国景区与华夏文化景区交界处,悬于"空中花园"醉景园上空,菩提桥外的装饰为"醉根"独有的仿古式木结构。

二、开化根雕产业发展现状调研及问题分析

笔者利用十余天对"中国·根艺美术博览园",即根宫佛国文化旅游区开化根缘小镇进行了线下和线上的采访和调查。在线下调查时,采访了许多到访的游客,以及在景区工作的工作人员;线上通过发布问卷的形式,共收回有效问卷 346 份。经过采访、调查以及对问卷数据的处理和分析发现,根雕产业发展既有优势,也存在着问题,这对开化乡村旅游产业今后的发展既是机遇也是挑战。

(一)青少年游客较少,游客结构偏单一

由图 1 可知,18 岁及以下的游客占比最少,仅占 9%;25~35 岁的游客最多,占52%;其次是 18~25 岁和 35 岁及以上的游客,分别占比 24%、15%。由此不难看出,现阶段游客主要以 25 岁及以上的游客为主,18 岁及以下的游客偏少。线下采访时,中老年游客居多,青少年多出现在以家庭为单位出游的游客中。

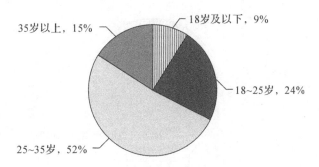

图 1　受访游客各年龄段占比

　　由图 2 可知,受访游客大多为公职人员和服务业人员,其次分别为自由职业者、学生和退休职工。可见,根博园的游客结构偏单一,对青少年的吸引力不够显著。在线下调查期间,调查到旅游团的组成人员大多为中老年人,自驾游的家庭中也多以中年人为主,青少年占比偏少。

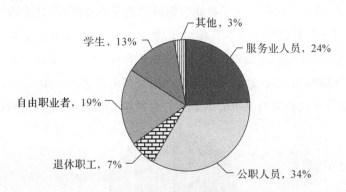

图 2　受访游客各职业占比

　　由图 3、图 4 可知,受访游客对目前景区现有的项目相对较满意,且非常愿意向更多的人推荐根博园旅游景区,让更多人来开化感受独特的根文化。但是,游客们更愿意向长辈们推荐根博园景区,由此可以看出,游客们普遍认为景区现有的项目更适合中老年人参观,吸引青少年的项目相对较少,故很少向同学、朋友推荐该景区。

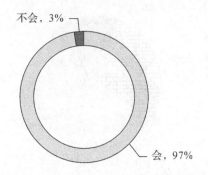

图 3　受访游客向他人推荐根博园意愿度

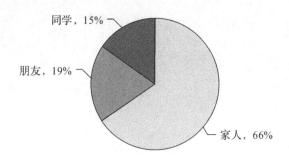

图 4   受访游客推荐根博园目标群体占比

(二)景区宣传途径单一,自助游普遍

由图5、图6可知,受访游客多以自助游的形式到根博园旅游景区参观游玩,占受访游客的62%。可见,和根博园相关的团体旅游项目较少,通过旅行社了解到根博园的受访游客仅占14%。现阶段可了解到根博园的途径非常多样,其中通过政府宣传和朋友推荐的途径了解到根博园的游客相对比较多,可见开化县政府对根博园旅游景区的发展也比较重视,开化县人民的家乡荣誉感也比较强,非常乐意向大家推荐根博园旅游景区。随着互联网的发展,通过网络了解到根博园的游客也不少,线下采访时也了解到,很多游客是被开化新闻网发布的微信推文和视频所吸引而来参观游玩的。

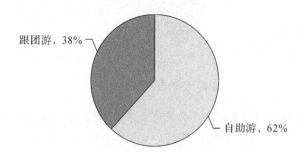

图 5   受访游客各出游方式占比

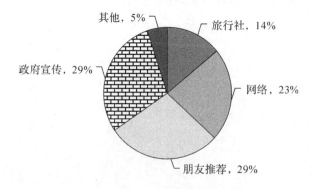

图 6   受访游客了解景区各途径占比

(三)"回头客"少,缺乏让人流连忘返的景区元素

由图7可知,受访游客中绝大多数游客外出旅游的频率并不高,这可能和现在的互联网发展以及疫情影响有关,线下访问时,部分游客提到:互联网发展很快,抖音、西瓜视频等短视频软件上就可以看到很多景点的介绍,看视频的时候会感觉身临其境,不知不觉占用很多时间,便很少有外出游玩的冲动。

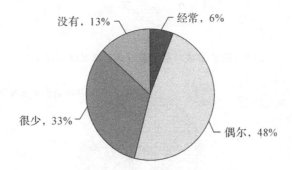

图7　受访游客各旅游频率占比

由图8可知,受访游客参观根博园的频率极低,很少去根博园的游客高达86%,这说明根博园和众多其他景区相比,竞争力较小,很难让人流连忘返。线下采访时,也有游客提出:根文化确实非常独特,但是这个类型的景区即使过了很多年,一般也不会有很大的变化,所以不会常来。

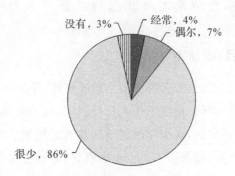

图8　受访游客游根博园各频率占比

(四)景区景观改善,但仍缺乏特别吸引游客的特色项目

由图9、图10可知,受访游客一致认为根博园近年来的景观多多少少有所改善,但游客对各类吸引人的因素的认知都比较平均,均在20%左右,除了独特的根雕文化、精美的根雕艺术品、优美的自然景观以及平易近人的人文气息之外,没有特别的因素能够让游客产生多次参观的冲动。

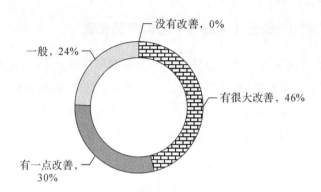

图 9   受访游客对景区景观改善情况认知占比

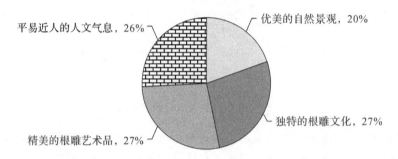

图 10   受访游客对景区中最吸引人的因素的认知占比

三、基于调查结果的开化根雕产业发展路径与措施

(一)拓展景区项目,改善游客结构

从线上调查结果可以看出,景区游客的年龄层偏高,青少年游客比较少。如若景区需要长久发展,必须改变现状。根据工作人员反映,景区的玻璃天桥、急速滑道等比较适合青少年游玩的项目推出后,青少年前往景区参观的数量明显增加。故可效仿该做法,在拓展景区项目的同时,结合当下青少年的喜好,增加更多元化、更年轻化的项目。当下青少年对新鲜事物的积极性都比较高,不妨抓住这一点,增设可以亲手雕刻一件简单的根雕艺术品的项目,增加游客的体验感,使其能身临其境感受根雕的魅力。

(二)加强宣传建设,拓展宣传途径

要克服游客年龄层次偏高的问题,其中最主要的还是要宣传做到位。随着互联网的快速发展,景区也可以根据时代潮流,开通更多宣传景区的途径,例如现在年轻人比较常用的知乎、贴吧、微博、小红书、抖音短视频等软件,景区还可以招收更多年轻人才,运营新媒体账号,宣传有趣的景区故事,分享独特的景区景观,吸引更多青少年来了解根雕、爱上根雕。

（三）增加新潮元素，吸引更多游客

根博园景区的华夏文化景区、根宫佛国旅游景区等区域已经形成了非常鲜明的特色，但对于年轻游客来说，吸引力较小，且近年来除了玻璃天桥、急速滑道和浙西红色文化根雕艺术博物馆，比较少开发新的符合时代潮流的景区游玩项目。所以，景区可根据自身发展需要，结合游客需求，利用当地特色，开发新潮游玩项目或在原有项目的基础上增加新潮元素，吸引更多游客参观游玩，促进景区长久发展。

四、小结

乡村旅游业发展不仅仅需要社会各界包括政府的支持，还需要各大旅游景区利用自身特色，结合时代潮流，拓展更多适应时代的旅游项目。就根博园旅游景区而言，根文化已经是一块很大的招牌了，已然形成了自己的核心竞争力，打造了属于自己的品牌，但增加新潮元素，拓展景区游玩项目，吸引更多年轻游客的任务仍然任重而道远。希望根博园旅游景区能抓住互联网的机遇，根据自己的实际情况，结合时代潮流，趋利避害，制订适合自己的发展路线，不断学习，不断进步，享受时代发展带来的经济、文化等方面的效益，吸引更多青少年游客。

金玉在外,谨防败絮其中

——关于杭州市网红书店发展现状的调查

作者:莫佳琪　班级:B19 英语 2　指导教师:顾协国

摘　要:当下,电子阅读平台和电商平台的兴起给实体书店带来了巨大冲击。在此背景下,网红书店异军突起。在杭州,尤其是近几年,网红书店的数量不断增加,甚至有成为文化地标的趋势。由此可见,其经营策略对于实体书店的回春有一定帮助,从外表、经营方式、理念等因素分析了其成功发展的原因,总结经验,给实体书店行业提供借鉴。当然,网红书店也有一定弊端,过于重视外观装修、缺少文化内涵、景点化、受众面小等问题,让社会各界对其褒贬不一。唯有保障图书质量、提高选品品位、传承优秀文化,找到并坚守自身理念,举办促进大众文化交流的文化活动,打造丰富市民精神生活的城市文化中心,实现文化与商业并轨前行,网红书店才能长红。

关键词:网红书店;实体书店;发展;文化

文化,是一座城市的独特印记;书店,是一座城市的文化地标。但由于信息技术的猛烈发展,电子阅读平台和电商平台的兴起带来了实体书店的没落。近年来,杭州虽然涌现了许多拥有独特的建筑风格设计、夺人眼球的网红书店,但是,成为一座城市的文化地标,仅有光鲜亮丽的外表是绝对不够的,"高颜值"外表无法持续性地吸引人群。那么,杭州如雨后春笋般冒出的网红书店是否只是昙花一现? 如果它能长久盛开,那又是凭借什么呢? 本次调研围绕杭州市网红书店的发展现状及经营策略展开,前后实地考察了西西弗书店、钟书阁等书店,采用问卷调查、采访、网上查询资料与实地考察等方法,对杭州网红书店有了更深一层了解,并针对其缺陷提出相应对策。

一、杭州市网红书店的发展条件及现状

(一)杭州市网红书店的发展条件

网红书店在杭州的发展条件可以说是天时、地利与人和。

何谓"天时"？"杭州的网红经济正在规范化发展，其诞生于淘宝时期，随着移动互联网的普及，杭州网红经济迎来爆发式增长，同时，带动了许多行业的转型升级，而网红书店就是网红经济在文化产业方面转型升级的衍生物之一。"[1]作为互联网之都，杭州的大型网红书店以每年新增 1 至 2 家甚至 2 至 3 家的速度增长着。2016 年有"中国最美书店"之称的钟书阁在滨江区星光大道开业；2017 年最天使文创书城在利星商场开业，言几又入驻来福士；2018 年晓书馆于良渚文化村开馆，言几又方寸店在西溪印象城开业，晓风书屋于钱江新城大厦开业；2019 年单向空间在运河边开业；2020 年被称为"全球最美书店""网红书店的鼻祖"茑屋书店坐落于天目里。2015 年至今，共有 11 家西西弗书店落户杭州，而小型的网红书店更是数不胜数。

何谓"地利"？ 第一，杭州的购物中心数量多、规模大。作为浙江的省会城市、阿里巴巴起源地，杭州的经济实力有目共睹，其城市 GDP 也排在全国前十。发达的经济给杭州带来了许多商城、购物中心。而网红书店偏好的选址地点正以商城和购物中心这些人流量大的地点为主，以门店数有 325 家的西西弗书店为例，其选址定于购物中心的占比高达 91.1％。第二，杭州是著名的旅游城市，拥有丰富的旅游资源，风景名胜众多。当书店与西湖美景结合，其意境与寻常开在街边的书店相比，高下立见。而且，杭州的旅游景点带来的人流量更是超乎想象，据《西湖文旅大数据报告》，在 2018 年西湖景区接待游客 2813.94 万人次，国庆期间接待游客 431.54 万人次；其中 10 月 3 日接待游客 83.37 万人次，为全年最高。在 2018 年全国风景名胜区人气指数排名中，西湖风景名胜区排名第一，而且连续几年西湖的人气都是第一。第三，浙江省正在积极推动人们阅读。近年来，浙江省为落实全民阅读工作，通过强化顶层设计、推动好书出版、打造品牌活动等方式，倡导人们"爱读书"、服务人们"读好书"、引导人们"善读书"。

何谓"人和"？ 第一，杭州市民喜爱阅读。2019 年在城市阅读指数排行榜和城市个人阅读指数排行榜中，杭州的排名均在前十。据《2020 年浙江省全民阅读报告》显示，杭州市的成年居民阅读率排在第一，高达 92.44％。在年度十佳数字阅读城市榜中，杭州也连续五年上榜。通过数据显示，杭州人民是愿意阅读的。而在本次实地考察的几家书店中，更是随处可见沉浸在阅读中的人群。除了书店，图书馆里这样的情况更盛。由此可见，杭州人民对于阅读的喜爱程度有多高。第二，杭州的网红很多，具有引流作用。当网红们在小红书、微博等这类社交平台晒出在网红书店的打卡照片或者写一篇

推文,或多或少会有人被吸引,随后也去相同的地点打卡,进而成功起到给网红书店引流的作用。有了一定的人流量,书店的生意便也容易做了。

(二)杭州市网红书店的现状

首先,就数量而言,杭州市的网红书店不断增加,杭州正在迅速成为全国知名书店的集聚地。不仅越来越多的书店品牌入驻杭州,还有很多小型书店、二手书店等也越来越被人们所熟知。其次,根据笔者问卷调查结果,网红书店的受众以年轻人为主,21~30岁的人群占比为73.41%,甚至有40岁以上的人群是不知道网红书店的。而在年轻受众中,女性占比更大,有73%,或许是"高颜值"外观更加吸引女性视线的原因。最后,虽然是书店,但是盈利的主要来源并非书籍。来书店的顾客坦言,他们一般不会买书,因为网红书店的书大多为精装书,而精装书价格比较高,且书店有提供阅读的区域,所以一般都坐在阅读区看书,在书店的消费可能是买一杯咖啡或者买些文创产品,遇上非常喜欢的书会买下来。根据调查,消费在文创产品上的人群占比64.89%。以杭州言几又来福士店2018年收入为例,图书销售收入仅占全年收入的30%,其余70%的收入主要来自咖啡、文化创意产品、陶瓷制作和书店绘画的体验。总而言之,网红书店的发展现状可以用一句话总结:书店人气旺但是盈利不可观。

二、网红书店的经营策略

除了外在优势条件,网红书店的发展与其自身的经营策略息息相关。

在几年前,最火的书店莫过于中国台湾的诚品书店与日本的茑屋书店,甚至可以说是网红书店的鼻祖,而这两大品牌书店的经营策略也有一定的相似之处,"诚品书店与日本茑屋书店经营策略研究"一文总结出了五大相似点:"以书店为核心的多元创新发展、以顾客需求为核心的互动式体验、明确定位商店类型与客户群体的方向、会员数据库的应用与分析和建筑风格以美学设计为本。"[2]现在的网红书店经营策略也与之大致相似,主要有以下四点。

(一)精致的外表

网红书店能够红起来的一个主要原因是其精致的外表。调查显示,被书店装修风格所吸引的人有七成以上。越来越多的书店会聘请设计师来设计书店内部与外部的装修。以本次实地考察的书店为例,杭州市滨江区的钟书阁是由创办唯想国际的李想设计师设计的,该设计获得了最成功设计奖、A'Design Award 2019金奖以及法国凡尔赛建筑奖—中亚和东北亚赛区室内特别奖。杭州钟书阁的设计不仅有钟书阁独特的镜面设计,还有结合杭州特色的设计部分,纯白色书架区域就像一棵棵散落在大厅的白桦树,给人感觉是树林书群,同时白色也像是西湖波光粼粼的景象。钟书阁最有名的是其顶楼的镜面天花板,仿佛置身于魔幻世界。

(二)便利的多元化经营

集合书籍、文创、文化活动、餐饮等其他活动于一体的经营方式颇受消费者喜爱。问卷调查显示(见图1),有 74.47% 的人群被多元化经营的方式吸引,主要是由于该经营方式给消费者提供了很大的便利。"书店＋"的模式越来越流行,走进一家书店,翻动书页的同时可以品尝美味的咖啡、甜点,在萦绕着咖啡醇香的环境中,时光也好似变慢,看书累了便可以去文创区逛逛,这样惬意的体验着实很吸引人。

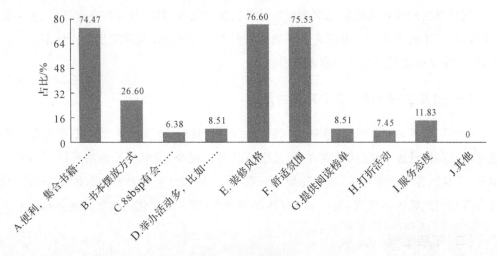

图 1　问卷调查结果

(三)新奇的书本陈列方式

书本的陈列方式也是吸引人的一个点。以普通读者为例,它的图书分类为爱、政治、科学与艺术四大类,其分类灵感来源于法国哲学家阿兰·巴迪欧在《哲学宣言》中列举的通往真理的四条道路:爱、政治、科学、艺术。书架上的书采用 faceout 的方式陈列,即在一排书脊朝外的书架上,要有一两本书的封面朝外,虽然没有什么难度系数,但是一般书店并没有采用这种方式摆书,为了节省更多的空间是不会把一两本书的封面露出的。但是 faceout 的摆法能够吸引到消费者更多注意,激发他们翻开这本书的兴趣。展台的陈列又与书架不同,会有一盏小台灯的光从上照下,使展台上被推荐的书被人注意到。展台上还会贴有一些从书中摘录下的句子,这些句子都是店员读书过程中产生感悟、想与人共勉的句子。

(四)独特的经营理念

一家书店,美丽的外观只是惊鸿一瞥,比这家书店更美、更精致的永远是下一家,真正能经久不衰的则是书店的个性。书店与书店之间最大的区别便是其理念的不同。正如普通读者的理念是做一间提供传统阅读体验的书店,而西西弗书店秉承的价值理念是"参与构成本地精神生活"。正是有独特的理念,网红书店才不是千篇一律的。

三、网红书店的缺陷

网红书店的经营策略虽然有助于实体书店经济复苏,但同时也存在着缺陷,前文提到的网红书店的现状——书店人气旺但是盈利不可观便是由其缺陷所致。如果不加以重视,实体书店经济恐怕又将迎来寒潮。

(一)过度重视外表,缺少文化内涵

为吸引顾客,网红书店注重提升书店颜值,作为营销手段,这并没有错,但若是一味地追求高颜值外表,而忽视了内在,便是空有其表。现今,高颜值外表的网红书店并不少见,若是顾客只注重外表,那么随便去一家便可,外表已不再具有很大的竞争力。网红书店归根到底还是书店,是一个文化传播的场所,书店的文化内涵才是其立身之本。

(二)不接地气

书店的主要顾客,其实应该称之为读者,读者群体十分广泛,有男女老少,但网红书店的活动并不适合所有读者,不能融入大家的生活,可以说,只有小部分读者能参与它的活动。而且,目前杭州的网红书店的布局与人们的步行生活圈不匹配。网红书店喜欢选址在商场,而杭州热度最高的商场主要是湖滨银泰 in77、来福士等地,这些商场几乎都集中在一个地方,导致越来越多的网红书店都开设在商圈,而忽视了其他地方。

(三)景点化

在数字化时代的发展下,网红书店的打卡模式也是其宣传的一种方式。几乎所有的网红书店都有一面具有特色的大墙,往往是摆满了书籍,这面墙便是供人们拍照打卡的地方。进网红书店拍照就犹如在景点游玩留下"到此一游"的痕迹。打卡本身其实并无问题,在书店感受文化的熏陶后,留下一张照片,也是一件颇具风趣的事。但是,越来越多的人群进入网红书店的目的只有拍照打卡,这便是问题所在,网红书店似乎真的成了一个景点。根据笔者的问卷调查,人们去网红书店更多地是为了拍照打卡而非阅读,在书店做有关书的活动的人群几乎只有三成(见图 2)。"2019 中国书店大会发布的

《2018—2019中国实体书店产业报告》称，消费者造访书店、到书店'打卡'的热情前所未有，书店顾客明显回流。"[3]但是，比起书店人流量的增长，人们对于读书的热爱却并没有增加多少。

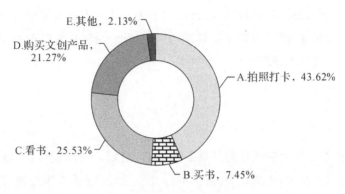

E.其他，2.13%
D.购买文创产品，21.27%
A.拍照打卡，43.62%
C.看书，25.53%
B.买书，7.45%

图2　去网红书店的目的

四、网红书店的对策

（一）保障图书的质量，传播优秀文化

网红书店作为传播文化的圣地，首要任务就是提升自己的选品品位与图书质量。"出版界的共识是：出版集团必须专业化，沿着大众出版、教育出版和专业出版三大方向发展，三种业务分界清晰，主线突出，交叉不多。"[4]网红书店中的图书大多是大众出版，其质量良莠不齐。图书质量影响阅读质量，所以网红书店必须保障其图书质量。除了书籍质量，书店更应关注选品问题。外在可以网红化，内在不行。书店应有自己的选品品位，而不是选择一些畅销的鸡汤文学、耽美文学等。优秀的选品才能传播优秀的文化，比如普通读者在书店选择女权主义的书籍，进而让光顾书店的读者对女权主义有深层次的了解。

（二）举办文化活动，促进人际交流

阅读本身是一个输入的过程，但输出更为重要，输出不仅可以让读者更好地了解他所读的内容，也可以让其他读者了解一本好书，还可以促进人际交流。网红书店可以在线下举办读书分享会，吸引读者前来书店，互相分享、推荐。同时，还可以邀请作家举办讲座，或者进行新书签售，既可以带动客流量，还能更深远地带动人们阅读，展开全民阅读活动。此外，由董卿主持的《朗读者》近年来反响很好，网红书店可以进行借鉴，在书店设立朗读亭，既吸引顾客，又做到了真正的文化传播。

(三)打造城市文化中心,丰富人们精神生活

书店是壮大文化场所的重要组成部分,杭州的网红书店既已有成为打卡景点的趋势,就更应抓住这个趋势,趁热打铁,将杭州的历史文化与人文风情融入书店,打造一张新的名片,提高知名度,携手营造文化氛围,将自身升级为城市文化中心,方方面面深入人们的生活,丰富人们的精神生活。

五、结论

杭州的网红书店应把握优越的发展条件,扬长避短,发挥其经营策略的优点,克服其缺陷,保障图书的质量,传播优秀文化,举办文化活动,促进人际交流,打造城市文化中心,丰富人们的精神生活,做到金玉在外而内秀其中,带领实体书店行业走出寒冬,保障经济效益和实现社会效益,文化与商业并轨前行。

参考文献

[1]明文彪,吕淼,严文律.从"电商之都"走向"网红之都"——杭州网红经济发展洞察报告[J].浙江经济,2020(6):32-34.

[2]廖政贸.诚品书店与日本茑屋书店经营策略研究[J].出版科学,2018,26(4):99-103.

[3]高咪.读书是最好的"打卡"方式[N].安阳日报,2020-01-09(003).

[4]陈世华,贺楠霞.试析网红书店的特色和出路[J].中国编辑,2020(Z1):50-54.

一朝入画中，一梦回千年

——横店乡村旅游发展现状调查

作者：王炜，张辉　班级：A19 旅游　指导教师：林晓芳

摘　要： 乡村旅游作为乡村振兴的重要组成部分，可以促进城乡经济融合，实现产业联动和以城带乡。当下，横店的影视旅游蓬勃发展，影视文化所带来的巨大流量，对于横店管辖下的乡村发展和乡村旅游，既是机遇，同样也面临着诸多挑战。这些乡村或是抓住机遇，鱼跃龙门；或是淹没在巨大流量浪潮中，默默无闻。本次社会实践调查将以横店为主体，调查横店乡村旅游的发展情况，以此发现其发展中的问题与不足，并提出相应的解决措施和建议。

关键词： 乡村旅游；横店；旅游资源；乡旅石牌

随着社会经济的高速发展，人们的生活水平得到了显著提高，已经不再仅仅局限于物质上的享受，而更加注重于精神上的追求，因此旅游也就成了越来越多的人休闲放松的不二之选。而乡村旅游作为一种新兴的旅游模式，其依赖于乡村优美的自然风景、悠久的历史人文以及独特的民风民俗等旅游资源，进而吸引络绎不绝的游客到访。乡村旅游可以让游客远离城市的喧嚣、领略田园乡村风光、体会别具一格的休闲旅游。此外，乡村旅游还可以促使乡村的自然资源和文化资源转化为相应的经济资源，这可以帮助乡村的村民摆脱贫困，走上富足繁荣的道路。当然，乡村旅游还可以保护、弘扬和传承乡村文化。

横店镇位于东阳市中南部，横店凭借着自己的影视资源优势已经在全国打出了响亮的名声，并且有着中国好莱坞之美誉。横店拥有着相当丰富的旅游资源，这对于横店管辖下的乡村发展和乡村旅游提供了不可多得的机会。本次的社会实践开始时间为2021 年 8 月 18 日至 25 日，为期一周，分别调查了横店镇的官桥村、横祥村、登高村、联星村、联盟村这五个村落的乡村旅游发展情况，并以此为研究对象，通过对这几个村落的实地调研、文献阅读以及对人们的问卷调查等方法，逐渐明晰了这几个村落的旅游定位和发展现状等，找出其乡村旅游发展过程中所存在的不足与问题，并根据这些不足与

问题提出相对应的解决措施与建议。此外,本次社会实践还调查了乡村旅游相对发展较好的南马镇花园村,将其与横店镇的村落进行对比,从中汲取有用的经验,拓宽对于乡村旅游发展道路的认识,有利于对横店镇发展乡村旅游提出更有建设性的建议。

一、横店镇各大乡村发展乡村旅游的现状

横店镇凭借着丰富的影视文化资源,在影视旅游方面的发展可以说是如火如荼,但其在发展乡村旅游这方面却有所欠缺、有点厚此薄彼之感。本次社会实践对于官桥村、横祥村、登高村、联星村、联盟村等几个村落的乡村旅游发展现状进行了实地的调研考察,并从中发现了许多乡村旅游发展过程中的不足与问题,调查的结果如下。

(一)官桥村

官桥村拥有悠久的历史,路西陈氏宗族在元至元年间传道始迁此地,迄今已有700多年的历史。而这名字的由来,是因为村里用作田地灌溉的东西两条溪流像是承载着整个村庄的两根轿杠,又因为"带木取名"这句祖辈之约,"官桥"也就应运而生。官桥村有着悠久的历史和众多的古建筑等历史文化旅游资源的优势,现存明清古建筑就有 40多座。此外,在横店影视城溢出效益增强的大背景下,官桥村还先后完成了《鸡毛飞上天》和《江南细雨丝》等影视作品的拍摄取景。官桥村在发展乡村旅游这一道路上可以说是畅通无阻了,但实际上,经过我们对官桥村的乡村旅游发展情况的实地调研后,结果却令人大失所望。

近年来,官桥村积极开展美丽乡村建设,致力于打造以"古韵官桥"为主题的全域影视旅游村,但任何事情都讲究天时、地利和人和,新冠疫情毫无预兆地暴发,导致其被无期限地搁置。官桥村的许多景点都只是一个半成品,仅仅只是装潢了门面,里面仍旧是土石堆积。之后在一位老奶奶的口述下得知,现在官桥村中的年轻人大多都已经走出去了,只有一些空巢老人还在留守此处。老街上的那些门店,他们都想着租出去,并让租的人进一步装潢,奈何没人愿意租,所以就一直搁置在那里了,现在只有少数的几家还在经营,但也不过是在"苟延残喘"。

由此可见,想要发展乡村旅游不仅需要地利,天时和人和同样重要,官桥村的乡村旅游建设因为疫情而被搁置,已经是大雪纷飞,更何况村里的年轻人都走出去,没有生力军,只留下一些空巢老人留守,这更是雪上加霜。如此才导致了官桥村的乡村旅游在发展之初就被"无情扼杀"。

(二)横祥村

横祥村有着横店影视小镇的美誉,其紧紧地跟着横店影视旅游的阳关大道,横祥村

的村民凭借着优美的风景和影视文化，开设了民宿。民宿可以说是乡村旅游中不可或缺的一部分，民宿不仅可以为劳累的游客提供休闲放松的场所，还可以提高乡村土地资源的有效利用率，此外民宿还可以给当地的村民提供额外的收入，促进乡村的经济发展。

在横祥村关于民宿的调查中，我们主要针对其中一家进行了详细的询问，从中我们得知了，现在他们的民宿主要分为长期居住和短期居住两类，这样既可以在旅游旺季满足游客的住房需求，还可以在旅游淡季时有一份稳定的收入。而且在民宿的销售方面，各大的网络平台都有售卖，虽然处于疫情时期，但对民宿售卖方面的影响较之其他行业还是比较小的。横祥村的村民因为乡村旅游的发展以及民宿的租赁，一年的收支呈现良好的趋势。但在之后的调研中，也发现了一些问题，比如：横祥村的旅游配套措施不够完善，这也间接导致了横祥村的产业结构比较单一。

因此，"乡村旅游＋民宿"这个模式，可以在乡村旅游的基础上，更加有效地利用乡村已支配土地，而且民宿相对于外界的环境的影响也比较小。当然，在发展民宿的同时，也不可忽视其他旅游配套设施的建造，吃住行游购娱六要素在乡村旅游中同样缺一不可。

（三）登高村

登高村本身规模较小，但民宿出租、纪念品售卖、观光墨池、古戏台、洞源烧烤、登高古宴、田园休闲等一应俱全，可谓是麻雀虽小，但五脏俱全。其中保留了很多黄土和石头堆砌而成的老房子，上面镶嵌着年迈的沟壑，这些包容了一个世纪的创伤。这些老屋历史韵味十足，比较适合作为一日打卡游景点。从外部环境来说，登高村坐落于群山环绕之中，使其具有幽静的环境以及清新宜人的空气，这些都可以作为休闲度假地的独特优势。但"甘瓜苦蒂，天下物无完美"，其幽僻的自然环境也造成了交通的不便，这也间接导致了登高村的"名"不显扬。尽管当地在将登高村打造成网红村这方面下了不少工夫，但是每年到此休闲放松的游客量却仍旧非常稀少。

（四）联星村

联星村是一个近乎荒废的村庄，人烟稀少，绝大部分人都已外出务工或搬迁至别处，只留下一些空巢老人还在驻守此处，并且联星村缺乏相应的旅游吸引物，不太适合作为旅游目的地。

（五）联盟村

联盟村位于横店通用机场东侧，交通十分地便利，而且临近圆明新园·春圆景区，与之只有一江之隔。在横店影视旅游的大背景下，联盟村凭借着区位优势和环境优势，大力发展乡村旅游。

在联盟村的调研中,主要考察了村中新开辟的商业街,此商业街长达200米,可以凝聚人气,促进商贸繁荣,街边还设有小溪,里面养殖了各种观赏性鱼类,可以让游客在逛街之余悦目。遗憾的是,商业街虽说已经初具雏形,但因为疫情的暴发,还没有正式开始运营。

联盟村主要打造的是以"爱情"为主题的乡村旅游,集主题民宿、农业休闲、滨水休闲、特色餐饮于一体,推动"美丽风光"向"美丽经济"的转变,致力成为"爱情联盟"影视主题产业的特色村庄。

二、关于乡村旅游的问卷调查数据分析

通过网络平台对各类人员进行了关于乡村旅游的问卷调查,得到了以下数据:本次问卷调查一共收集了156位人员的数据,其中有74位男性和82位女性。在关于乡村旅游的了解上:有71%的人表示有实际参加过,只有3%的人没有听说过,其余的或多或少对乡村旅游有一些了解。一年中参与乡村旅游的次数:44%在3次以内,46%有4~8次,5%表示没有参加过。在出游的时间上:有54%选择在国庆长假,其余的绝大多数都选择在周末或法定的节假日。在乡村旅游时的结伴方式:87%都选择有人陪同,只有3%独自出游。对于出行方式:50%自驾,33%公共交通方式,17%跟随旅游团。对于民宿和酒店的选择方面:79%更愿意住民宿,21%选择住宾馆。对于乡村旅游相比于大型风景区和游乐场所的优势:乡村旅游可以远离城市的喧嚣、让游客体验久违的生活。对于乡村旅游目的地的选择:54%的人更倾向于当地的特色文化和餐饮,46%的人选择出行距离较近的地点。对于乡村旅游的不足和需要增加的项目:游客更加倾向于自己可以亲身参与其中的旅游项目,并认为乡村旅游的管理方面有待完善(见表1)。

表1　影响游客选择乡村旅游地点的主要因素

游客选择乡村旅游地点的主要因素	重要性比重				
	非常重要	重要	普通	不重要	非常不重要
交通的便利性	40.91%	25.97%	17.53%	9.74%	5.84%
丰富的动植物生态资源	46.10%	26.62%	14.29%	10.39%	2.60%
优美的乡村自然景观	46.75%	20.78%	16.88%	11.69%	3.90%
合理的价格	44.81%	22.73%	10.39%	17.53%	4.55%
多样化的体验活动	49.35%	22.73%	14.29%	8.44%	5.19%
完善的游憩设施	47.40%	24.03%	14.94%	11.04%	2.60%
特色风味的餐饮	44.16%	22.73%	18.18%	11.04%	3.90%
村庄的名声	42.86%	26.62%	15.58%	9.09%	5.84%

三、横店乡村旅游存在的问题

经过对横店镇的官桥村、横祥村、登高村、联星村、联盟村这五个乡村的实地调研，以及对南马镇花园村的调研进行对比分析，关于横店镇的乡村旅游，具体总结了以下几个问题。

(一)年轻人员流失，缺少相关的专业人士

横店拥有着相当丰富的乡村旅游资源，但是由于乡村社会基础设施的不健全，乡村的生活环境较之城市更加的辛苦，许多的年轻人都无法忍受而选择离开乡村，前往城市生活。而且乡村旅游的服务人员基本上都是本地的村民，没有相应的专业人士去从事开发，这样即便是乡村中有"黄金"，怕也是无人问津。就如官桥村，有着丰富的历史文化资源和优美的自然环境作为旅游吸引物，但是村中的年轻人都选择了离开，没有了新鲜血液的流入，也没有专业人士前来开发此处，唯独留下一些空巢老人还在留守此地，乡村旅游业的发展道路又怎会通畅。

(二)乡村知名度不高，游客所知甚少

横店凭借着影视文化而发展起来的影视旅游，对于横店乡村旅游的发展既有益处，但同样也有弊端。横店可以凭借卓越的影视文化吸引大批量的游客到访，这是利。但也正因为其影视文化太过盛行，并且乡村的知名度不够高，导致游客们都忽略了这些乡村，而是笔直地奔着著名景点而去。乡村因为其"名"不显扬，与这些慕名而来的游客失之交臂。此外，乡村对于外界信息的获取较为闭塞，尤其是宣传方面做得还远远不够，甚至可以说是宣传度为零，这也导致乡村的知名度小，游客所知甚少。

(三)乡村旅游管理水平较低

现阶段，乡村旅游的从业人员基本上都是些本地的村民。但是，"绝大多数的村民们受教育程度有限，以及在乡村旅游的认知上和一些管理上的知识和技能都极为欠缺，而且缺乏对市场发展趋势的洞察力"[1]，以至于乡村旅游的发展，虽然一直在向前迈步，但确是在迂回前进，甚至偶尔还会偏离道路。而且村民们缺乏相应的服务意识，一旦游客咨询一些有关乡村旅游的问题，村民们因为认知上的差异，一时也无法给予游客足够建设性的建议。

(四)乡村的产业结构单一，缺乏创新性

虽说乡村旅游作为一种新兴的旅游模式已经被越来越多的人所接纳，但是乡村旅

游的同质化程度过高,缺少了相应的创新性。乡村旅游没有了属于自己独特的韵味,也就没有了核心竞争力,这样会使乡村旅游逐渐落寞,甚至退出旅游市场。就如横店的乡村旅游大多数都是以观光旅游为主,而且所开发的旅游项目也都大同小异,使得产业结构十分的单一,这将会制约横店乡村旅游的发展。从乡村旅游的可持续发展的角度出发,要在现有的乡村旅游观光模式中加入独属于自己的特色民风民俗,此外还要融入乡村振兴、文化习俗等诸多元素,打造综合乡村旅游模式。

(五)旅游基础设施建设不完善

旅游基础设施不仅是乡村独特民风民俗的重要载体,还可以提升游客在乡村旅游时的舒适度和满意度。因为乡村经济的相对落后,而且相应的旅游景点和住宿休息场所大多数都是由本地村民的土房子改造而成的,使得游客在休闲游憩过程中存在一定的安全隐患。此外,部分乡村过于重视旅游资源的开发,从而轻视了旅游配套设施的建设与完善,尤其是卫生方面的设施、旅游配套设施的不健全导致游客的休闲体验大打折扣。

四、关于横店乡村旅游的建议与措施

横店在发展乡村旅游方面还存在着诸多的问题,针对上述所发现的问题,对此提出了以下建议与措施。

(一)加强培养和引进乡村旅游专业人才

乡村旅游的起步时间较晚,与旅游相关的专业人才极为欠缺,乡村旅游从业人员的专业素质和职业技能往往跟不上乡村旅游的发展速度。首先,政府要积极支持和鼓励旅游专业人士对乡村旅游发展的指导,可以设立一些辅助旅游专业人士下乡发展的机构。其次,乡村要自己注重旅游专业人士的培养,这样可以使他们对乡村有一种归属感,也可以鼓励从村里走出去的年轻人回乡发展;此外,乡村还可以和高等院校展开良性合作,让学生们走出校园,走进乡村,积极参与实践,这是一个双赢局面,乡村不仅得到了年轻人士的帮助,发展一些潜在从业人员,学生们也可以从中印证自身所学,还可以提升自己的专业技能。

(二)整合乡村旅游资源,打造乡旅品牌

"立足当地旅游资源优势,深化乡旅融合,挖掘乡村特色旅游产品,不断创新突破,为乡村旅游发展注入新的活力。"[2]为此,要注重政府资金投入及外资引入,成立相关的商品研发公司,一方面吸引当地群众实现就业,增强群众增收技能;另一方面支撑并不

断加快旅游商品的研发速度。产品可以多样化至菜品、食品、纺织品、手工艺品、娱乐用品等多个方面。同时，乡村不仅要在当地推广销售，更要将乡村土特产和优质特色旅游商品推广进入景区、机场、车站、超市、酒店等人员密集处。此外，还可以搭建网上商城，支持乡村旅游商品在线销售，建立多层级、多元化、多渠道的旅游商品销售网络。在条件允许的情况下，还可与横店城内的大型超市、商场、商业步行街协商开展旅游商品促销活动，并以此来满足不同游客的购物需求。

在乡村的知名度提升方面，可以利用互联网搭建多平台推广，通过微信公众号、App等多个平台向游客推出特色乡村文章，促进游客对乡村旅游资源的了解，并注重对横店影视城内游客的宣传，以此达到引流的效果。

（三）改进乡村旅游监管机制，营造优质经营环境

统筹协调乡村旅游景区的内部运作，优化管理结构，可以参考联盟村的管理形式，将多个村庄统一管理以增强整体运作协调性，坚持走群体化发展、集约化发展、规模化发展道路，大力推进乡村资源整合。此外，就本地村民的专业知识和技能方面，可以让村委每隔段时间组织村民进行统一的集训和指导，并对本乡村的旅游发展所存在的问题进行反映和解决。

（四）打造"旅游＋"的乡村旅游模式

现如今，单一化经济的发展空间越来越受到制约，这就要求乡村的产业结构要走多元的道路。"旅游＋"模式可以为乡村旅游拓宽发展的空间，增强乡村旅游的生命活力。"旅游＋"与农业、工业、互联网相结合，围绕着发展观光、休闲旅游。在实施方面，首先，要有国家的支持，相关部门要进一步推进乡村全域旅游发展的政策扶持；其次，整合乡村现有资源，大力开发具有多元化的体验性、知识性旅游项目，催生更多的新功能和新业态。

（五）建设并完善乡村旅游配套设施

"乡村旅游是一个集衣、食、住、行、游、玩、购、娱为一体的综合服务行业，其中任何一个方面的滞后都会对旅游整体的发展造成影响。"[3]因此，要把乡村作为旅游目的地，除了必要的景点外，民宿、土菜馆、纪念品商场等一些旅游配套设施同样不可缺少，甚至可以采用让游客走进村民家中用餐的形式，使其更贴切地感受乡村生活的氛围。村庄还可以增设摊位来推销乡村土特产和优质特色旅游商品，与此同时，人居环境方面也是值得注意的地方，良好整洁的环境能够给旅游者留下较好的印象，村委可以发动群众整治卫生环境，清理污浊水塘、沟渠以及畜禽养殖粪污等；按时清理农村生活垃圾，定期开展进村入户宣传教育，张贴宣传标语；清理残垣断壁并拆除废弃建筑，提升乡村旅游地的整体形象。

五、小结

对于这次关于横店乡村旅游发展情况的社会实践,收获良多。在横店影视文化盛行的大背景下,其管辖的乡村所拥有的旅游资源数不胜数,但是分布却较为散乱、不均,并且在开发方面也存在着诸多的问题。许多村庄临近横店影视城,有着得天独厚的区位优势,并且大力发展旅游,以此来作为提升自身经济、村民增收致富的重要手段。虽然地利,但却少了人和,横店的乡村在旅游方面专业人才的储备、旅游资源的开发管理、乡村的宣传推广及引流等诸多方面都存在着亟待解决的问题与不足。对此,通过研究讨论,针对这些问题给出了一些建设性的建议。在乡村资源的开发上,坚持"保护第一,开发第二"的原则,统筹兼顾,实现多方共赢,推进乡村旅游实现消费大众化、产业特色化、服务规范化、效益多元化。

参考文献

[1]王裕光.我国乡村旅游发展存在的问题及对策研究[M].产业与科技论坛,2021,20(12).

[2]任婷.促进乡村旅游发展策略探究[J].广东蚕业,2021,55(8).

[3]张芷瑜,郭宇航."乡村旅游＋民宿"可持续发展的现状与对策[M].白城师范学院报,2021,35(4).

舟山市红色旅游发展现状调研

作者:徐媛媛,崔淑媛,夏晓颖　班级:A19物流2　指导教师:林晓芳

摘　要:红色旅游是中国特色社会主义下诞生的一种新型旅游类型,是我国精神类旅游的主导产品,曾被多次写入国家级政策文件,对推动教育和经济发展等方面有重要作用。鉴于此,调研团去往舟山市普陀区红色旅游景点开展实地调查,查阅相关文献编写调查问卷,向游客发放问卷获得数据并运用统计方法进行数据分析。本文关键研究变量红色旅游动机、感知价值、行为意向正是从旅游者的享乐逻辑提出的。对游客的红色旅游动机、感知价值与行为意向的理解也是认识旅游者行为特征的重要途径,对红色旅游市场开拓与品牌提升有着重要的意义。

关键词:红色旅游;旅游动机;感知价值;行为意向

一、政策背景

充分发挥浙江省"三个地"政治优势,加强红色旅游教育基地建设和管理,以实际行动为建设"重要窗口"贡献红色力量,浙江省文化和旅游厅结合浙江省研究制定了《浙江省红色旅游教育基地管理办法(试行)》,于2020年11月18日印发。

2021年5月27日,浙江省发展和改革委员会、浙江省文化和旅游厅印发《浙江省旅游业发展"十四五"规划》,要求推进"革命文化+旅游",以中国共产党成立100周年为契机,发挥浙江省作为中国革命红船启航地的优势,加强革命文物保护利用,传承红色基因。[1]

2021年6月30日,浙江省发展和改革委员会印发的《舟山群岛新区主要海岛功能布局规划》对群岛新区重大发展战略落地提出海岛发展导向升级或转换新需求,做出海岛功能布局研究,并将蚂蚁岛的重点兼容功能定为"挖掘人文旅游资源,提升海洋旅游服务发展"(见图1)。

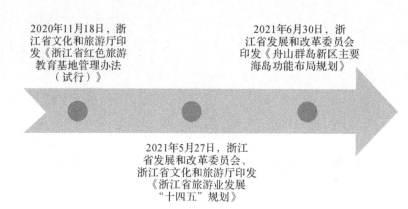

图 1 红色旅游政策支持

二、问题提出

在国家、政府的大力支持与部分社会力量的帮助下,红色旅游开始迅速发展,并由此产生了一系列的问题。例如,红色旅游的产品单一和零散且融合度较差,其宣传效果老套古板令人乏味,红色旅游市场的客源略显单一,参观时间也较为集中地呈现出了"节庆热,常规冷"的季节特征。归根结底,红色旅游并未成为游客所需的旅游产品。

解决这些问题能在理论上补充研究的范围和提升研究的层次。鉴于此,本文将从红色旅游动机、感知价值及行为意向研究——以舟山市普陀区红色旅游地为例,从旅游者的角度,通过实际调查研究得出游客进行红色旅游的旅游动机、感知价值及行为意向。

三、研究目的和意义

(一)研究目的

本文通过梳理国内外学者相关研究以及实证分析,以舟山市普陀区红色景点为例,拟达到以下研究目的:①通过对国内外以往相关研究定义旅游动机、感知价值和行为意向;②借助问卷调查的方式来获得所需数据,构建舟山市普陀区红色旅游动机量表;③整理数据并验证舟山市普陀区红色旅游动机的构成维度,分析游客进行舟山市普陀区红色旅游的感知价值及行为意向;④基于以上研究结果,为舟山市的红色旅游可持续发展提出相应的建议和倡导。

(二)研究意义

1.理论意义

近年来,红色旅游迅速崛起。对于舟山市这个旅游城市而言,红色旅游使得舟山市的旅游业焕发出不一样的生机。但是,对于支撑红色旅游可持续发展的理论却少之又少,与红色旅游相关的学术研究也没有那么广泛,着重于红色旅游的可持续发展的研究和从旅游者角度来考虑的更是寥寥无几。

本文以舟山市普陀区红色旅游景点为例,深入探讨旅游动机、感知价值和行为意向,在一定程度上能够补充和丰富相关理论,对支撑舟山市红色旅游可持续发展有重要理论意义。

2.实践意义

在我国整个"十三五"期间,红色旅游游客数稳定增长。对于舟山而言,舟山市的红色旅游在全国范围内知名度相对较低,红色旅游对于舟山旅游业的贡献比重较小。本文通过研究旅游动机、感知价值和行为意向清晰地分析红色旅游对大众的持续性吸引力:

(1)研究游客的红色旅游动机,帮助红色旅游地区增强对大众的持续性吸引力;

(2)通过相关数据分析使得红色旅游地区了解游客在红色旅途中获得的感知价值;

(3)为其他地区的红色旅游可持续发展提供建设性意见。

四、调查方案设计

(一)调查目的

(1)通过对游客进行问卷调查,了解他们对普陀区红色旅游的认知程度、认知途径;通过数据统计分析,"从旅游动机、感知价值与行为意向的角度了解游客对红色旅游景点建设的满意度和关注度,构建影响因素结构模型";

(2)通过对政府部门、相关企业进行访谈调查,了解普陀区红色旅游景点建设目标和游客状况;

(3)通过对调查数据的整理和统计,分析普陀区红色旅游景点游客利益诉求;

(4)根据统计分析结果,针对普陀区红色旅游景点建设中存在的问题,提出着眼全局,确保普陀区红色旅游景点生产、生活、生态全面持续、均衡发展的对策建议。

(二)调查范围

普陀区各红色旅游景点。

（三）调查对象

（1）普陀区红色旅游景点旅游的游客；

（2）普陀区政府相关部门；

（3）入驻普陀区红色旅游景点的相关企业。

（四）调查内容

表 1　游客调查内容结构表

结构	内容
第一部分	红色旅游动机
第二部分	红色旅游感知社会价值符合程度
	红色旅游感知知识价值符合程度
	红色旅游感知情感价值符合程度
	红色旅游感知功能价值符合程度
第三部分	行为意向
	性别
	年龄
	学历
	职业
	知晓渠道

（五）调查方法

为了全面、详细地了解舟山市普陀区红色旅游景点游客的红色旅游动机、感知价值及行为意向，此次调查我们采用文献查阅法、实地观察法和问卷调查法，以问卷调查为主、文献查阅和实地观察为辅。

1. 文献查阅法

前期准备工作阶段，我们采用文献查阅法，主要通过图书馆、互联网等方式查找资料。课题组的每位成员均在图书馆及网上查找并阅读关于"红色旅游""舟山红色旅游""舟山红色文化""红色旅游动机""感知价值""行为意向"等与本课题相关的文献。

2. 实地观察法

蚂蚁岛位于舟山群岛东南部海域，以艰苦创业的精神名扬全国。此次调查，我们基于主题，采用实地观察法，设计了调查问卷，前往蚂蚁岛，对蚂蚁岛的游客和居民进行了问卷调查。

3.问卷调查法

为保证我们的调查相对有效性、实际性和科学性，经过前期的文献查阅、资料搜查，本课题组采用分层抽样方法，按照岛屿划分。

调查步骤：第一步，根据调查的项目我们确定了研究的总体，总体为普陀区红色旅游景区；第二步，确定抽样的组织方式和抽样方法，我们采用简单随机抽样，在各旅游景点进行问卷发放，抽样方法为不重复抽样。

问卷的基本结构：问卷的开头部分是问候语及填表说明。在问卷的正文方面，采用判断符合程度方式，能够使被调查者对问题感受更深，慎重地选出答案。

基本情况部分：分为五个方面，性别、年龄、学历、职业和知晓渠道。基本情况是为了调查统计人口特征，红色旅游景点以红色文化为主题，定位又以旅游为主，与被调查者的基本情况有很大关联。

回答项目及题序设计：问卷主要为了解游客参观红色旅游景点的红色旅游动机、感知价值及行为意向，了解普陀区红色旅游景点的发展现状。本问卷具有较强的逻辑性，符合客观规律。同时，问题顺序先易后难，也有一定的分类，使被调查者能够有较高的积极性。通过前期的问卷预调查，筛选出个别不合理的问题并修改部分问题及选项。

五、调查方案实施

(一)预调查

在正式开始调查之前，课题组对普陀区红色旅游景点游客旅游动机进行预调查。预调查地点采用随机抽样获得，抽取登步岛登步战斗纪念馆，并采取发放问卷的形式。在调研过程中，寻求被调查者对问卷中的问题的设计提出意见和建议。

在预调查后，根据被调查人员给出的建议，经权衡后对问卷进行修改完善，并确认正式调查的实施方案。

(二)调查人员培训

调查时需要准备的物品：问卷、学生证、笔记本、笔、手机等。

调查的技巧：比如如何选择被调查人员，如何得体、清楚地叙述调查的意图，取得被调查者的信任等。

如何处理调查中的突发事件：调查所需的学生证、问卷印刷材料、笔和笔记本等物料准备，并且保证问卷打印的格式清楚明了，有必要时，还要准备介绍信（加盖学院公章）。

(三)方案实施

1.问卷发放

本课题组选取普陀区为问卷调查范围,选择 2021 年 7 月 26 日至 8 月 3 日发放问卷。按照调查方案设置好的时间内,课题组成员分工合作,完成所有发放任务。

问卷共发放 562 份,回收 524 份,其中有效问卷 500 份,问卷有效率为 95.4%。被调查者的社会人口结构特征如表 2 所示。

表 2　受调查者人口结构特征

变量	选项	比例(%)	变量	选项	比例(%)
性别	男	50.2	职业	学生	19.00
	女	49.8		个体经营者	9.4
年龄	15 岁及以下	5.0		专业技术人员(教师、医生、律师等)	5.4
	15～24 岁	28.6		退休人员	2.2
				自由职业	5.0
	25～44 岁	37.8		其他	0.0
	45～60 岁	18.4	知晓渠道	亲身经历	10.8
	61 岁及以上	10.2		电视	10.0
学历	高中以下	21.2		报纸杂志	9.6
	高中中专	23.8		书籍	8.8
	大专本科	43.8		亲友介绍	13.2
	硕士及以上	11.2		旅行社	8.0
职业	公务员或党政机关人员	7.8		户外广告	8.4
	企业管理人员	8.4		网络	22.4
	工人	25.2		广播	6.4
	农民	5.2		其他	2.4
	军人	2.4			
	服务和销售人员	10.0			

2.实施进度

表 3　方案实施进度

7月9日—7月11日	课题组讨论主题,查阅相关资料,与指导老师商量并确定主题,制订活动方案
7月12日—7月23日	课题组查阅文献资料,与指导老师沟通、学习调查方法等,学会因子分析、回归分析等分析方法,熟悉统计分析软件,设计问卷
7月24日—7月25日	课题组进行预调查,并修改确定正式问卷
7月26日—8月3日	正式问卷调查发放
8月4日—8月15日	收集整理问卷,输入数据,分析数据
8月16日—9月1日	撰写报告

六、数据统计分析

从游客对普陀区红色旅游的反映中,为了得到游客去往普陀区体验红色旅游的动机,我们通过主成分分析、因子分析、回归分析等方法,建立结构模型。

(一)旅游动机因子分析与因子命名

1.信度检验

将数据导入 SPSS 统计软件中,进行信度分析,得出红色旅游动机量表的 Cronbach α 为 0.722,高于临界值 0.7,说明红色旅游动机量表具有较高的可靠性和内部一致性(见表 4 和表 5)。

表 4　信度分析结果

基于标准化项目的 Cronbach α	项目个数
0.722	12

表 5　信度评价参考值

Cronbach α 系数范围值	可靠性
$\alpha < 0.3$	不可信
$0.3 \leqslant \alpha < 0.4$	勉强可信
$0.4 \leqslant \alpha < 0.5$	尚可信
$0.5 \leqslant \alpha < 0.7$	很可信(最常见)
$0.7 \leqslant \alpha < 0.9$	很可信(次常见)
$\alpha \geqslant 0.9$	十分可信

2. 因子分析适宜性检验

红色旅游动机测试项目的 KMO 值为 0.802,大于 0.6 的临界值,且 Bartlett's 的球形检验统计量的显著性水平小于 0.001,表明数据适合做因子分析(见表 6)。

表 6 红色旅游动机 KMO 和 Bartlett 的球形检验

取样足够度的 Kaiser-Meyer-Olkin 度量		0.802
Bartlett 的球形检验	近似卡方	1288.087
	df	66
	显著性	0.000

3. 公因子提取与因子命名

从因子载荷率来看,所有测试项目的因子载荷远远高于临界值 0.4。第一个因子包括现场感受革命精神、调节生活节奏、减少工作压力、调节身心、增进亲友间感情,解释了总方差的 24.571%,将其命名为"休闲放松";第二个因子包括增长见识、对革命历史好奇两个测试项目,解释了总方差的 11.9%,将其命名为"求知与好奇";第三个因子包括和家人朋友在一起、结识新朋友两个测试项,解释了总方差的 11.129%,将其命名为"社会交往";第四个因子包括游览国家领导或重要人物到过的地方、该地是爱国主义与革命传统教育基地两个测试项,解释了总方差的 9.876%,将其命名为"敬仰与朝圣";第五个因子包括专业的红色文化讲解,解释了总方差的 9.619%,将其命名为"红色旅游资源"(见表 7)。

表 7 旋转后的因子载荷及方差贡献率

动机因子		因子载荷	特征值	方差贡献率(%)
休闲放松	现场感受革命精神	0744	2.949	24.571
	调节生活节奏	0.694		
	减少工作压力	0.604		
	调节身心	0635	1.428	
	增进亲友间感情	0.566		
求知与好奇	增长见识	0.642	1.335	11.9
	对革命历史好奇	0.661		
社会交往	和家人朋友在一起	0.675	1.185	11.129
	结识新朋友	0.592		

续　表

动机因子		因子载荷	特征值	方差贡献率(%)
敬仰与朝圣	游览国家领导或重要人物到过的地方	0.806	1.154	9.876
	该地是爱国主义与革命传统教育基地	0.62		
红色旅游资源	专业的红色文化讲解	0.812		9.619
总计				67.09

综上所述,红色旅游动机量表包括5个方面动机因素,分别是敬仰与朝圣、休闲放松、求知与好奇、社会交往、红色旅游资源5个维度,对应的12条测试项目:游览国家领导或重要人物到过的地方、该地是爱国主义与革命传统教育基地、现场感受革命精神、调节生活节奏、减少工作压力、调节身心、增进亲友间感情、增长见识、对革命历史好奇、和家人朋友在一起、结识新朋友、专业的红色文化讲解。

(二)主成分分析

我们将有关于游客旅游动机的12项作为它的测度因子。从旋转矩阵表可知,我们将12个变量降维为5个贡献率较大的因子,因此命名为$Z_{动1}$、$Z_{动2}$、$Z_{动3}$、$Z_{动4}$、$Z_{动5}$。

第一个公因子$Z_{动1}$:主要与现场感受革命精神、调节生活节奏、减少工作压力、调节身心、增进亲友间感情关系密切。因此,我们可以把第一个公因子理解为休闲放松。

第二个公因子$Z_{动2}$:主要与增长见识、对革命历史好奇关系密切。因此,我们可以把第二个公因子理解为求知与好奇。

第三个公因子$Z_{动3}$:主要与和家人朋友在一起、结识新朋友关系密切。因此,我们可以把第三个公因子理解为社会交往。

第四个公因子$Z_{动4}$:主要与游览国家领导或重要人物到过的地方、该地是爱国主义与革命传统教育基地关系密切。因此,我们可以把第四个公因子理解为敬仰与朝圣。

第五个公因子$Z_{动5}$:主要是专业的红色文化讲解。因此,我们可以把第五个公因子理解为红色旅游资源(见表8)。

表8　旅游动机旋转矩阵

游客旅游动机	旅游动机公因子				
	1	2	3	4	5
现场感受革命精神	0.835	−0.086	0.148	−0.004	−0.128
调节生活节奏	0.803	0.204	0.044	−0.016	0.072
减少工作压力	0.745	0.218	0.030	0.009	0.010
调节身心	0.704	0.339	−0.080	0.116	0.072

续　表

游客旅游动机	旅游动机公因子				
	1	2	3	4	5
增进亲友间感情	0.599	0.090	0.442	0.052	0.010
增长见识	0.147	0.764	0.148	0.027	−0.117
对革命历史好奇	0.399	0.684	−0.142	0.019	0.120
和家人朋友在一起	0.040	0.267	0.724	−0.185	0.208
结识新朋友	0.102	−0.179	0.702	0.231	−0.056
游览国家领导或重要人物到过的地方	0.041	−0.025	0.006	0.889	0.117
该地是爱国主义与革命传统教育基地	0.022	0.227	0.161	0.527	−0.515
专业的红色文化讲解	0.021	0.036	0.152	0.114	0.880

(三)红色旅游动机模型的构建及分析

1.红色旅游动机模型构建

在红色旅游动机模型中,敬仰与朝圣对应的是 x1 游览国家领导人或重要人物到过的地方、x2 该地是爱国主义与革命传统教育基地两个观测变量,休闲放松对应的是 x3 现场感受革命精神、x4 调节生活节奏、x5 减少工作压力、x6 调节身心、x7 增进亲友间感情五个观测变量,求知与好奇对应 x8 增长见识、x9 对革命历史好奇两个观测变量,社会交往对应 x10 和家人朋友在一起、x11 结识新朋友两个观测变量,红色旅游资源对应 x12 专业的红色文化讲解一个观测变量。

在有关于问卷的主成分里我们已经得到了五个贡献率较大的变量因子,为了得到游客去往普陀区红色旅游的动机与各项指标之间的关系,我们采用多元回归分析方法,以 $Z_{动1}$、$Z_{动2}$、$Z_{动3}$、$Z_{动4}$、$Z_{动5}$ 作为自变量,将 F1 作为因变量进行线性回归分析。

表 9　回归系数表

模型	非标准化系数		标准化系数	T	显著性
	B	标准错误	Beta		
(常数)	4.285	0.001		3538.856	0.000
休闲放松	0.252	0.001	0.685	207.866	0.000
求知与好奇	0.142	0.001	0.387	117.394	0.000
社会交往	0.181	0.001	0.493	149.589	0.000
敬仰与朝圣	0.119	0.001	0.322	97.796	0.000
红色旅游资源	0.062	0.001	0.169	51.367	0.000

由表可知,回归结果为:

$$F1=4.285+0.252Z_{动1}+0.142Z_{动2}+0.181Z_{动3}+0.119Z_{动4}+0.062Z_{动5}$$

通过回归分析可以得出,休闲放松、求知与好奇、社会交往、敬仰与朝圣、红色旅游资源这些因子对游客去往普陀区红色旅游的动机有显著影响。$Z_{动1}$ 的系数为 0.252,$Z_{动1}$ 中包括 x3 现场感受革命精神、x4 调节生活节奏、x5 减少工作压力、x6 调节身心、x7 增进亲友间感情。$Z_{动2}$ 的系数为 0.142,包括 x8 增长见识、x9 对革命历史好奇。$Z_{动3}$ 的系数为 0.181,包括 x10 和家人朋友在一起、x11 结识新朋友。$Z_{动4}$ 的系数为 0.119,包括 x1 游览国家领导或重要人物到过的地方、x2 该地是爱国主义与革命传统教育基地。$Z_{动5}$ 的系数为 0.062,包括 x12 专业的红色文化讲解一个观测变量(见图 2)。

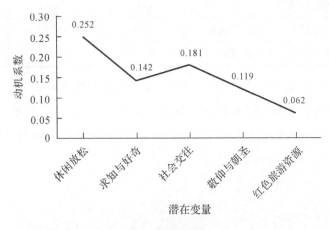

图 2　回归分析

通过分析,我们可以得出 $Z_{动1}$ 是影响最大的动机,其次是 $Z_{动3}$、$Z_{动2}$、$Z_{动4}$、$Z_{动5}$。计算得出,最小值为 2.95,平均值为 4.28,最大值为 4.98,所以可以发现这些动机大部分能够影响游客的行为,但有小部分对游客的行为影响较小。

2.红色旅游动机模型检验——模型基本适配度检验

对结构方程模型的检验,可以从基本模型适配度检验来说明理论模型与实际数据的匹配度。模型基本适配度检验须符合以下两个准则:①所估计的参数中不能有负的误差变异量;②潜在变量在其观测变量上的因素载荷值最好介于 0.50~0.95;③不能有很大的标准误差(见表 10)。

表 10　模型基本适配度检验

统计资料	标准差	方差	全距
增长见识	0.717	0.515	4
对革命历史好奇	0.668	0.446	4

续　表

统计资料	标准差	方差	全距
调节身心	0.609	0.371	3
调节生活节奏	0.653	0.426	4
现场感受革命精神	0.712	0.507	4
减少工作压力	0.611	0.374	4
增进亲友间感情	0.71	0.505	3
专业的红色文化讲解	0.982	0.964	4
和家人朋友在一起	0.955	0.912	4
结识新朋友	1.124	1.262	4
该地是爱国主义与革命传统教育基地	0.694	0.482	4
游览国家领导或重要人物到过的地方	0.823	0.677	4

红色旅游动机测量模型的运行结果显示,模型估计参数中未出现负的误差变异量;潜在变量在其观测变量上的因素载荷分布在 $0.566 \sim 0.812$,符合标准;标准误差分布在 $0.609 \sim 1.124$,未出现很大的标准误差。因此,红色旅游动机测量模型的基本适配度均达到了检验标准。

七、感知价值探索性分析

(一)感知价值结果分析

1.感知价值信度分析

此部分问卷调查的目的主要是为了对普陀区红色旅游游客感知的情况进行调查,从而提出有针对性的开发策略。因此,在进行分析之前,首先要对问卷进行信度分析。

运用 SPSS 对问卷中的普陀区红色旅游游客感知调查部分的 14 个感知测评指标进行了内部一致性检测,得到 Cronbach's α 为 0.621,说明此次问卷的信度符合要求,可以进行分析。而维度三所调查的游客感知情感价值的维度仅为 0.5,因此此维度不适合分析(见表11和表12)。

表 11　信度分析结果

Cronbach 的 Alpha	基于标准化项目的 Cronbach 的 Alpha	项目个数
0.626	0.621	14

表 12　指标变量的可靠性分析

总体 α	维度 α	指标因子	删除项后 α
0.621	α1＝0.790	旅游使我得到了社会认同	0.613
		我在本次旅游中结交了新朋友	0.564
		旅游使我在他人心中留下好的印象	0.907
	α2＝0.769	在旅游中接受了爱国主义教育	0.728
		在旅游中深受革命精神的鼓舞与启发	0.651
		在旅游中学习了革命历史知识	0.637
		本次旅游使我增长了见识	0.723
	α3＝0.500	本次旅游让我感觉轻松	0.442
		本次旅游使我心情舒畅	0.392
		本次旅游让我感到兴奋	0.356
	α4＝0.747	本次旅游各项花费合理	0.742
		我在本次旅游中享受到了周到的服务	0.623
		到此地来旅游交通便利	0.589
		有很多值得观光的景点	0.757

维度一:游客参加红色旅游感知社会价值的信度为 α1。

维度二:游客参加红色旅游感知知识价值的信度为 α2。

维度三:游客参加红色旅游感知情感价值的信度为 α3。

维度四:游客参加红色旅游感知功能价值的信度为 α4。

2.问卷合理性分析

本文选取共同度检验的方法,共同度越大,即该指标对游客感知的影响越大。本文使用 SPSS 统计软件对共同度进行检验,共同度大于 0.3 时,表明该因子变量能解释测评指标,其中共同度较低的指标可以剔除。除了"在旅游中接受了爱国主义教育"这项表述,其他指标因子的共同度都大于 0.3,即不用剔除任何一项,表明问卷设计合理(见表 13)。

表 13　测评指标共同度分析

共同度		共同度	
旅游使我得到了社会认同	0.826	本次旅游使我心情舒畅	0.589
我在本次旅游中结交了新朋友	0.862	本次旅游让我感到兴奋	0.521
旅游使我在他人心中留下好的印象	0.474	本次旅游各项花费合理	0.370
在旅游中接受了爱国主义教育	0.276	我在本次旅游中享受到了周到的服务	0.733

续　表

共同度		共同度	
在旅游中深受革命精神的鼓舞与启发	0.766	到此地来旅游交通便利	0.788
在旅游中学习了革命历史知识	0.787	有很多值得观光的景点	0.443
本次旅游使我增长了见识	0.622	本次旅游让我感觉轻松	0.410

(二)感知价值描述性分析

从表 14 中可以看出,游客对普陀区红色旅游感知度的均值均大于 3,这表明游客感知评价量表里的各项指标均是游客比较关注的因素,同时感知度也相对较高。在各项指标中,游客感知度较高的是红色旅游感知价值,尤其是在旅游中接受了爱国主义教育程度最高,对于在旅游中深受革命精神的鼓舞与启发、本次旅游使我增长了见识的感知度也较高,这与普陀区本身的旅游资源价值比较符合。

表 14　描述性统计分析

	各项指标游客感知度状况(%)					均数	标准差
	完全不同意	不同意	一般	同意	完全同意		
在旅游中接受了爱国主义教育	0.2	0	4.2	33.4	62.2	4.58	0.584
在旅游中深受革命精神的鼓舞与启发	0	0	10.8	28.4	60.8	4.5	0.683
本次旅游使我增长了见识	1.2	0.4	7.8	28.2	62.4	4.5	0.758
在旅游中学习了革命历史知识	1.8	1.6	7.6	29.4	59.4	4.43	0.843
有很多值得观光的景点	0.4	5.2	5.4	35.2	53.8	4.37	0.838
本次旅游各项花费合理	0.4	9.4	8	36.6	45.6	4.18	0.959
旅游使我得到了社会认同	1.2	5.6	11.6	40.2	41.4	4.15	0.917
旅游使我在他人心中留下好的印象	0.2	5.2	11.6	46	37	4.14	0.832
我在本次旅游中结交了新朋友	1.4	6.6	11.8	41.36	38.6	4.09	0.942
到此地来旅游交通便利	1.4	13.2	10.2	35.4	39.8	3.99	1.075
我在本次旅游中享受到了周到的服务	1.8	15.6	9	35.2	38.4	3.93	1.121

此外,游客对于有很多值得观光的景点、本次旅游各项花费合理等感知度比较高。由此可以看出,普陀区红色旅游地环境优美,底蕴深厚,没有过高的消费项目。游客感知度较低的是景区的服务水平和旅游交通等,这些都是景区必须关注的重点问题。

八、总结与建议

(一)普陀区发展红色旅游存在的不足

1.交通网络尚未形成,配套设施有待完善

从感知价值描述性分析,可以看出游客对普陀区红色旅游中的交通因素感知度较低。旅游与交通是紧密相连的,便利的旅游交通不仅是开发旅游资源、建设旅游的必要条件,也是衡量地区旅游业发达程度的重要标志。普陀区的红色旅游资源大多分布在海岛和山区,交通主要以水路和公路为主,且交通工具较为传统和缺乏,没有形成综合的、立体的交通网络,这严重限制了红色旅游的开发,成为普陀区发展红色旅游的"瓶颈"。

2.专业人才缺口较大,红色旅游营销滞后

实施旅游建设战略,加快旅游发展步伐关键在于人才,需要有强大的旅游人力资源队伍作为保障。从普陀区旅游业发展的现状可以看出,普陀区在旅游人才的选拔、任用、考核以及人才的合理流动等方面存在一定的问题。

3.受众群体过于局限,季节影响波动明显

一是普陀区红色旅游的受众群体在职业、年龄、地域上存在局限性,一般以工人、学生、服务和销售人员、公务员或党政机关人员为主;主要集中在25～44岁青壮年和44～66岁中老年;且基本依托省内游客,尤其是市内市场。二是淡旺季区分明显。一般旺季多出现在"七一""八一"等历史上重要人物或事件的纪念日前后。

4.旅游宣传力度不大,品牌意识淡薄

普陀区在对红色旅游的宣传过程中,所采用的宣传手法较单一,宣传力度不足,没有针对旅游地的特色进行多样化的宣传,更多地是利用纪念馆、烈士陵园和革命遗迹等传统的形式进行宣传,线上线下结合宣传力度小。另外,在红色旅游品牌传播上,普陀区与省内外其他红色旅游城市相比,还处于刚刚起步阶段,仍存在诸多问题待解决。

(二)普陀区红色旅游发展路径

针对普陀区红色旅游调查结果,结合自身的条件和特征,为了促进普陀区红色旅游开发,加快红色旅游发展,进一步促进红色景区的保护,实现其社会经济可持续发展,提出以下开发策略。

1. 建设红色交通，构建立体网络

(1)大力推进交通网络体系的构建

为促进普陀区旅游业更好地发展，一方面，要积极构建旅游景区、景点之间的交通网络体系，提升景区之间的关联度，推动整体改造；另一方面，及时更新先进交通工具，加强铁路、公路、水运之间的紧密配合与协作。

(2)积极打造红色旅游线路

全面整合红色资源，连点成线，打造新型红色旅游线路，如"我党在不同时期党的先进性之路（展茅——登步——蚂蚁二日游红色旅游精品线)""先辈谋求独立、富强之路（鸦片战争主战场遗址——血战登步岛遗址——全国第一个人民公社旧址红色旅游精品线）"等。同时，加快优化景区服务设施建设，完善便利店、餐厅、酒店、停车场等基础设施，以满足游客多层次的需求，实现一条龙服务。

2. 培养红色人才，打造专业团队

(1)加强政府的引导和管理

旅游管理部门应当从普陀区旅游发展的实际情况出发，制订人才发展规划，健全旅游人才的选拔、培养、考核和激励机制，使旅游相关人才能够在公平、公正、公开的环境中得到选拔、任用和提升。同时，政府应该加强相关的网络平台建设，利用网络媒体来保证旅游人才队伍建设的公开、透明与规范，更好地为普陀区红色旅游提供充足的人力资源。

(2)强化企业人才竞争意识

企业应该根据旅游人才的能力、业绩、学历等实际情况，制定合理的薪酬制度和激励制度；同时，进一步完善落实社会保障制度，扩大旅游从业人员"五险一金"的覆盖面，使更多的人才能够进得来、留得住，更好地为普陀区旅游发展作贡献。

(3)提高院校培养人才的实用性

要大力推进舟山高校的课程改革，转变传统的教学方式，更加注重实践能力的培养。同时，紧跟市场需求开设相关专业，增设相关选修课，举办相关讲座、大赛，增强学生的综合实践能力。积极与旅游企业合作，探索出一条产、教、研相结合的开放式办学之路，培育各类型旅游人才，为普陀区旅游建设提供坚实的人才基础。

3. 创新红色传播，打造旅游品牌

(1)加强品牌资源管理，强化品牌意识

普陀区旅游品牌的构建，必须强化旅游品牌意识，完善旅游品牌标识，整合现有和潜在的优势资源。对普陀相关景区而言，应该进一步强化品牌意识，多维度、全方位提升旅游品牌的整体感知力和知名度；不断进行旅游产品和服务项目的更新，为普陀旅游品牌的强化提供新的动力。

（2）强化文化产品研发，完善营销体系

合理利用互联网技术，打造体验红军抗战、VR 战场模拟等真人体验项目，让游客亲身体验革命故事，增强旅游体验和对普陀文化、普陀精神的感悟。普陀旅游品牌营销体系的构建同样也是重中之重。一方面，要建立健全红色旅游品牌营销机制；另一方面，要积极探索捆绑式营销模式，加强以网络营销为主的旅游品牌形象塑造，借助微博、微信等平台，推动普陀旅游网的建设。

参考文献

[1]黄颖华,黄福才.旅游者感知价值模型、测度与实证研究[J].旅游学刊,2007(8)：42—47.

探访红色古镇，探究革命老区发展

——关于遂昌县王村口红色古镇的调查

作者：雷潇瑜，郑月颖，张敏　　班级：A19 经济 2　　指导教师：林晓芳

摘　要: 遂昌县王村口镇因红色文化而振兴，是挺进师粟裕打游击的大本营，同时也是南方三年游击战争时期，中国工农红军挺进师开创的浙西南游击根据地中心地区之一。由于地理位置偏僻、经济落后，当年的红色基因如何传承、革命老区如何发展、如何将红色文化与当地发展融为一体，成为王村口镇发展的当务之急。本次调研就王村口镇红色文化保护情况及其发展现状进行问题分析，并对王村口镇的红色文化未来的发展如何更具有创新性、可持续性地发展，提出拓宽宣传面、完善基础设施建设、增强景区留客能力等建议，从而加深"红古绿融合"，谱写发展新篇章。

关键词: 王村口；红色旅游；红色文化；革命老区

王村口镇位于浙江省遂昌县的西南部，地处国家自然保护区九龙山东麓，青山环绕、绿水流经，被列为省级历史保护名镇，是浙西南曾经的重要交通要塞，是遂昌红色文化中心，被誉为"红色古镇"。1935 年 1 月，全国革命正处于水深火热之中，当时的中国红军主力被迫进行长征，刘英、粟裕将军临危受命，率领一部分红军来到浙江，在这一带开展了三年艰苦卓绝的游击战争，并开辟了以王村口为中心的浙西南游击根据地，留下了很多红色故事和革命精神。[1]浙西南三年游击战争是中国革命史上一个重要组成部分。如今，王村口镇依旧完好保存着革命先辈们曾经留下过足迹的古建筑:群众大会会址——宏济桥、苏维埃政府驻地——蔡相庙、八一誓师大会旧址——天后宫、挺进师师部驻地——程氏民居等，以及后来为纪念先烈修建的月光山公园、白鹤尖红军纪念亭，这些建筑共同组成了挺进师革命纪念建筑群，被列为浙江省爱国主义教育基地和党史教育基地之一，是浙江省不可多得的红色旅游景区。王村口镇不但红军革命建筑群独特，而且景色悠然。民居布局错落有致、白墙灰瓦，马头墙连绵成片，当地舒适的气候环境和优美的山水田园景观，以及依山傍水的地势形成了独具特色的建筑风格。文化与景色的结合，形成了古镇别具一格的历史风貌。

一、王村口红色文化发展现状

(一)红色文化，古镇传承

艰苦卓绝的游击抗争为这片土地留下了不少革命的印记，粟裕、刘英等将领更是留下了众多的历史纪录与故事传说。时光流转，"忠诚使命、求是挺进、植根人民"的浙西南革命精神内涵始终铭刻在这片土地上的人民心中，相应的遗物、遗址、革命故事和纪念建筑物更是得到了民众的精心维护。王村口镇作为中国工农红军挺进师旧址、浙西南第一个党支部旧址的所在地，同时也是粟裕将军的埋骨地，成了浙江省重要的爱国主义教育基地和革命传统教育基地。

(二)红色旅游，古镇苏醒

随着人民生活水平的提高，人民追求美好生活的需求日益增长，旅游产业发展进入鼎盛期。红色文化旅游形式也逐渐进入人民的视野，在国家政策的支持下开始迅速发展。2004 年中央下发《全国文化旅游发展规划纲要》，促进红色文化旅游茁壮成长的同时，也带动了不少革命老区的发展，助力了乡村振兴战略。

王村口镇位于遂昌城西南部，九龙山自然保护区山脚，曾是乌溪江上游的常年口岸、竹木炭柴的集运埠头，繁盛一时，但随着沿河水库建设、航线改道，王村口镇主要的对外交通形式受到极大的限制。同时，随着森林采伐限额的推行，王村口镇失去了林业的经济优势，发展滞缓。

在红色旅游的推动下，王村口镇的发展找到了一条崭新的道路。在交通运输部下发的《关于印发十二五期间红色旅游公路重点建设项目前期工作计划的通知》中，遂昌县南尖岩至王村口镇红色旅游公路顺利入围，得到了政府的支持与建设。2015 年公路完工，乡村建设更上一层楼。为发展红色旅游，王村口镇不断整合红色资源、传承红色基因、延伸红色产业链，成功打造"1935 文旅街区"，建成浙西南党员干部培训中心，形成省级研学旅游基地，并开发红色越野路线，成为自驾游、观光游等活动的打卡胜地。农家乐、户外拓展基地、农特产品等旅游业态成功推进了王村口镇第三产业的发展，将红色文化资源转化为旅游产业优势，使红色旅游成为当地经济新的增长点，不仅增加了革命老区人民的经济收入，帮助当地居民脱贫致富，也进一步落实了乡村振兴战略，为革命老区带来欣欣向荣的崭新风气。

二、王村口红色文化问题分析

(一)游客持续增多,但宣传力度不足

在本次对王村口的调查中,采取了网络问卷和实地问卷调查两种方式。参加此次调查的人员中,网络问卷调查的年龄全部在15～60岁,实地调查中年龄在15岁以上的占了80%,但15岁以下也有20%,各个年龄段都表示愿意来王村口学习参观。其中,网络调查有94.55%的人、实地调查有83%的人认为红色基地有教育意义;网络调查有98.18%的人、实地调查有88.3%的人认为红色教育基地有存在的意义,是传承革命精神的载体,能够呈现革命历史。此外,大多数游客是通过亲朋好友和网络的方式了解到王村口红色教育基地。可见,王村口红色文化对参观者的影响还是比较大的。但是,网络调查有3.64%的人、实地调查有6.8%的人认为王村口教育基地的展示内容并不吸引人;网络调查有9.09%的人、实地调查有8.5%的人认为在宣传方面不到位。实地调查有1.7%的人认为红色教育在平时没有存在感,这部分人基本是上了年纪的遂昌本地人来此游玩,对于红色文化没有太大的感触(见图1)。

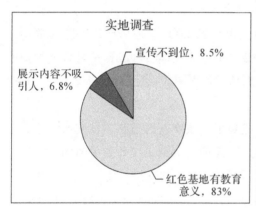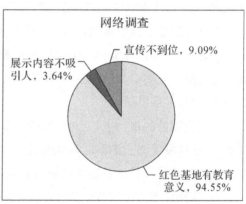

图1　王村口实地调查和网络调查分析

本次网络问卷的参与者大多是年轻人,对王村口镇各种信息的了解更多,渠道也更多。在实地调查的过程中,也了解到大部分游客是遂昌本地人,这部分人大多是附近学校的师生研学以及附近居民游玩,仅有小部分慕名而来的外国游客和学习红色文化的外地游客,这也说明了目前王村口镇红色文化的宣传仅停留在以王村口为中心的小范围向外辐射阶段,还没有对外形成有效的影响力。

(二)红色文化开发完善,但基础设施建设滞缓

王村口在红色文化资源开发方面已经较为完善,如:1942遂昌民众营救美国飞行

员纪念馆和中国工农红军挺进师纪念馆都有完整的历史展示以及各种实物史料;在宏济桥设有纪念印章给游客打卡盖戳;其他各个遗址处也都有详细的立牌介绍。

但根据被采访的两位当地居民介绍,由于王村口地处山区,路途遥远、交通不便,旅游业只在一定程度上保证了道路的平稳宽阔及通畅。在交通方式的选择上,除了自驾,从遂昌县城到王村口的公共交通只有客车且途经班次少。在住宿方面,民宿宾馆较少且提供的服务质量不高。餐饮服务行业也有不足,餐饮店数量少、种类单一且门店普遍较小。一些旅客愿意过来游玩,但是基本上不会过夜,由此可见,当地的红色旅游产业只是在一定程度上促进了经济发展。王村口的红色文化资源未能有效地融入农村经济,形成完整的产业链,基础设施建设跟不上红色文化旅游的发展导致留客能力不足,暂时不能凭借旅游业促进当地居民致富。

(三)红色文化周边丰富,但缺少互动

为加快旅游、文创等服务业的创新发展,不断提升古镇能级,王村口镇创建了一条百余米长的"1935文旅街区",它重现了1935年红军挺进师进入王村口的情景。这条古街展示了各式各样当年的"旧记忆",有老一辈常用的蓑衣、草鞋、竹篓、布衣店铺;自酿的红军酒、自制的红军茶免费给游客品尝;也有刻印着红色印记的各色文创产品:搪瓷杯、绘画石头……这些承载了红色记忆的老物件给王村口镇红色文化增添了些许乐趣。

不足的是,在调研的过程中,发现游客多数只是在店里逛一圈,或者门口看一眼,鲜少有游客会去购买文创周边。而且多数店面没有看见管理人员,经营推广的积极性不高,游客与商家缺少互动,店铺较为冷清。

三、王村口红色文化传承措施

基于对王村口红色文化旅游资源现状的了解和对通过调查发现的问题进行分析后,得出以下促进王村口更好发展的建议及措施。

(一)拓宽宣传面,增强辐射范围

拓宽王村口红色文化旅游宣传渠道,融入遂昌特有的历史文化、自然生态、风俗风貌等要素,进行全方面、多角度的组合宣传,提升王村口红色古镇的知名度和影响力。首先,对遂昌所有的旅游资源进行整合,规划适宜的旅游路线,将王村口作为红色旅游站点,对外地游客进行宣传。其次,可以利用粟裕将军与中国工农红军挺进师的传奇经历作为切入点,在特定节庆日或者特殊活动时,通过公共媒体如广播、电视、报纸等的报道,增加在新兴媒体如微博、微信公众号、各种旅游App软件等的曝光率,通过多平台、多

形式进行交流互动,不断扩展宣传营销平台,从而吸引市场注意力。再次,增加宣传广告的投放量。在行政、商贸中心和客运中转站等城市重点地段张贴旅游宣传牌,投放电视广告。最后,改造创新景区的纪念品,在这些物品上印上王村口红色文化旅游古镇的标识,通过往来游客的宣传以提高知名度。[2]

(二)完善基础设施建设,提高游客体验感

对于王村口旅游资源开发力度不足的问题,最重要的应当是完善旅游配套服务基础设施建设。第一,提供便捷的交通方式。已修建完工的遂昌南尖岩至王村口红色旅游公路虽然能将飞石岭、南尖岩、神龙谷三个国家 4A 级景区与王村口红色景区有效串联,但由于景点位于山区,交通仍是不便。王村口镇可以开通从县城到景区的直通车,增加客车班次,开发旅游线路,将沿途的大柯梯田、焦滩鱼头等当地特色纳入旅游线路。第二,增加民宿和酒店数量,提高住宿条件。古色古香的村落是遂昌的一大特色,可以将民宿和酒店的设计与古镇特色相结合,因地制宜,提供高品质住宿服务。第三,丰富当地餐饮种类,为游客提供多种选择,规范餐饮小店的经营模式,完善生活服务功能。第四,正确处理生态保护与经济发展之间的关系。在保护好原有的生态环境基础上,于人流密集处增设公共厕所,推进垃圾分类工作,完善垃圾分类收集体系,设置垃圾中转站,提供便利、整洁、绿色的旅游环境。

(三)提质增效,增强景区留客能力

鉴于游客接待高潮多在黄金周、红色纪念日前后以及潜在游客多为青少年学生的特殊性,王村口镇可以设置团体优惠价、学生票等方式引流,通过节日促销,在特定纪念日举办宣传或文艺活动,吸引游客。"对于景区售卖的各种文创产品、手工艺品、农产品可以设计打造自身品牌,提高口碑,以自身特色吸引游客目光,便于宣传和推广;也可以通过各种促销策略,如整体促销、售点促销、联合促销、抽奖、削价等方式刺激游客消费,促进经济发展。"[3]

(四)因地制宜,加强"红古绿"融合

王村口镇应掌握历史与地理优势,以红色文化为核心发展旅游产业,结合青山绿水环绕、白墙灰瓦的古镇特色,抓住创建省级红色旅游风情小镇和全国红色旅游示范镇的契机,充分利用"红古绿"三大资源优势,促进旅游产业的转型升级,通过文旅结合实现乡村振兴。深度挖掘王村口红色文化,继续在保护和利用革命纪念建筑群的同时,开发红色主题酒吧、旅社等娱乐设施,弥补红色文化旅游的单一性,进一步丰富、完善和提升王村口红色古镇的竞争力和影响力。充分保留古镇的气韵,修缮和展现古镇风貌,可以定期策划举办一些具有当地特色的风俗活动或是摄影摄像活动来吸引游客,既能达到

宣传的目的，更是展现了当地的文化自信。王村口位于国家级自然保护区九龙山东麓，有良好的生态环境，可以利用当地的自然资源发展效益农业，打造特色农产品，如高山茶叶、铁皮石斛、青钱柳、木槿花等，在保护环境的基础上发展经济。

四、总　结

本次探访的王村口作为一个红色古镇，虽然已经因地制宜发展红色旅游，但是由于存在文化资源开发不全面、基础设施建设不足、宣传范围存在局限等问题，当地经济发展效益有限。而且旅游的高峰期多在红色纪念日，游客集中为学生，当地居民更是以中老年人为主，并没有有力地带动青年返乡就业创业。

王村口镇作为革命老区，拥有"红""古""绿"三大优势，其发展应当在保护红色文化资源的基础上，融入当地特色，形成自己的核心竞争力，打造属于自己的品牌；因地制宜，寻找最适合自身的发展途径，不能盲目照搬。除了利用红色旧址发展旅游业，创建红色学习教育基地之外，开发设计附加产品，弥补红色文化旅游的单一性，实现教育和发展经济的统一外，也要重视自身原有的物质资源。要制定符合实际需要的发展规划，以人为本，抓住时代机遇，不断学习，不断进步，走文旅融合的特色发展道路，实现高质量发展，促进乡村振兴。

参考文献

[1][2][3]童彤.遂昌县红色文化旅游开发研究[D].广西师范大学,2016.

第三编
民生治理篇

破"境"重圆

——关于长峙岛上环境卫生问题调研

作者:胡晓晴,李素琴   班级:A19 物流 1   指导教师:林晓芳

摘　要:自深化改革开放 40 年以来,随着社会主义市场经济的不断壮大,我国城市化进程正在不断推进和加速。城市快速发展已经对城市综合治理和服务质量提出了新的更高要求。城市对环境卫生的管理与广大城市人民和群众日常生产和生活息息相关,城市环境卫生质量和水平的提高,有助于保护和提高城市居民生活条件和环境、降低和预防各种慢性疾病和传染病的发生、增强健康意识,更是有助于保护和提高我国城市投资环境,带动和促进我国城市经济发展及社会文明水平的提高。以长峙岛为例,对长峙岛上的卫生状况开展了实地调研。长峙岛作为舟山新新发展起来的区域,环境卫生也成了一大民生热点。正在建设的长峙岛现如今的环境卫生状况是什么样,它还存在哪些需要改善的问题,在长峙岛城市化进程中除了经济的高速发展,环境卫生问题是否能得到妥善解决,岛上的居民对长峙岛的卫生环境又能提出什么样的意见和建议均是此次调查的内容。

关键词:长峙岛;环境卫生;现状调查;解决措施

舟山市是我国第一个以群岛建制的地级市,隶属于浙江省,地处中国东部黄金海岸线与长江黄金水道的交汇处,背靠长三角广阔经济腹地,拥有 1390 个岛屿和 270 多千米深水岸线,是中国第一大群岛和重要港口城市,下辖定海、普陀两区和岱山、嵊泗两县,常住人口 114.6 万人。舟山市位于浙江省舟山群岛,地处我国东南沿海、长江口南侧、杭州湾外缘的东海洋面上。舟山背靠上海、杭州、宁波等大中城市和长江三角洲等辽阔腹地,面向太平洋,具有较强的地缘优势,位于我国南北沿海航线与长江水道交汇枢纽,是长江流域和长江三角洲对外开放的海上门户和通道,与亚太新兴港口城市呈扇形辐射之势。

一、长峙岛各个地区环境卫生基本现状

(一)浙江海洋大学长峙校区

由于浙江海洋大学长峙校区中大部分人群为在校大学生,环保意识高,所以校区内大部分地区环境卫生较好。在操场、竞秀路、成功广场以及莲池等地区,并没有显眼垃圾分布,但如果仔细观察还是会有纸巾、塑料袋等垃圾遗落在每个角落(见图1)。

图 1　在寝室旁边草坪上的纸片

校区内垃圾分类行动全面进行,最为显著的是新建的各个寝室楼下的垃圾分类收集区(见图2),解决了之前存在的寝室楼下垃圾随意堆放的问题,使学生能有一个更舒适的居住环境,在调研过程中,学生反馈:在寝室楼下进行垃圾分类不但解决了垃圾没地方丢、垃圾胡乱丢的问题,也解决了夏天垃圾周围虫子满天飞的问题。

图 2　寝室楼下的垃圾分类收集区

校内地面卫生环境较好,但水域环境相对较差(见图3)。学校最大的水域环境莲池的水质并不清澈,呈深绿色,有多种微生物,带有较大异味。里面的莲叶漂浮在池塘上,有一些叶子已经腐烂,现在是夏天,有许多的小虫子在池塘旁边飞,特别是蚊子,刚

待一会就来咬人。据填问卷的同学反映,这里晚上有时候有蛇,比较危险,给附近居住的同学带来较大困扰。

图3　校内莲池

(二)红楠海苑小区

在红楠海苑小区内,较为创新的现象就是在两个长椅之间放置了一个垃圾桶(见图4),让小区的居民们可以较方便地丢垃圾。

图4　两个长椅之间的垃圾桶

红楠海苑小区是拆迁房小区,里面居住的居民以从自己家搬出来的老年人为主,文化程度不高,而老年人是弱势群体,有许多卫生工作无法自主进行,再加上环境卫生意识薄弱,导致小区内环境卫生存在很多问题。从总体上来看,可以概括为三大基本问题:基础设施不完善,破坏严重;社区环境卫生脏、乱、差,垃圾随地可见;居民文化程度不高,乱丢垃圾问题严重。小区几乎是三步一纸片,五步一塑料袋,收集垃圾地方没有明确的垃圾分类措施,垃圾随意堆放。如图5所示,建筑垃圾和厨余垃圾还有生活垃圾堆放在一起,环卫工人来收垃圾也没进行一定的处理,直接将所有垃圾一起带走,一起集中处理。

图 5　红楠海苑小区内的垃圾集中堆放处

（三）拆迁房区

拆迁房区有大量建筑垃圾堆放（见图 6），目前没有人对这些垃圾进行处理，该区域没有进行垃圾分类，所有垃圾都丢弃在简易的垃圾坑里（见图 7）。

图 6　角落的建筑垃圾堆

图 7　堆放垃圾的地方

　　该区域有一条河流,水质浑浊,呈暗黄色,在其旁边可以明显闻到恶臭,上面还漂浮着建筑垃圾(见图8),污染严重。

图8　水面漂浮着建筑垃圾

(四)如心小镇及如心樱花公园

　　如心小镇是长崎岛上的居民们休闲娱乐的好去处,里面包含城市超市、餐厅、影院等地方,每天来这里游玩的人很多,总的来说如心小镇环境卫生情况良好,虽然垃圾桶分布较少,但地上没有明显的垃圾。在一处花坛的边上挂着"席地能坐"(见图9)的标语,改编自成语"席地而坐",体现了如心小镇的环境卫生状况。

图9　花坛边上的"席地能坐"标语

　　与如心小镇一样,如心樱花公园也十分干净,放远望去整块大草坪上没有一点垃圾(见图10)。

图 10　如心樱花公园面貌

二、长峙岛环境卫生调查存在的问题

（一）长峙岛上各个地区环境卫生水平参差不齐

长峙岛上的浙江海洋大学、红楠海苑小区、如心小镇等地区，每个地方的环境卫生情况并不相同，而且差异较大，两极分化严重。浙江海洋大学、如心小镇、如心樱花公园平时有专门的环卫工人打扫，而且在这些地区的人群普遍学历较高，环境卫生意识较强，所以这些地方的环境卫生状况较好。但在一些细节处仍有垃圾存在，比如：在浙江海洋大学的一些低矮树丛上有纸巾垃圾，如心樱花公园的地上会有一两个矿泉水瓶，这些细节并不会造成很大的影响，但在一定程度上降低了这里的观赏度。但在红楠海苑、拆迁房区等地，因为居民普遍为老年人，行动能力不便，环境卫生意识薄弱，该地区垃圾多，甚至一条路上有好多垃圾，就算是写了保护环境的标语，在宣传栏旁还是有垃圾随处可见（见图 11）。

图 11　宣传栏旁边的垃圾

不同地区的环境卫生情况分布不同,环境卫生好的地方特别好,但差的地方也很糟糕,参差不齐,舟山市政府应当注意这些地方并提出一些措施,使长峙岛上环境卫生情况可以越来越好。

(二)大气污染严重,噪声污染影响大

在50张调查问卷中,当问及"您觉得长峙岛有哪几种比较严重的环境问题?"这一问题时,大部分人填写大气污染、海洋污染和噪声污染这三个问题,其中有35个受访居民填写大气污染最为严重。通过对每日天气预报的查询,我们发现舟山在冬季大气污染严重,经常会有雾霾天气,给居民生活带来一定影响,除去雾霾天气,在平时空气中也会飘浮着一种咸鱼味,在浙江海洋大学的同学们对此有一定感受,经常会在晚上闻到空气中飘浮着的鱼腥味,虽然对健康没什么影响,但还是会感觉到恶心、头晕。除了大气污染,有27个受访居民在填写问卷的第5个问题"下面哪一项污染对您的生活影响最大?"中,选择了噪声污染。受访居民反馈说,噪声污染的主要来源是夜间的广场舞活动,阿姨们跳舞、聊天很热闹,但也给一些人群带来了一定的困扰,而在校学生则更多的是被寝室半夜吹头发、在厕所大声聊天的声音所困扰。

(三)垃圾处理基础设施不完善,垃圾堆放处环境卫生差

调研了浙江海洋大学、红楠海苑小区的垃圾堆放处,这些区域普遍环境差,垃圾胡乱堆放(见图12),没有进行一定的垃圾分类,将各种垃圾混杂在一起,其中包含了使用过的口罩、很久没用的电池等危险物品,堆放时间久,味道大。垃圾堆放设施陈旧,垃圾桶上沾满了污渍。如果一直不清理,长久以往,垃圾内所包含的细菌可能会传播到空气中,对居民的身体健康造成一定的影响。

图12　浙江海洋大学校园内垃圾堆放处

(四)居民环保意识薄弱,环境卫生管理任重道远

在问卷第九题"您觉得人们乱丢垃圾的原因是什么?"的回答中,有 31 位受访居民选择的是环保意识薄弱,说明现如今卫生宣传工作并未完全落实,不少居民并未养成良好的卫生习惯,当然也是因为相应的处罚措施太轻,对群众并没有威慑力,乱丢垃圾所要付出的代价低。

三、基于长峙岛环境卫生调查存在的问题及对策建议

(一)加强环境卫生管理,具体情况具体分析

政府部门理应加强管理,寻求有针对性的治理策略,落实各项环境保护相关措施。其中市政府对地区环境动态管理,街道办事处及其居民委员会加强对社区和群众管理,最后落实到学校、企业、休闲社区、居民小区等地。同时加强监督,确保环境保护行为落实到位,坚决惩处违法违规行为。

经过调查研究发现,长峙岛不同地区环境卫生状况参差不齐。面对不同地区存在的不同问题,要更加有针对性地管理。在我们的调查中,浙江海洋大学、红楠海苑小区、如心小镇地区环境卫生状况较为良好,但仍存在一些无意识随手乱扔垃圾的行为,针对这种现象,可以采取处罚措施,设置监管人员,对乱丢垃圾的人员进行罚款,可以让人们意识到自己的不良行为,减少这种行为的出现。而类似于红楠海苑这类以老年人居多的小区,一定要有定期的环卫工人打扫,定期清理垃圾,或设立志愿者帮助行动不便的老人丢垃圾并进行垃圾分类。对于拆迁房范围内垃圾随意堆放、水沟污染等情况,首先要负责的是拆迁方,拆迁方有义务管理好拆迁地区的环境卫生。

(二)针对主要污染,找解决措施,创新技术

随着工业化进程加快,资源、环境和经济发展之间的矛盾日益突出,城市环境卫生发展呈下降趋势,这在一定程度上制约了城市可持续发展。所以,我们小组在暑期选择对城市环境卫生现状进行调研。

经由我们调查问卷统计数据显示:在长峙岛,人们更多认为大气污染、海洋污染和噪声污染对环境卫生影响比较大。在大气污染方面,应改善能源结构,针对能源消耗量大、对环境污染严重的方面进行整改。可以发现,机动车尾气排放占环境污染主要比重,随着人们经济水平的发展,机动车数量持续上升,污染排放总量不断上升,政府应鼓励、开发和推广清洁燃料车辆、新能源汽车,严厉打击超标排放。在海洋污染方面,舟山是著名港口,船舶、渔业发达,而频繁的海上作业促进经济发展的同时,也给海洋造成了

严重的海洋污染,例如:船舶向海洋排放油类或其他有害物质、城市污水向海洋排放,一系列活动对海洋造成严重污染,同时也影响了鱼类生存,人们进行鱼类捕捞、养殖活动也造成了空气污染,经常能在学校闻到浓重的鱼腥味。政府应管控各相关企业、部门,对船只污染排放、鱼类养殖捕捞做一定规范,明确奖惩制度。在噪声污染方面,主要来源有汽车鸣笛、大妈跳广场舞等,政府应加强重视,制定并执行强制性的噪声控制和管理法规,加大宣传力度;个人也应自觉遵守,共同保护城市宁静。

(三)加快相关环保基础设施建设,提高垃圾回收利用效率

在经济社会高速发展的同时,人类建设也对环境造成了破坏,由于政府规划滞后,环境保护基础设施未能及时完善。环保基础设施是城市建设和管理的重要组成部分,也是提高环境质量的基础。从我们调查访问的结果来看,类似于学校垃圾总回收站、小区集中堆放垃圾的建筑,环境脏、乱、差,且垃圾堆放杂乱无章,并未做好垃圾分类、处理、回收工作,无论是学校还是小区各单位都并未重视和真正落实,才导致仍然存在此类现象。理应加快相关环保基础设施建设,真正落实环境保护项目,加强监管,完善法规,让环保行为更加规范。

垃圾分类、垃圾回收利用也是环境保护的重要组成部分。据我们观察发现,随着城市化进程的加快,人们每天产生的垃圾数量惊人,而我们应该要如何对垃圾进行分类、处理、回收、利用、加工,是重中之重。据我们调研,学校、企业附近的垃圾回收处,外卖类的厨余垃圾占生活垃圾的70%,而解决厨余垃圾问题的办法主要是填埋、焚烧、堆肥等,从生产源来看,减少人们点外卖数量,或者外卖包装采用可回收材料,完善垃圾回收设施,正规地对垃圾进行清理。就垃圾分类而言,我们在丢垃圾时就应做好分类工作,方便工作人员后续直接处理。每个人都应自觉对环境保护作出贡献。

(四)提高环境保护意识,加强制度约束

随着我国经济社会的迅速发展,环境问题日益凸显,虽然我们逐渐意识到环境保护的重要性,但是仍存在各方面(如技术、制度,更主要是大众的环境保护)意识不够,意识指导人类行为,只有全民环保意识的提高,才能真正改变现状。

其一,教育对于培养环境保护意识起到了不可或缺的作用。学校应该加强环保类教育,从小培养学生的环保意识。其二,政府应积极引导各方,积极开展环境保护实践活动,打造良好的珍爱环境氛围,在全员环保的社会氛围下,更能带动更多的人参与进来。其三,加强制度约束,可以通过制度手段,对人们的日常行为进行规范,对破坏环境行为进行罚款之类,有助于形成爱护环境的良好风气。借此,形成人人环保的氛围,助推经济可持续发展。

四、小结

环境保护体现的是一个集体的共同价值观念,是实现可持续发展的前提。我们在经济发展的同时,也要兼顾环境的保护,这样才能实现经济可持续发展、人与自然和谐共生。在我们的这次调研访问中,可以发现长崎岛已经开始重视城市环境保护,在日常的城市卫生保洁方面都做得挺好的,但是仍有细枝末节被遗漏的地方,希望能予以重视,自上而下,真正地根据实际情况来解决各方面环境保护难的问题,真正地把环境保护落到实处。通过完善基建、加强监管、技术创新、增强意识等各方面,形成人人环保、可持续发展的良好社会风气。"不驰于空想,不骛于虚声。"长崎岛上的生态文明建设并不能一蹴而就,当此长河奔腾、万物勃发的新时代背景下,唯有以长崎岛为一个小点,在全社会形成广泛的生态共识,形成最大公约数,以逢山开路、遇水搭桥的决心,久久为功,建设美丽舟山、美丽中国的美好愿望指日可待。

山明水秀　共建美好家园

——关于缙云县新长川村村容村貌变化调研

作者：朱媛媛　班级：A19 物海　指导教师：王建友

摘　要：为追求村庄更好地发展和给予村民更舒适的生活环境，新长川村积极响应国家号召，建设"美丽乡村"。经过十多年的改造，村子在道路交通、防洪设施、房屋建设、生态环境等方面都有了明显的变化，经济、政治、文化方面也因此有了一定的改变。在开辟自己独特发展道路的同时，规划不完全、村民意识不强、资金和劳动力欠缺等短板问题逐渐显露。在调查的基础上，指出村庄需要科学规划、发挥村干部作用、增强卫生意识、积极引进人才、加强自身实力建设、打造村庄特色发展第三产业，从而谋取进一步的发展。

关键词：新长川村；村容村貌；新农村建设；美丽乡村

"三农"一直是国家的焦点问题。我国一直在不断推动社会主义新农村建设，打造美丽乡村。建设美丽乡村的目的是提高人民居住环境，提升人民的生活幸福指数，同时建设"美丽乡村"是建设"美丽中国"的必经之路，而村容村貌的改变是建设"美丽乡村"的基础工程，是建设社会主义新农村建设的重要方向。近年来，不少地区的乡村建设都已经取得不菲的成绩，缙云县长川村也积极响应国家号召，遵从国家政策指导，开展工作，在政府的领导下规划村庄建设，正在探索自己独特的发展道路，改造村容村貌，努力成为社会主义新农村。

新长川村是一个坐落在缙云县新建镇的一个小山村，由下仁堂、底长坑和长川这三个村重新组合而成。它位于山区，四面群山环绕，地理位置偏远，比较落后，在村容村貌的建设过程中有自己的方法也有不足的地方，在调查的时候发现问题并想出对策能够为村子建设添一把力。

一、村容村貌的变化

经国家政策指导,在村干部的带领与村民们的努力下,新长川村的风貌在逐渐变化,道路、水利、房屋、生态环境的建设都在不断完善,村民们生活环境越来越好,生活质量有了极大的提高。

(一)道路交通建设

要致富先修路,道路交通一直是地区发展经济的一个重要条件,同理,对于村容村貌的整治,它也是极其重要的部分。新长川村位于山涧,从县级到村子的道路只有一条泥土路,这条路依山而建,道路窄小泥泞,九曲十弯。2010 年,村子里开通了第一条宽阔平坦的柏油路。之后,这条唯一的县级公路一直都在保养、扩建,现在已经能让来往的车辆能够同时通过。同时,村子也做上了水泥路,村口的第一个岔路口就从原先仅有一人宽的土路修筑成了能让一辆大卡车同行的水泥路。这些宽阔平整的道路大大便利了村民们的出行,同时也给村子带来了新的面貌。

(二)防洪设施建设

新长川村有一条贯穿全村的河流——长坑溪。每到梅雨季节,这里的溪水便经常泛滥,冲出河岸,淹没道路,留下大量的泥沙,还会造成污水排放问题。这对乡村的卫生环境造成了很大的污染,同时对村民的财产和人身安全也造成了很大的危害。2015 年,村污水治理工程完工,建造了小水库。2020 年,村子在县里、镇里大力支持下,积极争取到宁波和缙云的协作项目——山海协作援建项目。在河道上建筑起道道堤坝,不仅在平时可以疏通河道,还可以在梅雨季节、台风天气时及时泄洪。除此之外,河堤的存在也点缀了这条小溪,为村容村貌带来了新的风景。

(三)房屋建筑建设

房屋一直是家的代表,村民的房屋建设也代表着他们心中理想家园的面貌。房屋改建极大地改善了村民的居住环境,有力地提升了居民生活的幸福指数,是村容村貌变化进程中显著的一环,对社会主义新农村建设有重大意义。在 2013 年,乡村规划中,村子里就开始拆除村庄内乱搭乱建的建筑物、构筑物,对村里的危旧房和泥砖房制订了改造计划,并且对重点帮扶困难户制订了改造破旧住房的计划。如今,农村重新制订规划,房子改造建筑的平方也有了统一的要求,都是八十个平方,在排列上会更加整齐美观。

除了村民的旧房改造,村子不忘传承,重新修建了周氏宗祠,新建了文化大会堂并翻新了大会堂为综合楼。文化大会堂建于 2017 年,是村子里存放竹编艺术品的地方,这里的门前张贴着村子里近年来的文化活动和社会主义核心道德观。2018 年,村民自筹 50 万元重新修缮祠堂,现在的祠堂青瓦白墙红木,分上下两楼,就像电视剧里面的高宅大院,呈现出崭新而又庄严的姿态。祠堂里大多数东西被收了起来,只有一些竹编品放着展示,如克篓、婚庆笲、筛米篮、小姐轿等。这些竹制品都有着几十年的历史,凝结着手工艺人们的心血和传统。同年,村子将原先的大会堂重新改造成房楼,从上下两层布局的泥土房摇身一变成了一整栋干净整洁的砖瓦房,从村民们娱乐的地方变成了村委会、经济合作社等合为一体的楼房。村子里还新建了老年会所,为村民们提供娱乐场地。老人们经常在这里跳广场舞,举行聚会活动。

(四)生态环境建设

良好的生态环境是经济社会可持续发展的重要条件,是村容村貌整治中极其重要的一环。2011 年,全县开展农村卫生整治工作,村子里投入了 22560 元资金来购买 688 只小垃圾桶分配给每一户村民。2012 年,确定了六名保洁员,并划分了他们工作清扫的职责和范围。2013 年,国家农业部启动了"美丽乡村"创建活动。村子积极响应国家号召,紧扣建设"美丽乡村"的要求,再次进行了村庄卫生的整治工作,深入开展新长川村生态环境建设工作,努力做到彻底解决乡村环境脏、乱、差的问题,整体提升村民居住的环境质量,打造美丽长川。村里组织队伍去打扫道路卫生,打捞河道垃圾,整治了道路乱摆杂物、牲畜乱跑、随意开垦农田的现象,还公路、河道整洁面貌。除此之外,村子里还有评选机制,评选出"洁净家庭",用奖励机制来带动村民们创建洁净乡村的积极性。2019 年,村子也积极响应"垃圾分类"的号召,在垃圾站重新放置了四类垃圾桶,并实行垃圾日产日清计划。同时,村子里的一些老人自发组建队伍走街串巷地开展卫生监督巡查工作,利用自身威信力劝导村民不要乱扔垃圾,科普垃圾分类的知识,宣传保护环境、做好卫生的重要性与意义。如今的村子,大街小巷的面貌都焕然一新,干净整洁,展现了新农村的文明景象。

二、村容村貌的变化带来的影响

(一)对经济的影响

经济是衡量一个地区综合竞争力的重要标志,它的起伏能够代表这个地区的建设方向是否正确。乡村道路的建造、环境的改善直接促进了当地旅游业的发展。原先村子产业结构单一落后,以第一产业为主,经济水平发展程度低下,主要以农业为主要经济来源,种植物多为红薯、玉米、水稻等粮食作物,还会做些竹制品售卖,现在村子开启农家乐模式。同时,山清水秀的环境成了夏令营活动的青睐之地。这些新兴的第三产业大大增加了村民的收入,优化了村子的经济结构。

(二)对政治的影响

国家政治政策是村容村貌如何变化的总要领,村容村貌的变化是政策的表现形式。村貌变化能将国家政策直观地表现出来,让村民们直观地见识到国家、党领导的正确性,清楚直接地明白政府在切实干实事,让他们能更加拥护国家政府和党的领导,更加真心地跟随国家脚步建设自己美好家园。

(三)对文化的影响

乡村文化是在村民生产和实践过程中逐步形成发展起来的,是村民们的精神依托。村民是村庄的主人翁,乡村风貌的变化发展体现了村民的意愿,村容村貌的改造增强了村民们的主人翁意识和社会责任感,培育他们成为讲文明、有能力、有风尚的新时代农民。同时,新建文化大礼堂、翻新祠堂展示竹编品,反映了村民坚守传承传统文化竹编艺术的决心,也能更好地宣传和传承竹编文化。

村容村貌的变化对经济、政治、文化都有影响。它推进了经济建设,优化乡村产业结构,增强村民建设家园的当家作主精神,培育村民为新时代农民,改变农村精神风貌,使文化传承不断创新推进,承前启后。

三、新长川村存在的问题

新长川村的村容村貌已经有了巨大的改变,与美丽乡村的距离越来越近,问题在改造的过程中也逐渐显现。

(一)规划不全面

农村的房屋分布比较凌乱,在建造新房时,有些材料无处安放,只能堆在邻近路面,影响村容的同时也给村民的出行造成不便。道路整体比较干净、整洁,但有一些路段已经严重开裂变得坑坑洼洼,伴有小水沟、小石子,尤其是路旁绿化处,常有包装袋、果皮等路面环境问题更是急需处理。

(二)村民垃圾分类意识不强

随着生活水平的提高,农民在日常生产生活中产生的垃圾越来越多,种类也越来越多。虽然村子里有专门的垃圾站点和定时的垃圾车,但并没有硬性要求,使得垃圾分类问题无法得到根治。而且,村民对环境卫生意识不强,科学素养欠缺,分类意识还不到位,没有长远的眼光,只是把垃圾扔到垃圾桶就完事,并没有明白设置不同垃圾桶的意义,且大多数村民未清楚垃圾是如何分类的。

(三)资金缺乏问题

新长川村位于山区,地理位置并不优越,有广大的山林面积,但村民们只能依靠种植水稻等粮食产品挣钱,依山而作,傍水而居,村子本身并不富裕。而村容村貌的整改方面众多,资金需求非常大,村子并不能自给自足,只能依靠上级政府的拨给。

(四)劳动力缺失问题

村子里大概有 1800 人,共 680 多户,居住在河流的两侧。留居在村子的大多是老年人,青壮年大多外出打工,以畜养鸡鸭为主业。村子里劳动力流失严重,而改造农村风貌,必然离不开年轻劳动力的帮助,老年人的能力有限,劳动力的大量流失导致了农村各方面整改开展进程速度缓慢,从而导致村子发展直线下降。

四、新长川村存在问题的解决办法

发现和归纳村容村貌整治中的困难后,在调研的基础上,对新长川村的改造计划提出以下几点意见。

(一)科学制订整治规划

在村容村貌改造的整体工作中,要坚持农民主体地位,以村民的意愿来有序推进农村人居环境综合整治,加快美丽乡村建设。也要坚持先规划后改造的原则,科学合理地制订新长川村村容村貌整治计划方案,在完成每一步行动后与制订下一步战略之间,分析村子已经取得的成效和不足,依照成效和不足提出改进方法措施。同时,制订的规划应当符合村子本身定位和发展方向,切勿过急过躁,在规划时要考虑各方面因素影响以及可能出现的后果,并提前想出解决方案。

(二)发挥村干部领导作用

村干部应该经常开展组织保卫活动,以身作则,带头领导组织村民进行捡垃圾活动。还可以利用村干部的威信力,以一领多的形式组建小组,让一个村干部带领多个村民进行乡村卫生清扫活动,增加奖励机制并进行评比,从而调动村民的积极性和主动性。

(三)碎片式垃圾分类宣传方法

将垃圾分类的内容分解成由许多一小部分组成的形式,一步步地灌输给村民。垃圾分类内容对于村民来说比较复杂,在宣传时应该化繁为简,分步告知。例如,用一周时间先宣传废纸是可以回收的,让村民们收集废纸,并集中回收村民的废纸,再下一周将废纸回收利用制作成手工艺品发放给村民,让他们意识到可回收物的用处。

(四)增强农民村庄卫生意识

加强对村庄环境保护、卫生清扫工作的宣传。可以普及国家政策内容、环境法规和其他模范村的卫生状况,同时给予主动组建队伍清扫大街小巷卫生的村民一定的奖励,用奖励带动他们的积极性、主动性,让村民们认识到保护村庄卫生是一件利人利己的值得表扬的好事。

(五)整合多方资源,加强自身实力建设

首先,要多争取政府的支持,资金、人才都是村子里缺少的资源。其次,可以借鉴一些与村子情况相近的已经规划完的优秀村庄,学习它们如何整治村貌、发展经济,再将他人经验融入自身村子,开辟适合村子的发展道路。增加新的就业岗位或就业方式留住村庄的年轻劳动力去建设村庄。最后,村干部一直生活在村子里,接触到的外面的世界较少,想法、见识会比较封闭,对政策解读不完全,因此还应当引进一些高素质人才,如大学生村官,补充新鲜血液,寻找新的方法治理村庄。

(六)打造本村特色,发展第三产业

村子应认清自身优势,摆正位置,聚焦于生态保护型模式村庄,努力将第一、三产业融合发展,做优做活,把生态优势努力转变为经济优势。比如,将村子的山水环境和竹编文化打造成村子的重点特色,利用互联网优势,在短视频平台大力宣传,吸引各地旅客前来游玩。新兴产业的发展将会带来大量的就业机会,能够留住村子的劳动力,还能促进经济发展,增加村子收入。村子收入的一部分再投入生态环境建设,不断加强村庄建设;另一部分用于建设培训机制,对旅游业中的服务业从业者进行培训,提升相应的能力,给消费者留下深刻印象,打造良好口碑。

五、小结

村容村貌体现的是一个村庄的居住环境,还是村庄经济发展状况和方向的重要表现形式,更是村民们精神风貌的象征。农村的风貌建设是一项长久的系统工程,不能一

蹴而就,需要政府、人民持续不断地努力,在完成目标之前,任重而道远。希望新长川村能抓住这次新农村改造的机遇,根据自身的实际情况,融入村庄特色制订符合实际发展需要的规划,围绕生态抓发展,不断学习、不断进步,对村庄环境进行综合治理,打造好全新的乡村风貌。

打造宜居金名片

——萧山区金临湖村全域环境治理调研

作者:丁佳妮　　班级:A19 药学 1　　指导教师:王建友

摘　要:萧山区金临湖村位于城郊接合部,交通便利,其发展历来颇受关注。党的十九大报告指出要建立健全城乡融合发展体制机制和政策体系,加快推进农业农村现代化。发展迅速的萧山区紧跟政策对部分还未进行改造的城郊接合部提出了全域环境治理方案。金临湖村进行全域环境治理后凭借美化的入口,更加宜居的环境,更加完善的休闲设施,成功通过了城郊接合部区级验收,成为首个萧山区通过验收的村庄,为其他地处于城郊接合部的乡村提供了整治模板。本次调研就对金临湖村的全域环境治理进行调研,总结现状,分析问题,并对金临湖村接下来进一步的发展提出相关建议措施。

关键词:全域环境治理;城郊接合部;宜居村庄

一、前言

"目前,伴随着我国城市化进程的加快,现有城区的城市功能已不能满足人口需求,因此城市周边大量村庄划入城市区域,城郊接合部诞生了。"[1]如今的萧山逐渐国际化,但是萧山的短板也越发凸显——城郊接合部。"城郊接合部作为'农村之首,城市之尾',是维持城乡协调发展的桥梁,更是实现农村城市化进程的发展重点。"[2]因此,治理城郊接合部十分重要,在此之前,拆迁是改造城郊接合部的主要方式,然而拆迁耗时耗力而且花费巨大,并不适合于所有的城郊接合部。所以,萧山区因地制宜对金临湖村在内的部分城郊接合部提出进行全域环境整治。金临湖村位于集镇中心,东与绍兴交界、南为杭甬运河、西靠 03 省道东复线,所前中路穿村而过,地理位置十分优越。而且金临湖村产业较兴旺、生活较富裕,对于金临湖村来说,美化居住环境、实施全域环境治理、建造风景宜人的宜居新村是最迫切的需求。

本调研课题对萧山区金临湖村的全域环境治理进行了采访调研,主要分为三个部分;亲自去金临湖村观察记录因为全域环境治理而发生的改变;采访村民以及对各个年龄段的村民们进行问卷调查,调查村民们如何看待金临湖村的变化;对村干部登门拜访调查,询问全域环境治理的项目以及具体如何实施的。

通过对结果的总结,在其中既发现了金临湖村全域环境治理可喜的成绩,当然也发现了些许不足,总而言之,金临湖村的环境治理比较成功,成为萧山区首个通过城郊接合部整治区级验收的村庄,对其他城郊接合部的整治提供了一个参考案例。开展城郊接合部环境治理的创新研究,依法治理城郊接合部,对维护社会平安稳定、促进城市化进程稳步快速发展、实现城乡经济的共同繁荣、促进城乡一体化发展具有重大意义。

二、金临湖村全域环境整治内容

(一)建设的优点

全域环境整治的建设极大地改善了金临湖村的基础设施,也将废弃的田地变废为宝,提高了土地的利用率,卫生方面的普及等均有效提高了金临湖村的居住环境,增强了村民们的幸福感。

(二)建设项目

全域环境治理主要包括对金临湖村整治环境卫生类、道路秩序类、房屋建筑类、园林绿化类等的治理改造。

1.整治环境卫生类

(1)环卫设施整治工程:公厕改造提升;加强公厕卫生保洁管理;开展并宣传垃圾分类;对农村大量的生活垃圾进行减量化、资源化处理,提高利用率。

(2)雨污水处理整治工程:主管污水管网敷设,对象包括学校、里士湖科创园等。

2.整治道路秩序类

(1)道路整治工程:路面修补。

(2)道路节点改造工程:对公交车站进行港湾式改造。

(3)道路信号灯、交通标识整治:增加信号灯、交通指示系统,加强抓拍整治等,使交通智能化,也提高了安全性。

(4)"五乱"整治:

①强弱电修改:道路电力线路、通信线路入地敷设,统一规范。

②乱搭乱建整治:拆除道路两边的违章建筑,强烈反对乱搭乱建。

③摊乱摆、道乱占、车乱停整治:整治因为摊乱摆导致的马路被占用、车辆堵车、车多位少、无地停车等。

3.整治房屋建筑类

(1)村庄整治:对危旧房连片改造。

(2)农贸市场及周边改造工程:以一星农贸市场为标准进行改造,主要包括空间治理和秩序治理,一方面整治商贩秩序,另一方面整理靠近摊位的室外堆积空间。

(3)背街小巷环境面貌整治工程:背街小巷强弱电修改及道路景观进行具有文化韵味的改造。

(4)可再生能源改造:中国的可持续发展,需要大力发展可再生能源,因此金临湖村对里士湖沿线进行了可再生能源改造。

4.整治园林绿化类

(1)公园整治:对金临湖村滨水公园进行整治,主要修建了健身公园、四季花海公园、滨水码头公园等,极大增加了公园的绿化率,也为爱跳广场舞的人们加强了防护隔离噪声的措施。

(2)村庄入口整治:金临湖村庄入口景观提升。

三、金临湖村全域环境整治后调查

(一)个人调查

1.环境卫生

(1)公厕:原本破旧的公共厕所焕然一新,原本的厕所可谓是"脏、臭、丑"集齐于一身,十分简陋,没有自动的冲水系统,而现在的公厕不仅装修精致而且隔层、洗手池、镜子等一样都不少,不仅在外观上给予人们享受而且在使用中也极大方便了村民和来欣赏风景的游客。

(2)垃圾处理:原本丢垃圾都是家家户户自己将垃圾丢到垃圾房且没有分类,所有的垃圾都丢在一起,不仅量大而且气味难闻,即使原先专人处理垃圾也比较及时。如今,家家户户都分配了分类垃圾桶,督促村民们养成垃圾分类的好习惯,还修建了新的垃圾房,在一定程度上改善了垃圾造成的污染和土地占用,也美化了环境。不过经过实地考察,村民们的垃圾分类意识还是比较薄弱,虽然有分类垃圾桶,但实际扔垃圾时还是很随意,没有按照分类来丢弃。

(3)雨污水处理:原本到了梅雨季节,金临湖村内有很多地势较低的地方就会出现积水严重、出行不便的情况。如今经过雨污水管网铺设后,雨停之后很少会看到有积水。

2.道路秩序

(1)路面:因为车流量大,以及气候变化等因素需要对有破损的地面进行补修,既美化了路面,也解决了安全隐患。

(2)公交车站:原本的公交车站是路中式的,站台较窄,而乘坐公交车的用户中老年人占比很大,因而老人被挤下站台遭车辆碰撞的危险事件经常发生。因此,金临湖村考虑到将公交车站改造成港湾式公交站台,也就是公交车道设在车道最右侧,站台后面是慢车道,车站改造后不仅外观上更加赏心悦目,而且降低了安全隐患。

(3)交通标识和信号灯:原本有极个别路口的交通标识和信号灯设置不妥造成容易堵车和交通事故的发生,现在的交通系统,一定程度上缓解了上下班高峰期的堵车情况。

(4)"五乱":

①强弱电:原本村庄中的电线杂乱无章现象普遍,一方面影响村庄环境,另一方面造成安全隐患,而现在改造电网之后,强弱电统一管线安置,摆脱了原本的"蜘蛛网"造型,看上去整洁清爽,同时也降低了安全隐患。

②乱搭乱建:原本村民们乱搭乱建的房屋等均被拆除,拆除后,金临湖村主要重视拆后利用,拆后的场地多数采取"留白增绿"的手段,增加绿植,美化环境。

③摊乱摆、道乱占、车乱停:在原本的村庄中你常常能看到许多爷爷奶奶拿着自家种的蔬菜在路边摆摊卖,还有许多推着推车卖早餐和烧烤的小商贩,热闹的同时也影响了村容村貌,而且占用了公共区域以及车道,使来往的车辆行驶困难。不仅如此,随着村民们生活水平的提高,越来越多的村民们都拥有了小汽车,村里的停车位就经常供不应求,常常出现村民乱停车的情况出现,这些管制变得更加严格,村里也增加了停车位,一定程度上改善了道乱占和车乱停的现象,不过摊乱摆的现象还是屡见不鲜。

3.房屋建筑

(1)村民居住楼:金临湖村大部分居住楼都是中西式结合带有小庭院的楼,除了个别危旧房需要改造,其余变动不大。里士湖沿岸民居进行景观游步道建设后,使其更增添了几分江南水乡的柔情,与里士湖更加和谐。

(2)农贸市场及周边:原本的农贸市场卫生较差,而且商贩们堆积的商品摆放没有秩序,且农贸市场周边的店面看着都参差不齐,如今整治后,商贩的秩序有所改善,堆积的情况也消失了,农贸市场的布局也做了适当调整,其周边的店面也都统一了牌匾,看起来整齐划一,提高了村民们的购物体验感。

(3)背街小巷:金临湖村原本老旧的背街小巷也做了修改,着重于结合文化特色,对其进行改造,使其具有观赏性。

(4)可再生能源:金临湖村几乎每家都装了太阳能,除了冬天,其他季节家庭热水使用太阳能的热水足矣。可循环垃圾统一交给环保公司回收利用。在金临湖村内放置了许多"大熊猫"旧衣回收箱,村民们会将穿不下或者不要的旧衣服放进去,这些衣服都会被回收利用。

4.园林绿化

(1)公园:一些公园因为时间久了,有很多健身设施都锈迹斑斑、损坏之后无法使用,经过整治后,健身设施重新恢复活力,绿植也增加了,还增加了防护隔离噪声。不仅如此,新建设了金临湖村滨水码头公园、里士湖四季花海公园等,正是因为公园的修建,激发了村民们运动的积极性,饭后空闲时光有不少村民结伴而行去公园运动,即便有些身体不是很强壮的人也愿意去河边的栈道散散步,去庭院里小憩抑或感受着习习的风吹散一天的疲惫。

(2)篮球场:金临湖村修建了三个新的篮球场,修建的位置都是原先废弃的田地,如今这些土地被重新利用,给篮球爱好者们提供了好的平台。晚上,篮球场常常人声鼎沸,村民们可以在锻炼身体的同时丰富业余生活、培养养生的生活习惯。而学习压力重的青少年们也喜欢通过打篮球来释放压力,舒缓心情。

(3)村庄入口:原本金临湖村的村庄入口极其简陋,不仔细看都看不到"金临湖村"几个大字,经整治后金临湖村庄入口景观明显提升。

(二)村民问卷调查

1.村民问卷填写性别

调查对象女性偏多。

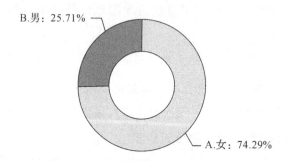

图 1　调查对象性别占比

2.村民问卷填写年龄

调查对象主要集中在 40~50 岁。

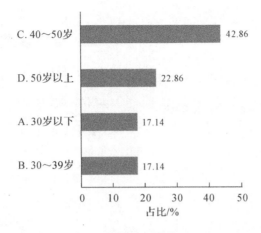

图2　调查对象年龄分布

3.村民对各个全域环境改造项目的了解

村民们最切实感受到的周围的变化是公厕改造、垃圾分类以及里士湖的花海和海滨栈道等。

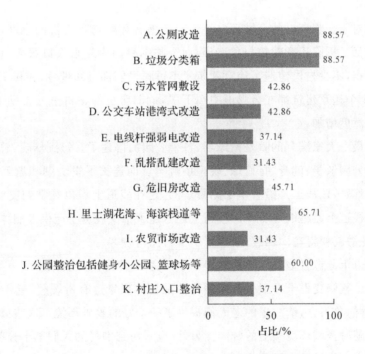

图3　村民对全域环境改造各项目满意度调查

4.村民对全域环境改造的满意度

村民们对于金临湖村的全域环境改造的满意度很高。

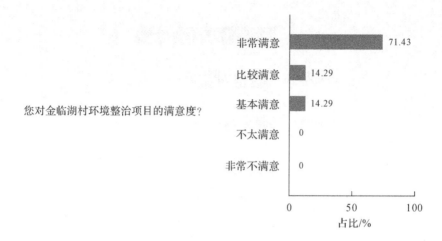

图4 村民对全域环境改造总体满意度调查

（三）采访调查

1. 村民

村民们对于金临湖村的全域环境整治起初抱有怀疑与不支持的态度,因为全域环境整治中包括了拆除违章建筑与危房等,而金临湖村因为外来人口很多,租房需求大,为了赚取房租,不少村民建造了违章建筑。不过村民们都自知理亏,在村干部等的协商劝说下,一个个违章建筑都在轰鸣声中倒下了,危旧房也都在村里的帮助下改头换面,令村民们满意度增加。

采访中最令大家满意的就是篮球场、各个公园的修建了。每到傍晚,总能看到人们成群结队到公园散步、健身、打篮球、跳广场舞等。而连接了里士湖和塘下金的海滨栈道更是大受称赞,该栈道是沿着里士湖修建的,走在栈道上可以观赏到美丽的湖景,也有不少人在栈道上慢跑锻炼身体。栈道上还修建了不少观赏亭苑供人们休息。当花开时节,四季花海就变得花团锦簇,吸引了不少村民与游客。

村民们也十分惊喜地发现道路变得平坦又宽敞,家家户户也用上了分类垃圾桶,垃圾房也经过了整修变得干净卫生。车辆乱停乱放的现象也有所缓解,老年活动室也重建了,装修得简单大方,给村里的老人们提供了一个好的娱乐环境。这些都表现了村民们对于金临湖村全域环境整治的赞同。另外,也采访到别村的人们都十分羡慕,希望自己所在的村庄也能尽早进行整治。

2. 村干部

通过采访得知,金临湖村全域环境整治的具体项目以及治理过程中的难点。首先,金临湖村的母亲湖面积大,污水治理投资大且运营成本高,因此里士湖的湖水治理还不彻底。其次,金临湖村的外来人口多,外来人口与本地人口占比将近五五分,人口数量多,导致卫生方面治理比较困难。虽然治理过程中起初遭受了很多村民的质疑,但是看到结果后大家都很满意,会感受到自己的居住环境切切实实地变好了。

四、金临湖村全域环境治理不足与建议

(一)环境卫生

(1)不足:垃圾分类宣传不足,村民们还缺乏自觉进行垃圾分类的自律性,有个别区域卫生还是有点差。

(2)建议:加大宣传力度,营造宣传氛围,督促村民们垃圾分类。要打赢"环境卫生"这场硬仗,必须唤醒村民的环境意识,激发村民的参与意识。毕竟要做好全域环境整治,不仅需要政府部门的努力,也需要村民们的配合和努力。共建共享宜居乡村,每个人都不是局外人、旁观者,都有责任与义务让金临湖村"处处是风景"。

(二)道路秩序

(1)不足:环境整治资金投入不足,公交车站港湾式改造不够全面,普及率低;工作人员偏少,摊乱摆的状况仍然存在,执法力度薄弱,例如:里士湖联合一百超市附近菜摊泛滥;停车位不足。

(2)建议:加大基金投入,对于容易发生事故且安全性难以保障的公交车站重点关注;加大执法力度,把街道让出来让街道更明亮更宽敞,整治中要坚持标准,增加与村民们的沟通。层层落实明确责任对象,更加合理地利用土地,尽可能合理地增设停车位。

(三)园林绿化

(1)不足:篮球场建造不够好,新建的篮球场破损严重,而且篮球场地面不够平整。每逢下雨天如果想要打篮球就必须自己清理积水,十分不便。部分公园的设施由于使用量大容易损坏,维修没有跟上;绿化覆盖范围还是太少。

(2)建议:对篮球场进行地面修补,自查篮球场建造存在的问题,可能包括地形原因,里士湖修建篮球场的地方原来是田地,土壤较软。定期检查各个设施的损坏状况,及时提供维修服务,不要让设施坏了之后就一直坏了,长此以往容易造成公园的废弃;继续扩大绿化范围。

五、总结

在采访中发现村民们对原来的金临湖村的印象包括"地面坑坑洼洼、电线像蜘蛛网

一样杂乱无章、房屋的前后经常有杂物堆积……",为了改变这个情况,金临湖村以满足居民实际需求为目标因地制宜进行全域环境整治,从而使村民们能够更加方便出行、村民们的居住环境能够更加美丽宜居。金临湖村共分为三块区域:塘下金、渔临关、里士湖。金临湖村的全域环境治理也是因地制宜的,依据三块区域的实际条件不同,治理方向和内容也不同。

塘下金的优点是整体环境比较好,缺点是设施不足,所以其环境治理主攻完善公共服务设施,使停车场规范化。

渔临关的优点是位于两河交汇处,地理位置好,缺点是人口众多,所以其环境治理主攻完善基础设施、美化环境空间。

里士湖的优点是村民们环里士湖而居,所以其主攻利用美丽的里士湖,沿着湖整治滨水空间,并且可以借此宣传文化。

金临湖村地处城郊接合部,它的环境整治使村庄入口更美观、环境更宜居、配套更完善,老百姓们也拥有了切切实实的幸福感。如今金临湖村作为萧山区首个通过区级验收的村庄已经树立了良好的榜样,并且开始继续完善环境治理的内容和深度,让金临湖村更上一层楼,让人们居住更加怡然自得。

以金临湖村的环境治理为例,可以看出现在的农村在领导的重视下变得越来越好,离美丽宜居乡村更进一步,每个地区都根据自身的地理条件、经济基础等因地制宜地开展了环境全域治理、美丽乡村建设等。从金临湖村的成功案例中可以看出,治理过程中因地制宜很重要、执行过程中雷厉风行也很重要,只要办了能让百姓们幸福感增强的实事,百姓们都愿意配合。

参考文献

[1]夏茂青,高峰.城郊新农村建设中存在的环境问题与建议[J].农民致富之友,2016(10):292.

[2]李显颜.简述依法治理城郊接合部的创新路径[J].北京印刷学院学报,2019,27(S1):39—41.

基于城市精细化管理视角的杭州市下城区"红旗班"建设的调研

作者:黄月月,叶楚慧　班级:A19 行政 2　指导教师:林晓芳

摘　要:面对新时代、新方位,杭州城市管理工作面临着新形势、新任务,肩负着新使命、新担当,承载着新作为、新荣光。基于当前这个大时代背景下,杭州市下城区立足"杭州的心、城市的眼"的区域定位,对标国际化都市先进标准,以"一流城市要有一流治理"为核心理念,不断加快城区治理体系和治理能力现代化的迈进步伐。本次调研就基于城市精细化管理的视角,对杭州市下城区成立的"红旗班"进行调研,首先对"红旗班"的概况进行介绍,然后分析"红旗班"建设的理念与实践得出对城市如何做好城市精细化管理提供经验与启示,最后进行总结与未来展望。

关键词:红旗班;精细化管理;红旗精神;数字化治理

"当代中国的快速城市化推动了城市规模的持续扩张,城市发展正在由过去的外延式扩张逐步转向内涵式发展"[1],这一变化提出了城市管理转型升级的要求。党的十八大以来,党和国家对城镇化和城市工作等作出了重要部署和安排,体现了对城市管理工作的高度重视,为新时代城市管理指明了方向,也推动了城市管理的转型升级。

一流的城市要有一流的管理。习近平总书记在参加上海代表团审议时强调,"走出一条符合超大城市特点和规律的社会治理新路子,是关系上海发展的大问题。城市管理应该像绣花一样精细"[2],提出了城市精细化管理的重要论断。与传统模糊的、随意的和粗糙的粗放式管理不同,精细化管理是城市管理理念的根本性转变,需要更加精细、科学和标准的运作机制和执行措施。[3]响应习近平总书记的号召,杭州在细小处做"绣花"文章,结合现代科技手段,建设城市大脑,在下城区"两广一路"实施城市精细化管理,成立"红旗班"。传统的环卫工升级变身协同机器、智能化的城市管家,通过运用传感器、算法及大数据等技术,实现足不出户掌握区域"风吹草动",并及时协调相关部门进行处理。

一、"红旗班"主要概况介绍

(一)"红旗班"含义与起源

为充分贯彻落实中央城市工作会议的精神,杭州市于2020年启动了"美丽杭州"创建暨"城市环境大整治、城市面貌大提升"百日集中攻坚行动,下城区立足"杭州的心、城市的眼"的区域定位,对标国际化都市先进标准,围绕"干净、整洁、美丽"的理念,以"绣花"功夫开展十大专项整治行动,补短板、堵漏洞、强弱项,着力提升城区现代化治理能力,改善城区环境面貌,不断提高群众获得感,不断加快城区治理体系和治理能力现代化的迈进步伐。2020年4月底,下城区以"红旗精神"为引领,在"两广一路"(武林广场、西湖文化广场、延安路)区域试点成立全省首个城市精细化管理"红旗班",成功打造下城区精细化养护品牌。

"红旗班"以一块阵地、一个平台、一支队伍、一套标准等"四个一"形式开展工作。一块阵地就是建立一个城管驿站为"红旗班"一线阵地;一个平台是在云上城管基础上,在联建阵地建设二级指挥平台,建立街区三维电子地图,实现城市部件电子化,同时利用智能设备发现问题回传并联动解决,实现城市事件实时化;一支队伍为在城管局职工中挑选专业人员组成专班,负责延安路街区精细化管理日常保洁作业、市政、序化、亮灯、垃圾分类、绿化等问题协调处置;一套标准是探索形成一套标准化作业模式及规范化管理标准。围绕服务全区纵深推进全域中央商务区目标,打造下城区城市管理精细化养护品牌为出发点,通过延安路街区"红旗班"专业化作业,达到城市管理精细化、数字化、机械化、标准化、一体化、区域化的管理总目标,从而使该区成为第一个升级环卫作业岗位开展综合性城市管理服务的城区,软硬结合,精细高效地把下城区城市保洁提升到城市管家的服务新高度。

(二)"红旗班"管理模式的创新之处

1."作业"转型"服务",实现三重突破

之前的环卫工作更多的只是负责城市的卫生状况,而"红旗班"的工作内容扩展到了市政、序化、亮灯、交通、停车、绿化、垃圾分类等方方面面,并且还联动交警、住建、数管、街道等横向部门,从传统作业向服务转型,实现三重突破。

(1)架构重组,构建区域化新型管理模式。"红旗班"以区域一体化城市管理为总方向,构建起由区城管局牵头部署,住建、交警等部门协作联动,属地街道协助配合,作业班组落实任务的总框架。通过原环卫作业岗位职能升级,形成由"红旗班"统一运作的"跨岗位、跨领域、跨部门"多元服务的新型城市管理模式。

（2）流程重构，打造一体化运作管理闭环。在实际运作中，"红旗班"牵头协调处置各类城市管理问题，信息采集来源主要为智能发现、人员巡查、上级交办、群众反映等四大类。问题信息一经受理即刻分类进入两组管理闭环：一组为限时整改流程，例如，指挥平台问题限时整改，巡查发现问题即查即改，养护、执法、维修等问题出动专业班组整改；另一组为协调整改流程，即区域内发现的跨部门问题第一时间联动处治，例如住建管辖范围的绿化问题、交警管辖的交通秩序问题等。

（3）机制重建，形成标准化长效管理体系。以杭州市中心城区为定位，以破解各类城市管理热难点问题为抓手，设置了问题协调、定期会商、数据管理等三大标准化机制，推动形成长效化管理体系。例如，问题协调机制通过构建"发现—流转—处置—反馈—评价—考核"运行模式，实现重点问题的联合执法、集中整治；定期会商机制通过多部门集体会商、分析研判、现场协调，形成快速有效的处置措施，针对性破解多发难点事件；数据管理机制通过建立区域内城市部件和事件的基础档案库与数据库，辅助人工管理，提升管理绩效。

2."蓝领"晋升"灰领"，变身城市管家

（1）队伍配置全面升级。原"两广一路"区域共有环卫保洁人员35人，通过岗位升级，在城管局内部和市场进行公开招聘，所有人员竞聘上岗，组建一支25人的"红旗班"城市管家队伍，人力成本较过去减少10人。同时，加强专业化队伍建设，全面提升城市管家工作人员的薪酬，加强在岗人员教育培训，从传统的"蓝领"工人转变为协同机器、智能设备的"灰领"工人。

（2）作业标准全面提升。试点区域内，"红旗班"在管理内容全面扩增的同时，各类作业的标准和问题处置时效也全面提升。例如，道路保洁以"席地而坐"为标准，人工普扫、机扫频率全面增加，城市家具保洁每日冲洗；道路巡回涵盖市政、绿化、河道等综合城市管理问题等。

（3）考核管理全面升级。在原有环卫保洁人员考核体系上，根据城市管家的作业要求和市区考核办法，建立"红旗班"绩效考核制度，定期对各成员单位工作落实情况进行综合评定，结果列入全区城市管理目标考核，不断提高"红旗班"管理区域环境品质，持续提升居民群众幸福感。

（4）作业装备全面升级。将原有的"一把扫帚清扫"模式升级为5G无人清扫＋多样化高效机械清扫模式；引入100度蒸汽消杀和污渍清除技术，实现高级别、高效率的城市家具保洁。另外，背负式吸尘器、热水高压清洗设备、管家式保洁车等各类器具一应俱全，全面提升区域化科技作业水平。

3."平面"上升"云端",插上智慧翅膀

与传统的环卫工作相比,"红旗班"在其信息化、智慧化及多样性上进行了彻底的改头换面。针对道路健康、非机动车违停、占道经营等问题,以智能化信息系统为支撑,联合公安、交警、住建等多个部门,构建了道路健康生态检测系统、非接触性序化管理系统、动态感知检测管理系统和作业全程计时系统等,进一步推动城市的精细化管理。

(1)构建道路健康生态检测系统。搭载下城区"云上城管"智慧平台,在试点区域构建升级版智能指挥平台,同步植入道路健康生态检测系统。该系统为我国首个在城管领域的区块链应用,运行原理是将智能硬件、互联网以及人工智能技术结合起来,进行快速准确的市政道路行驶质量检测。用智能手机将数据采集完成后发送到云端。在云端,基于规则和机器学习方法对上传的海量数据进行处理,准确分析出问题的程度和类型,再基于 GPS 信息给出问题的位置,可实现路面超高精度健康状态的实时监测,即可实现对区域内道路的坑洞、沉陷、裂缝等 16 种病害进行实时监测,从而不断完善城市道路生态系统。目前,已在 100 台出租车内植入系统,截至目前已经获得道路数据公里数超过 126 万公里,分析后数据准确率达到 98%。该应用的数据分析将作为"红旗班"区域路面考核的依据,也是下城区路面考核评价体系的最高标准。

(2)构建非接触性序化管理系统。通过数字赋能,对"云上城管"的 AI 指挥系统再次升级,接入 AI 监控 26 路,成功将原有的平面监管提升为"云端"全方位的城市管理。升级后,进一步扩大问题自动发现区域范围,拓展违规宣传物、沿街晾挂、人员聚集等场景识别能力;完善事件处置流程,对处理对象设置 7 分钟宽容提醒,实现违规行为自行整改复核,提升问题从发现到整改完毕全过程的自动化程度。以人行道违停举例,AI 监控智能发现后,自动获取车牌,确认后车主会即刻收到违法停放短信,7 分钟内自动驶离则不进行处罚,实现非接触执法的人性化管理。

(3)构建动态感知检测管理系统。对试点区域内的果壳箱、树穴等各类城市部件安装报警传感装置,可实现问题的实时监管、报警。目前,"两广一路"区域的 73 只果壳箱、193 个树穴、7 段共 375 米护栏、4 个宣传栏、35 个停车场、41 个立面幕墙均已纳入实时监管;其中,果壳箱全部安装满溢报警传感器,立面幕墙和店招广告安装倾斜角智能传感器。

(4)构建作业全程计时系统。计时系统可实现量化考核,全程作业以 5 分钟为时限标准,问题处置分类精准计时,大幅提升"红旗班"的问题处置率和及时率。例如,接到系统报警后,果壳箱的问题处置在 2 分钟内完成,树穴 1 分钟完成,全天作业计时到人、计时到事,有效提升区域内标准化、精细化管理水平。

二、基于城市精细化管理视角的杭州市下城区
"红旗班"建设的经验与启示

(一)以人为本:立足人文关怀的出发点

人民立场是中国共产党的根本政治立场,正如习近平总书记所强调的"人民的城市为人民"。"以人为本"应该是建设与治理任何一座城市的应有之义和初心所在,因此,新时期中国城市在向精细化治理转型的过程中应紧紧守住"以人为本"这一出发点。城市规划、建设和管理都必须坚持"以人为本"的发展理念,要将"以人为本"落实到城市工作的各个环节和各个方面,让城市的精细化治理更好地满足人民的美好生活需要。

面对新时代、新方位,杭州城市管理工作面临着新形势、新任务,肩负着新使命、新担当,承载着新作为、新荣光。特别是城市管理工作要围绕建设一流城市目标,牢牢把握已经发生变化的社会主要矛盾,着眼于城市管理让生活更美好,树立为人民管好城市的理念,加大精细化管理力度,为满足人民日益增长的美好生活需要、让人民安居乐业营造良好的城市环境。位于下城区的"红旗班"秉承精细、精准、高效的理念,坚持把精细化管理做实,真正将城管功夫练到"像绣花一样精细"。"红旗班"实现重点问题的联合执法、集中整治,提升管理绩效,破解了违法停车、乱扔垃圾、卫生死角等多个市容乱象,实现该区域环境问题综合治理,体现了下城区城市保洁的最高标准、最好服务水平。此外,"红旗班"全体人员传承发扬党的光荣传统和红色文化,树立"忠诚守正,恪尽职守"的理想信念,发扬下城区城管局众志成城、锐意进取的优良传统,用自己的行动让杭州市百日攻坚工作向纵深发展。

(二)科学管理:强化城市管理的制度标准

城市精细化治理要落到实处离不开相关制度体系的建立健全,也离不开清晰明确的管理标准与指标,制度建设为精细化治理提供基本的运行框架,而管理标准则为精细化治理提供清晰的参照体系。"红旗班"以杭州市中心城区为定位,打造一体化运作管理闭环,形成标准化长效管理体系。

除此之外,"红旗班"强化科学管理,提升队伍建设的专业化水平,内部的所有环卫保洁人员都是在城管局内部和市场进行公开招聘,实行竞聘上岗,岗位的升级也提高了上岗人员的硬性要求。"红旗班"还在原有环卫保洁人员考核体系上,根据城市管家的作业要求和市区考核办法建立了绩效考核制度,定期对各成员单位工作落实情况进行综合评定,结果列入全区城市管理目标考核,不断提高"红旗班"管理区域环境品质,持续提升居民群众幸福感。

(三)科技支撑：助力城市管理的智能化

"深入应用现代信息技术，推动城市的智能化和智慧化管理，是城市精细化管理的必选动作，也对精细化管理形成了重要支撑，正如帕利维（Dunleavy）所言，信息技术与系统在公共部门的管理改革中起着至关重要的作用，在数字时代，高科技和智慧化手段的应用是城市精细化治理所不可或缺的重要支撑和基础，其有助于提升城市管理者对于城市发展态势与各类信息的感知能力和预测能力。"[4]

"红旗班"采取"人机结合"新模式，实现"席地而坐"高标准，"红旗班"共有员工 25 人，配备 20 多台机具车辆设备。通过"冲洗＋机扫＋人工"作业模式，首先洒水车对主次干道进行大面积抑尘作业，随后护栏清洗车对道路中央交通隔离栏进行立面擦洗，并利用洗扫车喷头装置对隔离栏底部进行平面冲洗，最后由保洁员进行人工辅助保洁，并彻底清扫积水和残留杂物，同时将清洗范围延伸至人行道，实现整条道路的全区域冲洗和保洁。相比于传统的保洁，"红旗班"作业实现了无垃圾、无污渍、无积水、无死角，根据街面环境情况动态进行清理和消毒，使用高温高压清洗车在一分钟内迅速把水加温到 95 摄氏度，即使不用化学药品，也能杀菌消毒，既提升了保洁效率和质量水平，也减轻了人员的工作负担。

此外，"红旗班"管理平台利用大数据强化数字化城管系统，构建了道路健康生态检测系统、延安路非接触性序化管理系统、动态感知检测管理系统和作业全程计时系统，充分发挥"大城管"格局下的高位监督、指挥协调等作用，切实提升察觉、处置问题的效率和效能，全面整合户外广告、环境卫生、城管执法等业务平台，积极与社会治理平台对接，立足市民生活、市场运营、城管执法的实际需要，实现数据联通、资源共享。

(四)社会参与：形成多元共治的治理格局

习近平总书记在党的十九大报告中提出，"要进一步加强和创新社会治理，努力打造共建共治共享的社会治理格局"。一座城市的精细化治理同样不应是政府的"独角戏"，而应是公众、社会组织乃至企业等社会力量共同参与的一场"大合唱"。"多元主体在城市精细化治理中协同合作，有助于降低行政部门的管理成本和城市更新建设的阻力，并提升精细化治理的社会认同感。"[5]

"红旗班"成功打出了下城区精细化养护品牌，将管理职能从原有单一环卫保洁扩容到市政、序化、亮灯、交通停车、绿化、垃圾分类、公厕等 12 个领域，并打通交警、住建数字城管、属地街道等部门的横向联动，也让下城区成了第一个升级环卫作业岗位开展综合性城市管理服务的城区。此外，还引导更多的城市主体参与到城市精细化治理的制度设计中，如"红旗班"应用的 5G 扫地机器人就是由未来已来科技有限公司提供的，"两广一路"红旗班管理平台系统由杭州绿中游智能科技有限公司在助力城市精细化管理的基础之上倾力打造而成，公司还在 2018—2019 年期间推出了"云上城管数字化城市管理服务平台",引入社会资本、调动社会组织的治理热情,降低城市治理与服务成本,提高整体的运行效率。

三、小结

"红旗班",城市精细化管理的一次创新实践,在科技助力城市管理智能化的同时,进一步科学管理,强化城市管理的制度化和标准化,最大限度地引进社会力量,以人为本,从细节入手,从小处着眼,下大决心,花大力气,不断提升城市治理现代化能力水平。城市精细化管理应秉持科学理念,将新技术手段与城市管理、社会治理深度融合,形成技术、制度等层面的有效创新,让数字化融入市民日常生活细节,实现"一屏观天下、一网管全城",并下足绣花功夫,坚持以人为本,充分提升城市综合管理服务水平,切实提升人民群众的获得感、幸福感、安全感和满意度。随着城市精细化管理的持续推进,在未来,传统的"智慧城市"将朝着"超级智能城市"方向发展,并得以实现,使得城市更加融合与一体化,更好地相互融合协作,打造更高质量的幸福生活,实现价值最大化。

参考文献

[1]陈水生.超大城市空间的统合治理——基于北京"疏解整治促提升"专项行动的分析与反思[J].甘肃行政学院学报,2019(4).

[2]习近平总书记在参加上海代表团审议时强调:践行新发展理念深化改革开放加快建设现代化国际大都市[OL]. http://www.eslzw.gov.cn/2017/0306/541627.shtml,2017-03-06.

[3]韩志明,黄扬.现代城市治理的精细化之路——以上海市为例[J].公共事务评论,2019.

[4] Dunleavy P. Digital era governance:IT corporations, the state, and government [J]. Oxford:x ford University Press,2006:3852.

[5]韩志明,黄扬.现代城市治理的精细化之路——以上海市为例[A].湘潭大学公共管理学院公共事务评论,2019.

美丽乡村背景下祝温村庭院建设的调查研究

作者:叶韩薇　班级:A19 药学 3　指导教师:王建友

摘　要:美丽乡村关乎社会经济发展,更是顺应群众企盼,而美丽庭院创建作为美丽乡村建设一项重要内容,也是当下提升人居环境的热门举措。自美丽庭院创建以来,祝温村结合"五 3"创建中心工作,围绕创建目标,全面发动,推动创建美丽庭院,真正实现美丽庭院全域打造。然而,在当前庭院建设工作中,仍存在村民积极性不强、建设标准不高、创建特色不足等薄弱环节,需要进一步采取针对性措施。本次调研立足于美丽乡村建设,对祝温村美丽庭院建设情况进行调查研究,通过总结现状、分析问题、提出建议,来探索美丽庭院新策略,助力美丽庭院新样貌。

关键词:美丽乡村;庭院建设;祝温村

习近平总书记在党的十九大报告中强调要"实施乡村振兴战略",在中央农村工作会议上深刻阐述了什么是中国特色社会主义乡村振兴之路,怎样走好中国特色社会主义乡村振兴之路,并提出了"产业兴旺、生态宜居、乡风文明、治理有效、生活富裕"的总体要求。[1]自《中共中央国务院关于实施乡村振兴战略的意见》发布以来,乡村振兴已经取得重要进展,美丽乡村作为乡村振兴战略实施的一个重要内容,是推进农业农村现代化、实现乡村全面振兴的必由之路。

近年来,祝温村积极建设富含浓厚文化气息的美丽乡村,强力推进农村人居环境整治工作,尤其是在美丽庭院建设方面,祝温村紧扣美丽庭院全域村创建目标,全民参与,扎实有序推进各项创建工作,助力乡村振兴。一个人和、景美的新农村形象正流淌着新鲜的血液,谱写着新时代乡村振兴的华丽篇章。

本次调研以美丽乡村示范村祝温村为案例,上虞区妇女联合会牵头组织,从庭院建设角度入手,通过问卷调查、实地考察、对比探寻、牵头组织和寻访等手段,深入调查研究该村美丽乡村庭院建设基本情况、优势做法及正面影响,深刻领悟美丽乡村示范村——祝温村在乡村振兴方面开拓的先进思路和创新方法,剖析美丽乡村建设背景下该村庭院建设发展中存在的不足。本文将结合祝温村美丽庭院建设情况阐述其发展现状和积极意义,并针对当下存在的问题提出解决的具体措施,为推进祝温村美丽乡村规划建设建言献策。

一、祝温村概况及庭院建设的基本情况

祝温村地处省级中心镇——绍兴市上虞区崧厦街道,区域面积1.7平方千米,下辖10个自然村,总人口1825人。祝温村原来是虞北的一片滩涂,交通闭塞,发展缓慢,集体经济薄弱。后来,在村党总支书记杭兰英同志的带领之下,把发展经济、改善生态作为重点,通过因地制宜,实现农村产业发展。经过几年努力,如今的祝温村已成为生活宽裕、乡风文明、村容整洁的样板村。

该村全村建设公共休闲绿地3600平方米,318户农家建起了庭院绿化,人均绿化面积18平方米。"十三五"以来,祝温村认真贯彻区农业局、区妇联对美丽乡村建设工作的各项决策部署,围绕"五星达标3a争创",由点及面、串点成片、不断向全域拓展美丽乡村建设,人文特色鲜明、人居环境优美。走入祝温村,可以见到宽敞平整、绿植围绕的柏油马路和绿意盎然、特色鲜明的农家庭院,这些既是一派乡村好风光,同时也是几年来该村美丽乡村建设所创造的一幕幕新景。

二、美丽庭院建设在祝温

在学习考察过程中,能够亲身体会到,在美丽庭院的组织创建工作中,祝温村已然摸索出了一条有效创建美丽庭院的特色道路,并且形成了"一村一韵一院一景"的美丽乡村状态。客观来讲,祝温村的文化底蕴深厚,村内景色优美,与周边多个村庄相比,其人文积淀、美丽建设拔得头筹,尤其是在美丽乡村建设上,它在发展理念和推进方式上都能一马当先。因此,祝温村能够成为全国文明示范村是有迹可循的。就庭院建设方面,祝温村更是在上虞区处于领先建设的队列,以下是一些值得学习与借鉴的地方。

(一)祝温村的美丽庭院建设的特点

1. 党员干部把头带,特色庭院广种栽

祝温村曾以"我有一方庭院,胜过诗和远方"庭院打造比赛为抓手,融合精品村项目,在村两委干部、党员、村民代表带头下,先行一步开展自家庭院建设,对全村墙面、节点、庭院等进行改造建设。经过特色打造的庭院都有自家特有的庭院主题,例如"仲夏之夜""云韶居""梦鹿舍""宽石小院"等,这些主题具有较强的艺术感染力,让人不禁通过主题文字联想到各家庭院绿化的装饰主景和配景。例如"仲夏之夜"一住户,便是在

庭院搭配了一木制凉亭,以此作为主景,周围再栽上高低绿树,再配上体量高低、大小位置、花色外形不超越凉亭、绿树的花卉,微风吹过,清香扑鼻而来,让人陶醉其中。这些庭院的搭配与鲜明的主题搭配起来,相互衬托,主次分明,使得宅中有屋、宅中有景。

2.栽树种花美环境,空地绿化加盆景

树木、花卉和绿化具有组景赏景、改善生态环境的作用。祝温村利用这一作用,并根据当地的气候条件,将各种不同种类的树木、花卉和绿化依庭院空间特点进行合理布局组合,满足庭院的常规功能,使人能从庭院中领略到花草树木的自然美;同时,绿色植物能进行光合作用,吸收二氧化碳,放出氧气,使空气清新,为生物体和人类提供物质和能量的来源。此项措施,满足了绿植美化和大自然净化的双重作用。

3.旧物废物不扔掉,巧妙创意都变宝

祝温村村民在庭院建设时,将包装箱、轮胎、易拉罐等废旧材料再次利用,制作成装饰品、花盆等后,再将其巧妙地融合在庭院装饰中。这些旧物的二次利用不仅有效地对废弃物品进行了回收利用,也激发了村民变废为宝的设计创意,无形中提高了村民们勤俭节约、低碳环保的意识。

(二)祝温村在新时代美丽庭院建设中的措施

1.举办美丽庭院打造大赛

作为全国乡村治理示范村,祝温村以"小投入、效果好、可复制"的创建模式,率先在崧厦街道内开展绿色庭院美化行动,进行美丽庭院全域提升村的建设。村内广大妇女出谋划策美化庭院,共建共享美丽生活。祝温村每年按实际情况评选出的美丽庭院,借助抖音、公众号等媒体进行推广,并组织外来村民参观,让人们切身感受到了庭院实地建设的美丽样貌。

2.实施庭院维护"绿币计划"

"绿币计划"是以广大农户建成美丽庭院为目标,通过设立"绿币兑换超市",出台的"绿币"兑换制度。祝温村美丽庭院督导队作为评分者,定期检查、评分、发放"绿币"奖励村民,村民可凭"绿币"到"绿币兑换超市"兑换洗洁精、牙膏、肥皂、沐浴露等生活用品。"绿币计划"以其高效优质的特点,成为美丽庭院建设长效机制的一个重要举措。

3.开展庭院建设业务培训

许多村民虽知道如何绿化,但却不知道如何养护花草、维护庭院,最后美丽的庭院常常遭到荒废。因此,祝温村邀请上虞区妇女联合会相关人员定期开展常见绿化种植维护培训,包括庭院打造、花卉种植、花草搭配、绿植养护等内容,用丰富的照片资料、实用的建议妙招,让大家从中受益,提升更多美丽庭院建设的能力。

4.分发庭院装饰鲜花种子

为了让美丽庭院的概念更加深入人心,祝温村从小处入手,针对农户绿化的实际情况,给村民精心准备 400 株免费的鲜花种子。村民们通过发挥个人主观能动性,把 400 株花苗种植在河道两边的绿化带旁,以"小家"美带动"大家"美。小小的种子,不仅增强了群众用花草装饰庭院的意识,也提高了村民参与美丽庭院打造的积极性。

三、美丽庭院建设的积极影响

对于祝温村而言,美丽庭院建设也像全国其他示范村的庭院建设一样,营造了"整洁美、卫生美、绿化美、文明美、和谐美"的氛围,这些都给农村、农民带来了很多积极的影响。

(一)提升了居住环境,改善了村容

通过实地考察发现,祝温村的整体村中美丽建设成效良好,包括道路整修、公共绿化、基础设施等都相对完善,但是,由于住户庭院内的个人卫生的不良建设,导致了庭院外部一些公共环境相继遭到破坏。祝温村遵循美丽庭院建设的六大标准,将屋内垃圾废弃物进行分类投放、房前屋后的生活农田用具摆放整齐、绿化带合理布局、利用废弃物品变废为宝,使得院内景致错落有层次,院落设计有特色。该项举措践行了低碳减排的理念,进一步提升了祝温村家庭环境卫生,让院内院外同步整洁,村民能够共享美丽环境。

(二)提升了群众幸福感,和睦了家庭

从上虞区妇联办公室的采访中得知,美丽庭院建设是一项有益家庭关系和谐的活动,例如从青春期孩子帮助父母打造美丽庭院,主动出谋划策打破交流僵局的故事能够很好地反映美丽庭院建设的积极影响,让家庭成员经常沟通交流,促进家庭成员的和睦相处。

走进祝温村,能够看到农户们用心收拾的院子,很多住户房前屋后的花草装饰令人赏心悦目。美丽庭院的建设工作在祝温村内倡导科学、文明、健康的生活方式,王茂桃住户提起庭院环境的变化后,十分开心地说:"现在村里变化大了,房屋前后都种了很多花草树木,院内也收拾得很干净,每天早上醒来照顾照顾花草,一天的心情也会变好。"房前屋后的花草种植,庭院内部卫生的局部提升,这些都能够让农村居民的环境有所优化,让农村人民感受到城市一般的优良环境,也让群众的获得感、幸福感得到进一步提升。

(三)留住了乡愁,体现了文化

根据调研发现,祝温村内绝大多数都是本地住户,每家每户都有自己的家庭故事,这些家庭故事可以通过美丽庭院的建设提炼留存。深入挖掘这些庭院内的文化内涵并进行进一步的建设,能够让家庭故事不断延续、不断传承,让庭院成为家庭文化的载体,有利于让美丽乡村的建设景色更美、情感更浓、意义更深。

(四)提供了借鉴意义,影响了周边村

根据研究分析,美丽庭院建设展示着当地独特的美丽乡村文化,也体现着一个村庄里面百姓的价值观,祝温村这样的建设理念和建设措施积极地影响着周边的村庄,例如金中村、潭许村等,其中潭许村以党群活动中心为辐射,也有序地开展美丽壁画、庭院整修的建设,这对美丽乡村全面建设具有极大的借鉴意义。

四、当下庭院建设存在的问题

(一)群众参与积极性还不够高,存在上头热、下头冷的现象

目前,祝温村妇联积极号召群众参与美丽庭院建设,大部分农户也知悉美丽庭院创建工作,并能按照要求参与建设工作,但不少居民将观念停留在"上面下达我再去做"的层面,认为院里的事是家庭妇女的事,导致工作被动应付,欠缺主动去打造美丽庭院的决心与态度。

(二)部分美丽庭院建设标准不高,缺乏成熟的标准体系

根据调查,祝温村居民多以老年人为主,许多农户受思想观念和生活习惯的影响,庭院装饰的品位较低,庭院基础卫生较差。经过建设,虽然很多庭院已经达到了整齐干净的要求,但是离美、景、韵的标准还有较远的距离,美丽庭院的颜值有待进一步地提升。

(三)美丽庭院创建特色不足,缺乏精细化亮点展示

由于祝温村内缺少像园林设计公司、庭院设计团队或者专业老师定期的专业培训与指导,居民的庭院缺乏持续化的亮点,缺少绣花式的"精雕细琢",虽然在设计之初有一定的亮点所在,但长期下去,如果全由住户村民进行全方位的装饰改造,容易出现庭院建设反弹和回潮现象。

五、针对庭院建设存在问题的解决办法

乡村振兴和农业农村现代化是"十四五"规划的重要内容，必将在未来五年内取得重大进展。根据上述反映的基本情况以及调查发现的各种问题，深入推进美丽庭院建设、深化农村人居环境整治应该继续立足实际问题，针对问题提出解决办法，并保持常态长效。因此，助力祝温村美丽乡村创建的工作需要在以下方面进行进一步的落实。

（一）进行妇女团建，发挥女性在家庭中的独特优势

农村妇女在家庭中拥有独特的优势，她们是从事家务劳动最直接的承担者，同时也是创建净美庭院、打造美丽宜居乡村的重要参与主体。因此，在庭院建设过程中可以积极引导妇女，让她们以主人翁的姿态投身于美丽庭院创建行列。只有妇女们提升了创建意识，营造了良好的氛围，再带动家庭其他成员共同参与，才能使庭院建设活动成为全民性的建设工作。同时，不同住户之间的妇女可以相互交流，能够形成共建共享、共同关心支持美丽庭院建设的浓厚氛围。积极引导农村妇女带头参与农村人居环境整治行动，充分发挥家庭联动效应，对于调动村民建设美丽庭院的积极性，形成共治合力，推进农村庭院环境的有效治理，都具有非常重要的意义。

（二）发挥自媒体优势加大宣传，引导广大居民扮靓自家庭院

随着全民互联网时代的来临，自媒体越来越火，并且逐渐成了推动宣传工作的主要媒介。研究表明，"大众传媒在乡村振兴过程中具有重要作用，已成为乡村发展的重要支撑，不仅是乡村产业振兴的助推器，有助于农村农民媒介素养的提升，更在乡村文化创造性转化发展中发挥着重要作用"[1]。为充分提高居民参与建设的积极性，祝温村党群服务中心可以借助祝温村美丽庭院微信公众号、微信群、抖音号等，通过广泛的宣传发动，调动村民投身建设的积极性，增加居民们差异建设的交流，让美丽庭院创建工作成为家喻户晓的创建型工作，从而为全面掀起美丽庭院创建提升奠定良好的舆论氛围。

（三）评选奖励齐并进，提高村民参与积极性

祝温村可以每一季度在村内部开展美丽庭院评选考核活动，以擂台赛、摄影赛或随手拍形式，开展寻找"十佳美丽庭院"的活动，村民以"一户一票"制进行评选，通过找—晒—评的方式，评选出当季"十佳最美庭院"。村党支部可以用生活用品等奖品奖励十佳最美庭院的住户，鼓励美丽庭院创建再接再厉，充分调动全村人民建设积极性，从而达到庭院优质化的良性循环。

(四)有机结合常规工作,使庭院建设融入生活

在新时代背景下,乡村志愿服务的发展是乡村精神文明建设成果的一大突出表现。乡村志愿服务对于服务农民和乡村,协调乡土社会各方关系,助力推动乡村振兴起着重要的作用。根据了解,祝温村会举行不少志愿服务、主题日活动等常规性活动或者工作,而村妇联以及党群活动中心可以利用这些志愿活动,将庭院建设与其有机结合,以活动的形式在村内进一步展开建设。例如,祝温村可以在开展常规志愿服务时加入帮助孤寡老人打扫庭院卫生这一项附加项目,充分利用乡村资源,切实解决困难群众的难处,提高农村群众的文明素养,加快全村庭院建设的进度,从而带动更多的人回归庭院、投入庭院,使得庭院建设成为常态化、长远性的创建工作。

(五)引入专业力量,为广大庭院注入亮点

"目前,现代园艺技术在乡村景观设计中具有独特的地位与优势,借助现代园艺技术的设计与发展理念,为乡村宜居环境建设、美丽乡村战略实施提供了有力保障。"[2]因此,积极引入专业力量,引入庭院、园林等设计团队的专业力量组织开展美丽庭院创建工作的指导和培训,可以让庭院建设项目具有更强的落地性、参考性、持久性,用专业的力量为庭院注入长时间的活力,也让农村的庭院建设在具有高颜值的同时兼具高品质的特点。

(六)创建村内美丽庭院示范带,以片带全发挥示范工作

祝温村按照区妇联要求积极打造美丽庭院时,可以以"人美、院美、村庄美"为标准,持续深化美丽庭院创建工作,打造一条精品庭院示范带,重点培养美丽庭院中心户、示范户,发挥整个村内的榜样引领和带头示范作用,并依托祝温村特色文化,打造乡村民风民俗类美丽庭院,集中体现本村的优质建设、文化历史等特点,形成具有祝温村特色的群众性创建活动品牌,从而带领全村人民广泛参与庭院创建,推进美丽乡村的文明风尚建设,助力乡村振兴战略实施。

六、小结

祝温村作为全国文明村、全国第一批绿色村庄,其村内的建设环境一直以来都是村内村外的骄傲。一直以来,祝温村就注重美丽乡村的建设,致力于打造生态花园。对于美丽庭院建设,祝温村将其作为美丽乡村建设的细胞性工程,在注重以点带面的同时,着重抓好精品户建设,打造村内示范美丽庭院,以"小家美"带动"大家美",进而推动美丽乡村建设工作不断深化。美丽庭院是美丽乡村的缩影,更是乡村振兴的缩影,它不仅

体现了美丽乡村建设的工作成效,也是人们物质文明与精神文明的载体,经过多年发展和不断实践,祝温村已然成为一个人和景美的新农村。希望祝温村能够继续做好美丽庭院全域村提升工作,齐心协力创造和谐生活,让美丽庭院成为祝温村未来农文旅游发展的一道亮丽风景线,为乡村振兴美丽画卷添上浓墨重彩的一笔。

参考文献

[1]柳华.大众传媒促进乡村振兴的作用与路径研究[D].湖北民族大学,2021.

[2]赵军.浅析乡村振兴背景下的园林景观设计与现代园艺技术的结合[J].现代园艺,2021,44(23):3.

"村改社"背景下城市社区治理问题探究与创新治理方法探索

——以五里牌社区为例

作者:汪嘉璐　班级:A19 英语 2　指导教师:顾协国

摘　要: 五里牌社区坐落于浙江省台州市黄岩区北城街道,是一个成立不足两年的新社区。作为"村改社"社区,五里牌社区因其特殊性在社区治理实践中遇到不少难题。本文从居民生活角度出发,着重探究了在社区治理过程中作为治理主体的居民与居民委员会自身存在的问题与实际遇到的问题,以及这些问题形成的深层原因和可行的对策,希望借助细致的调查研究助力提升五里牌社区的治理效能。如何完善社区工作建设,提升社区服务功能,优化社区环境,推动社区全面发展并建成新型社区,是五里牌社区现存主要问题的指向。

关键词: 社区治理;治理机制;治理主体

随着中国特色社会主义发展进入新时期,改革开放不断深入,经济稳健发展,人民文化生活水平不断提高,以及城市化建设进程加快,越来越多的人民群众成了社区居民、小区居民,城市化水平不断提升。社区居民对所在社区的社区服务、社区安全、居住环境、文化休闲生活、医疗卫生等方面的要求越来越高,社区规划与建设、管理服务与规范之任务的重要性越来越突出。

为了探究如何进一步助力社区工作建设,完善社区服务功能,优化社区环境,整治社区治安,推动基层党的建设、经济建设、环境建设、文化建设、平安建设以及社会管理的全面发展,加快建设管理有序、服务完善、文明祥和、高效联通的新型社区,我们来到黄岩区北城街道五里牌社区展开调研活动。

作为新兴的"村改社"社区,五里牌社区是一块社区治理的"试验田"。为了更好地了解五里牌社区的综合情况与治理现状,调研采取走访、参与工作实践、征求意见和建议、外出参观学习等形式,并在展开调研活动过程中充分听取单位和居民各方面意见,力求仔细、深入地研究社区中现存的一些问题,并提供可能的解决方案。随着实践不断深入,发现最能满足短期调查与观察的,同时也是富有冲击力、相当有研究价值的,更是社区工作焦点的,就是居民生活。故而从居民生活出发,通过典型案例分析该主题下的几个主要问题,力求为社区治理的主要方面提供新思路。

一、发现问题、走近问题——社区背景简述

(一)五里牌社区"村改社"史

原五里牌村地处黄岩北大门,由冷殿、屋基园、五里牌街等三个自然村落组成,是北城政治、文化、交通的中心。全村原有土地面积 900 多亩,住户 460 户,总人口 1400 多人,外来务工人员 2000 多人。村集体经济收入 130 多万元,村民人均纯收入 7000 多元。

为贯彻落实党的十八大和十八届三中、四中全会精神,创新农村基层社会治理,提升农村公共服务水平,促进城乡一体化建设,五里牌等行政村被改设为农村社区,城镇化脚步逐渐加快。发展方向的创新意味着实施举措的创新,"村改社"举措中的一个重要内容就是"村改居"。自 20 世纪 90 年代以来,我国逐步开始"村改居"工作。"村改居"是指农村地区建制实施"农转非",农民的农业户籍转变为非农业户籍,将村民委员会这一基层自治组织改变为社区居民委员会。由于农村的产业结构和生活方式在城镇化进程中发生着巨大变化,"村改居"这种新发展起来的社区模式需要与之相宜的治理方式。

(二)五里牌社区现况

现在的五里牌社区成立于 2019 年 12 月 26 日,有在籍居民 1752 人、党员 68 人、社区工作者 6 名。

五里牌村原住宅楼全部拆迁完毕,遗留房屋基本为厂房。"村改社"后,原村民基本入住五里牌小区,少部分户主将多余房屋进行出租。相较于当地其他多数社区,五里牌社区的居民来源较为单一,人员组成较为简单,是一个人口密度较大、社区民意较为复杂的城乡结合型社区。

(三)由"村"到"社"的转型困境

以居民生活为中心进行分析,不难发现社区中存在的主要问题是民众难以适应从"村民"到"居民"的身份转化而带来的一系列社区治理层面上的困难。

首先,居民社区观念弱,缺乏公共意识。例如,许多居民尚未养成爱护社区卫生的习惯,有的居民高空抛物,有的居民在小区的路上随手扔垃圾,导致绿化带里垃圾遍布,垃圾种类五花八门。在"村改社"前,五里牌村民基本居住在立地式房屋中,受到"随处

抛掷垃圾直接影响自家房屋周围环境"心理的影响,或者有定时清理扔在地上的垃圾的习惯,村民们把村里生活环境的卫生维持得不差;而现在情况有变,生活习惯却没有及时转变。另一典型代表是,有不少居民在楼道内堆放杂物,甚至堵住消防通道。他们认为,户主可以决定该层空间的使用方法,他人无权干涉。

其次,旧的生活方式难以改变。小区内户户相离,层层相隔,仍阻挡不了邻里间往来。尤其是老年群体,高频度地聚集在楼底的空地上,与邻里谈天说地。成排的座椅和板凳是社区里一道特别的风景线,彰显邻里和谐,也在一定程度上影响着社区的面貌,干扰了部分居民的行动,不利于社区工作人员进行管理。

最后,居民参与基层居民自治的意识不强、热情程度不高。新的居住模式从客观上限制了社区居民之间原有的频繁交往,进而削减了居民的社区治理参与意识和热情。"村改社"后,尽管居民得以享有更丰富的社会服务,其用途还未真正深入人心、得到发扬,居民中依然长期存在着"有事找村干部"的心理依赖。

二、具体问题具体分析——从案例出发找方法

从居民生活出发看社区治理,主要可以分为三个方向,针对社区现存矛盾中的各种复杂关系展开。在"以人为本"的总治理方针指导下,可梳理出人与环境、人与人、人与社会这三个层面,它们息息相关,联系紧密,是以"居民生活"这一主题为中心辐射出的社区治理中的重点区块,具有典型性、鲜明性和可操作性。在三个方向的研究之中,针对现有案例中的一些典型及非典型事件进行了详细分析,联系事实与事件背景,由表及里,总结规律。

(一)社区环境治理中的理念冲突与机制内在动力缺乏

随着环境治理重心下移,社区环境治理的重要性愈发彰显。但在基层实践过程中,环境理念的滞后成为五里牌社区环境治理中的重难点,其次是治理主体的低效参与和治理机制运行与技术不足的问题。在此部分的探究中,结合实际阐述相关现实情况,以居民生活中最突出的环境治理问题展现主要矛盾。

1.环境变化凸显滞后理念

村改社区后,从前在村里生活,由一些村民好心喂养的无主人的狗也来到五里牌小区中,由于无人领养,正式成为城市中的流浪狗。喂狗善举延续到了小区生活中,但它们依然没有明确的主人。后有狗咬儿童事件发生,纠纷于是在家长和喂养者之间展开。从事实上来说,该好心居民所行只是善举而非履行主人义务;从名义上来说,喂养者只是喂食,并未正式收养该狗。最后,受害儿童的医疗费用完全由家人承担,狗被杀死。

在此案例中,社区在村改社区过程中对该地区流浪动物的特殊性有所忽略,因流浪

动物是公共生活范畴中默认不予管治的对象,就没有提出特定的处理方案。而在原五里牌村中,流浪动物并非纯粹完全地流浪,而是由村民共同投喂,被允许任意在不同的村民家过夜。但到了小区中,人们失去了庭院,流浪动物的生活方式不可能如前。人们管束它们的时间和空间变少,提高了在小区中引发诸如狗咬人之类的意外事件的概率。此外,物业所负职责的一部分就是保障居民安全,但物业的工作人员也默认了人与自然和谐相处,未将流浪动物视为安全隐患。在类似事件中,居民尚未养成社区治理主体意识,延续村民思维,致使同是治理主体的社区居委会被动成为其对立面,增加了治理难度。而居民与物业公司同为社区的多元利益主体,由于理念冲突亦增加了矛盾,产生了社区治理中的不稳定因素。

　　出于同种原因,家养宠物亦能引发问题。在五里牌小区里,猫狗粪便并不少见。尽管社区与物业多次提醒教育,宣传环保责任意识,仍有居民我行我素,放任宠物随地排泄,同时不承担相应的清理责任。这一典型案例同时折射出动物与环境和人与人之间的矛盾。单就这类事件的表面来看,居民素质堪忧,责任意识与环境保护意识薄弱。而且居民之间也存在跟风现象:有居民认为,别人都不清理,自己也没必要清理,就算做了也改变不了现状。这是居民方面的问题,需要他们有自觉意识和共同进步的意愿,否则难以有效解决问题。另一方面,物业和社区苦于权力小,只能使用温和的管治手段,如劝说、口头责备、张贴告示、张贴宣传单,无法软硬兼施。而温和管理手段的效果可想而知——居民们不大理会劝说教育,宠物随地排泄的情况并没有好转,甚至可能助长一些居民的逆反心理。

　　此类案例中存在的问题,在其他案例中也能发现共通之处。

　　2.社区治理机制与主体内在动力缺乏

　　五里牌小区内常有乱扔垃圾和高空抛物现象,物证主要集中在绿化带、草坪、长凳附近以及道路上,数量大,种类多。乱扔垃圾不环保也不安全,高空抛物更加不安全,还有极大可能伤及无辜,得不偿失。

　　村改社区后,居民们还没有形成完善的居民自我规范意识,没有深刻认识到乡村生活和城市生活的不同之处以及社区生活需要承担的责任义务,改变这点还需时间;社区和物业无权责罚业主,软手段效率不高,效果不大,但在这方面需要作出改变,不仅仅需要花时间打磨,还要仰赖上级的关切。

　　此外,物业雇用的保洁工作人员较少,其中青壮年劳动者占比小,加之小区面积大、楼多、楼层高,有效地维持小区环境不容易。除了雇用的保洁人员不能满足需求以外,物业对高空抛物和乱扔垃圾的问题也没有积极地关注,在巡逻时仅仅关注治安,忽略了随处可见的环境破坏行为。如果保安专职维护治安已经无暇顾及其他方面,那么物业可以安排专门负责环保督察的人员,或者将业务外包。

　　除了不按规定处理垃圾以外,五里牌社区部分居民的杂物处理也有待进步。小区中杂物乱堆放现象较多,楼道里、底楼大厅里外,时常有纸箱和其他闲置物品占据公共空间。占用公共空间的行为具有"传染性",当有其他居民对此颇有微词时,矛盾就产生。楼道里的杂物事实上阻碍了消防通道的通畅,一旦发生火灾,会滞缓逃生速度。楼底公共空间的杂物影响美观,也占据了原本给非机动车划定的停放位置和居民进行休闲活动的空间。

杂物堆放的问题会以何种形式出现、在何时出现等都是难以预料的,所以,社区工作人员只能定期检查并进行整改教育。物业则不会经常检查楼道情况,只在特定的检查如消防检查来临前配合社区做一些辅助工作。物业对楼底堆放的杂物也很少干涉,一方面是由于居民观念老旧,难以管理,且缺乏治理主体意识;另一方面是治理机制的一些环节出现问题,没有制订系统的对策。

从前在村里生活有足够的空间堆放杂物,贩卖废品也很方便,而搬到小区之后空间不足,有的居民就选择占用公共空间。有居民打算把废物囤积到一定程度后直接拿到废品厂换钱,这样没有中间商,得到的钱更多。希望物品在最后仍有所值是公民基于对个人权益理解的合理行为,但公共空间意识和公共安全意识价值更高。

(二)社区多元利益主体主导下的双重困境

社区结构分化既是改革开放浪潮中市场经济日益发展的鲜活例证,又是社会多元化发展、社区包容性增强的鲜明体现。社区多元利益体种类达到了一定数目后,不同主体间的矛盾也日益突出。由于五里牌社区是"村改社"社区,规模适中,人口成分以原村民为主,新出现的社区利益体较少,社区矛盾主要集中在居民之间,当然也不乏业主与物业公司、个体私营者和其他非正式组织之间的矛盾。

1.居民社区意识转型困境

五里牌社区的居民主要缺乏两种在社区治理中极为重要的意识:一是公共意识;二是自治意识。两者之间有着莫大的联系。

居民之间的矛盾多数本可以避免,但多数居民依然延续着私人生活独立化的乡村生活意识与习惯,并以该种意识为指导,与社区生活步入公共化的现实状况产生矛盾。对于社区住房来说,户户联结化与紧密化与乡村住房的"独栋"俨然形成巨大差别。比如,有户居民阳台上的花盆漏水,滴到了路过的居民,被滴到的居民于是泼了一盆水在前者的门口,以示警告。此案中,花盆滴水的居民既然住在高楼,就应当特别注意花盆是否漏水、是否形成高空滴水的问题,甚至要考虑花盆会不会成为高空坠物的隐患,但该居民显然有所疏忽;被滴到的居民本应去善意提醒对方,指出其错误,最多要求赔礼道歉即可,泼水行为既过激又无法解决问题,造成的影响也不如在乡村住房门前泼水一般易于解决。

一方面,对于高楼花盆的放置规范,物业应当加以关注,尽量避免不必要的伤害与纠纷。在社区居委会方面,宣传教育思想进步的步伐亦应当加快。此类矛盾纠纷的出现,究其原因还是居民意识发生转变的程度尚未适应新生活的需求。

另一方面,居民若能发挥进步的自治意识,完全可以利用居民群体自身的力量化解矛盾。五里牌小区的地下停车场原本设置了专门垃圾桶,出行的居民可以顺手扔掉垃圾,免于曲折。但在地下堆积垃圾,难免造成异味、细菌和微小生物泛滥、野猫大量繁殖等问题,对环境产生严重的负面影响。但总有居民缺乏公共意识与环保意识,为满足自己方便行事之私欲而忽视地下垃圾堆积对居民生活的潜在威胁,造成对环境保护与垃圾分类事业进程的干扰和对集体利益的伤害。在支持者和反对者各执一词的情况下,居民可以采用业主投票的方法,快速整理出民意,利用居民群体的意见解决问题,充分发扬"民主集中"的精神。

由于正确意识的缺乏造成的治理难题,就要从错误意识的源头解决。在许多居民还在适应角色转变的过程中,可以运用的解决问题的方法都是"打补丁",而补丁打得再多,也不及不再产生需要补丁的漏洞。要打破这一困境的桎梏,所有方面需共同努力,使社区居民与社区治理主体在自治与他治间达成平衡。

2.社区治理主体权责界定模糊困境

社区治理中的责权不对称问题是长期存在的。对于刚建成不久的五里牌社区来说,社区治理权责失衡是一大困扰。但该问题直接关系到部门间的牵制推诿,公共责任体制与制度规范,单一社区的力量无法在一时间问责追溯,明晰各方职能定位与责权范畴。

当出现因权责界定模糊或失衡而无法在权力范围内解决的问题时,治理者就有必要借助威势更大的权力,对过错方进行惩治。成社不久,有业主将房屋出租给单位,该单位在出租房里大办食堂,乱排油污,致使污水井堵塞,脏污流出。面对这种情况,物业与社区居委会没有正当权力,只得求助工商管理局清走相关人员。

除此之外,还有不少治理实践中因权责问题而影响效率的事件。不论是能否直接下达责令、管制方法,还是各种申请申报、等待批示,都在一定程度上成了程序困境。这种程序困境将会长期伴随着社区工作。权力不下放,是制度的规范所在,充分体现了以制度为本的导向。若要"下放"权力,社区的基层属性使得权力的放管难以把控,目前还缺乏一套长期有效的相对应的基层权责管理新系统,也缺少多元合作的内在动力。

(三)社区利益共同体的松散态

1.疫情下社区治理的行为构建与受体松散态

作为突发性公共危机,新冠肺炎疫情的紧急性与突发性使得社区治理中应对突发公共危机部分的疏漏有所显现。社区在阻断病毒传播渠道、保障居民生活需要、维护社会和谐稳定等方面发挥着重要作用,五里牌社区由于其所处的整个区域没有陷入严重的疫情威胁从而没有陷入治理危机。在疫情初期,五里牌社区充分发挥了多元化社区治理的功能,通过实施控制人口出入流量、号召民众配合、实行强力监管措施等行动,有效保障了社区居民的安全。在应急管理期间,居民在社区治理中的参与度提高,参与范围变广,密切关注社区治理,展现了居民自治的良好精神风貌与积极态度。

但是随着全国范围内的疫情得到有效控制,疫情防控逐渐常态化,人们逐渐放松警惕,那些在最危急时刻暴露出的社区治理体制在深层次方面存在的问题似乎逐渐被淡忘。主要矛盾的解决依赖于社区的治理主体,需要根据疫情的不断变化规范化治理主体的行为构建,而这对五里牌社区来说又是一个难点。在小区中,常有居民拒绝在进入小区时测量体温、出示健康码,这形成了对小区内的疫情防控管理的阻碍。即便居委会定时去小区站岗协助检查工作,仍有居民视若无睹。这一方面体现了居民的集体意识淡薄,在事关生命的疫情面前因为怕麻烦而选择助长风险。这是对集体、对公众安全的责任意识缺乏,也是作为治理主体之一的治理意识和行动力缺乏。另一方面,此类现象屡禁不止,反映出居委会在某些方面缺少公信力,间接引发其他治理主体,如居民,不愿配合管理公众的现象。

在特殊时期,所有人都能做到严阵以待;而在特殊时期的特殊性逐步淡化之后,还想要当时强烈的公共意识,需要遏制社区治理的松散状态,保持特殊时期的治理主体参与状态,构建各方有效治理体系,形成紧密联系的利益共同体。

2. 社区治理共同体松散态下的"智慧小区"建设

我国已迈入"互联网＋"时代,"大数据"社区治理已逐步取代传统方式,成为现代智慧社区治理的主流思想,获得了新时代智慧社区治理顶层设计的认可。对于五里牌社区来说,智慧小区建设是自五里牌社区居委会在实践中总结出诸多问题后一直倡议的建设。智慧小区技术可以有效满足小区的功能需求,提高住户的居住品质,更是推动社区治理工作的关键工具。五里牌社区仅包括五里牌小区一个小区,故而建设智慧小区,就约等于建设智慧社区,能够大大提高社区治理的工作效率。

目前,五里牌社区的智慧小区建设面临的主要问题有两处:一是缺少技术和资金支持;二是小区居民以老年人口居多,对科技推广的接受力相对较低。首先,虽然五里牌社区已经应用网格化管理技术有一段时间,但社区居委会作为技术的直接使用者在实践过程中体会到网格化技术的设计目标与路径在和具体社区情景交融中产生了一定偏差,加强了居委会权责界定难度,增加了居委会的效率考核压力,导致智慧社区陷入信息技术有效性困境。加之,在社区治理实践中还有技术推广难题,当地智慧社区技术所覆盖的方面尚未能满足实际治理的需要,缺少可以应用于居民生活中存在的阻碍治理效率提升的一些问题的技术。该种技术或能有效联结多元化社区治理各主体,并为社区利益共同体有效实现合法合理的诉求。但目前该类技术改进提案的实现进程缓慢。

一方面,智慧小区建设存在一定风险,尤其涉及资金方面;另一方面,占居民多数的老年居民是否能与技术应用型社区治理接轨还是一个未知数,这一方面也属于投资风险考量的一部分。对五里牌社区来说,技术革新的时刻已到,这一点必将在不远的社区治理实践中显露在大众眼前。

三、治理难题总结与对策探讨

(一)治理实践中的难题总结

社区治理要"以人为本",提倡人本观念是为了提高效率、谋求发展。人是施加治理和接受治理的主体,更是矛盾的主体,故而万事都要从"人"入手。

对于"村改社"后五里牌社区的居民来说,其居民意识与治理意识亟待提高。在诸多的治理难题中,存在于居民方面的主要矛盾就是其理念与意识尚未社区化,且在社区治理方面缺乏实践经验。从居民角度看社区治理及其重要组成部分矛盾纠纷,问题的源头在于责任意识、公共意识、环境意识的缺乏。这种缺乏能够对人的自然关系与公共关系产生不良影响,进而引发连锁反应,需要得到多方重视。对于五里牌社区居民委员会来说,其主要负责的管理及服务职能由于历史和现实原因,在得到履行时陷入困境的原因主要是建制散、权力小、服务杂、参与广。从居民生活出发,主要是权责界定模糊困境与治理主体联盟松散问题。以上问题的发生展现出本地社区治理实践中硬件匮乏、软件缺失,治理主体职责与现实的不协调性、不对等性等方面,这些都在一定程度上为社区工作增添难度。

(二)典型问题的对策探讨

在前文论述过程中,出现了一些事实性治理案例,此类案例在五里牌社区"村改社"的背景下发生,具有特殊性,但亦有普遍性。针对以上案例的合理对策如表1所示。

表1　经典案例与可能的合理对策

五里牌社区治理中的经典案例	可能的合理对策
流浪动物引发的纠纷与管理难题	①物业加强流浪动物管理,遇到来路不明的动物及时驱赶。②社区和物业号召居民出门遛狗拴好绳,发放可以标明宠物信息的项圈和出门时可以戴的防咬器。这些物件的购买成本较低,不会造成过大经济负担。③在小区或社区中建立流浪动物之家或流浪动物爱心角落,这遵循人道主义原则且便于管理,居民可顺手投喂,或者领养其中的动物。④几个相邻近的社区可共同建立爱心基金,基金用于为相关社区治理范围内的流浪动物检查身体,寻找下家,或建立集体住所。

续表

五里牌社区治理中的经典案例	可能的合理对策
宠物随地排泄恶习管理难题	①社区和物业分发排泄物清理工具,或设立定点公共工具放置处,鼓励居民自己的事情自己做,承担起自己应负的责任,培养其公共责任意识。②开展公益讲堂,加强居民公共意识和环境意识。③被抓现行的要拍照公示,加以教育与惩戒。④看到主动铲屎的居民,要通报表扬,鼓励其他居民向其学习。⑤物业加大草坪等重灾区的清洁力度,提升整体环境,抑制居民的"跟风"心理。
小区内环境保护问题	①开展公益讲堂,对居民进行潜移默化的教育,使其意识到高空抛物以及乱扔垃圾的危害。②被抓现行的居民要通报批评,并进行教育。③在小区内与楼层中、电梯里大量张贴宣传海报。④垃圾分类做得好的业主应当有适当奖励,公示表扬,并鼓励其他居民向他们学习,采取激励措施。⑤引入志愿者支援制度,定期巡逻,加强劝导,促使居民自觉将垃圾扔进垃圾桶并做好垃圾基本分类。
杂物处理与消防安全问题	①闲置废品可用支付宝中"E丢丢"小程序卖掉,上门服务,省心省力。②加强指导教育,增强居民公共意识和消防安全意识。③有条件可设定固定废弃物回收点和回收时间,方便居民处理杂物。④物业和社区加强楼道卫生检查和建设,掌握一手资料与现实情况,纠正居民旧习惯,改变旧观念。
出租房屋(流动人口)管理问题	①社区与物业加强管理,除了定期检查出租房屋(流动人口)状况以外,还要定期与房东取得联系,从房东方面掌握更多信息。②社区与流动人口加强联系,加强对其动态的关注。③鼓励居民举报可能存在的违规或非法行为,创建更美好的社区生活环境。④设立专门的出租房屋与流动人口管理处,使信息处理集中化、高效化、统一化。⑤在技术条件允许的情况下,可借助大数据构建社区间信息共享,更加方便管理。
特殊时期(疫情下)产生的矛盾纠纷	①在小区内与楼层中、电梯里大量张贴宣传海报,在电子屏幕上播放宣传片,加强居民防疫意识与公共卫生安全意识,助推疫情防控常态化工作顺利进行。②人员出入小区高峰期时增派保安人手,加快检查速度。③形成科学、动态的分级防控体制。④借助数字社区网络和服务网络实现有效的防疫管理。

　　除了以上以居民为主体的问题外,以社区居民委员会为主体的问题(主要与居民生活相关)及其可能的合理对策如表 2 所示。

表 2　居委会面临的问题与可能的合理对策

居委会面临的问题	可能的合理对策
建制散、权力小(且权责界定模糊)、服务杂、参与广	①联合其他治理主体与力量,借助现代化科技手段加强治理效能。如建立基本经验数据库,共同举办活动,共建社区治理创新方法等。②向上级表达合理诉求,促进社区治理运行体制机制协同性增强。③联合业主委员会,采取激励措施以获得其帮助。④着力减少社区不稳定因素,构建多元协商平台,创新本土化治理模式,缓解社区矛盾。

续表

居委会面临的问题	可能的合理对策
智慧化社区建设瓶颈	①根据实际情况放缓智慧社区建设,将其准备工作加入经济发展规划中,等待时机成熟。②联合其他社区向上级反映相关情况,彰显智慧化建设的必要性。

四、共建新时代和谐美好社区生活的总括性建议

(一)调动居民治理主体积极性

必须加快业委会的建设,加强居民的小区意识、社区意识以及治理主体意识,选好居民代表等的相关职位,使业委会组织化、团结化、统一化;自觉组织好居民自治类型的协商会议,集思广益,在居委会和物业的协同下尽量做到自己的社区自己管理;居民同时也要和居委会与物业形成良性的互助关系,相互成就,美美与共,共建和美社区;时间精力都充裕的居民除了可以加入业委会还可以加入社区服务志愿者行列,多做事,做好事,和工作人员一起管理社区、建设社区;居民平时应多加关注社区情况,遇事积极参与,提出宝贵的意见和建议,用自己的热情带动其他居民,与其他居民共同进步。

(二)发掘物业合作治理潜力

物业需要加强员工责任意识,做好本职工作;积极配合社区工作人员和业主委员会参与社区治理;主动参与调解社区中的矛盾,发现问题要及时上报给居委会;在发现业主有不文明行为时,应劝导业主停止该行为,并劝导其日后不要再犯;维护治安的同时也义务保护社区环境,劝阻垃圾乱扔等不文明行为;员工例会时可以采取适当的措施,鼓励员工的工作积极性。

(三)扩大居委会治理方式多样性

居委会可以倡导居民有主动性地进行自治协商活动;党员起好带头作用,加强党群联系;适当扩大工作规模,创新人员组成管理,多组别有条不紊处理各种类型事件;利用网络资源增加各行为主体的行动力;管理好群众信箱,及时处理反映的问题;引导提升居民素质;鼓励居民参与社区治理。

(四)政府及其下属机关部门提高参与度

居委会是社区治理主力,但权力小、琐事多,应考虑社区减负和社区工作改革,具体适当地调整居委会的权力结构与组织结构,发展长效化的运行机制,从而提升社区权

威,遇到难事不限于口头劝解;机关部门在接到社区的请求帮助后应积极响应,做好对矛盾处理的软硬处理方案;组织专门的社区志愿团队,号召志愿者进行社区工作的支援,必要时可以有偿;为提升公民素质做出努力,深入参与而不止于表面。

(五)企业开发社区治理类业务促进互利共赢

企业可以开发智慧社区类型的软件和机器,让群众方便参与治理,社区提高治理效率;投资社区的爱心公益项目,注重社会与经济效益的同时能够提升企业形象;和政府部门合作参与其他类型的社区投资项目,加快共同发展。

五、总结

五里牌社区自成立以来,坚持把科学理论与新时代社区治理具体实际和时代特征相结合,基于"村改社"的特殊情况展开社区治理,初步建立了一套符合五里牌社区情况、适合五里牌社区居民的社区治理体系。作为一个起步不久的社区,五里牌社区的治理中存在着一些显要矛盾。在新时代中,社区治理效能的持续稳步提升必须依赖对问题意识的坚持,突出问题导向,既要把握好、运用好基本经验,又要创造性地解决社区治理实践中面临的突出矛盾和问题。对于五里牌社区来说,还是要注重"以人为本"和"共同发展"的治理原则,尊重居民合法权益,提倡"共治"与"自治"相结合,逐步引导居民形成治理意识,提升社区治理效能,为社区的经济文化发展创建更广阔的平台,让社区居民拥有幸福生活。

第四编
文化发展篇

访乡贤,听乡音,寻精神
——记蚂蚁岛乡贤访谈

作者:秦丹,魏进燕　班级:A19 海环　指导教师:王月琴

摘　要:"艰苦奋斗,敢啃骨头,勇争一流"是老一辈在艰苦条件下自力更生,与海抗争,改造山河创造的蚂蚁岛精神。为庆祝建党一百周年,弘扬和传承蚂蚁岛精神,发展红色基因,传承红色根脉,对邹永跃(普陀区人民政府咨询委员会书记)、林志伦(普陀区委组织部编制办公室主任)二位乡贤进行了采访。本次访谈主要采用口述的方式对访谈者成长经历及所参与或经历的蚂蚁岛建设和发展事件记录,以全新视角走进蚂蚁岛,再现海岛儿女艰苦创业的情景,更深入地解读和宣传蚂蚁岛精神。

关键词:蚂蚁岛精神;乡贤文化;艰苦创业

习近平总书记曾在十九届中共中央政治局第三十一次集体学习时指出,"红色资源是我们党艰辛而辉煌奋斗历程的见证,是最宝贵的精神财富,一定要用心用情用力保护好,管理好,运用好"。而蚂蚁岛精神正是舟山宝贵的精神财富和丰厚的红色资源最好的体现,要用好"蚂蚁岛精神"红色资源,赓续"艰苦创业,敢啃骨头,勇争一流"的红色血脉。在新时期,新青年们应该将与史相承、与时俱进的蚂蚁岛精神薪火相传,发扬光大,让蚂蚁岛精神在崭新的历史土壤中更加枝繁叶茂。

一、走进蚂蚁岛

自党的十八大以来,习近平总书记反复强调要用好红色资源,传承好红色基因,把红色江山世世代代传下去。而蚂蚁岛则是舟山的红色资源与红色基因。

蚂蚁岛,位于舟山群岛东南部,以海为生,以渔为业,悬水而居,如蚁小岛。蚂蚁岛精神的生命力旺盛,它始终与时代的发展同步,时代的发展使蚂蚁岛精神日趋丰富、鲜活。新时代蚂蚁岛人坚持以蚂蚁岛精神为引领,进一步激发干部群众创业创新的动力,进一步调动海岛人民建设家园的热情,进一步唤起弘扬蚂蚁岛精神的自觉性,为建设一

个更加发达、更加美丽、更具特点的蚂蚁岛做出进一步的努力。

今天,走进蚂蚁岛,了解蚂蚁岛人民,感受蚂蚁岛精神,注入红色基因。

二、寻求蚂蚁岛精神

本次访谈选择以蚂蚁岛精神口述史为研究方向,更鲜活地展现老一辈从筚路蓝缕、自力更生的生产自救到如今渔业先进发展创新的场景,以海岛儿女的角度走进旧时蚂蚁岛,来感受蚂蚁岛精神的内涵和时代价值,多方位、多角度地促进蚂蚁岛精神的传承与弘扬。

蚂蚁岛乡贤群体是蚂蚁岛精神的人格化的体现,通过对蚂蚁岛精神现实载体的研究可以探究蚂蚁岛精神"存活在哪""怎样经历"。蚂蚁岛精神是在特定历史时期、特定地域和特定人群中形成和发展起来的精神成果,而乡贤正是蚂蚁岛精神不断建设、不断延续的见证者与传承人。蚂蚁岛乡贤口述史是对蚂蚁岛精神研究的一个重要补充,既有史料价值,又有学术价值和传播价值。对乡贤的访谈记录可以真实记载蚂蚁岛人民的奋斗历程和创业创新经历,讲述一代代蚂蚁岛人不懈奋斗的故事,把蚂蚁岛精神赋予与时俱进、时时创新的精神品质,做到代代相传。

本次采访的主题是关于蚂蚁岛精神的传承与弘扬,围绕被访谈者成长经历、奋斗历程及了解或所经历的蚂蚁岛建设和发展事件等问题进行展开。采访内容从受访者童年、求学、成年时期伴随蚂蚁岛建设所发生的事情等方面谈起,以捕捉蚂蚁岛人民所具有的蚂蚁岛精神。这次访谈就是让老一代蚂蚁岛创业奋斗历史的践行者、参与者、见证者从幕后走到台前,也让"艰苦创业、敢啃骨头、勇争一流"的蚂蚁岛精神在新时代焕发生机,源远流长。

三、问卷调查数据呈现

经过讨论,问卷最后确定了 4 道针对性题目,在蚂蚁岛人的积极作答后,我们采集到了以下数据。

数据显示,受访者以 40 岁及以上年龄段的人为主体。结合访谈内容可知,多数年轻人已离开蚂蚁岛,现居于蚂蚁岛的人民趋于老龄化,年龄结构失调。如今蚂蚁岛作为红色教育基地,传承红色基因。蚂蚁岛可以发展新型旅游产业,如在宣扬文化的同时,可以结合年轻人的喜好,吸引他们动手制作蚂蚁岛纪念品,如"火囱船""草绳船"模型等,发展民宿产业、数字文旅产业,带来新动能,带动蚂蚁岛经济建设,引导年轻人返流回乡。

对于现阶段蚂蚁岛的发展情况,81.82% 的人都很满意,只有 18.18% 的人表示一般满意,原因有可能是蚂蚁岛如今发展存在一定的局限性,发展不全面。蚂蚁岛现今发展产业以渔业、旅游业为主,且渔业自古以来为蚂蚁岛特色产业。在此基础上,将渔业进行智能化改造,结合互联网、人工智能等现代科学技术,深入开发和利用,进一步带动蚂蚁岛的发展。对于蚂蚁岛精神的了解,一半以上的人都非常了解,31.82%的人对于蚂蚁岛精神比较了解,只有不到10%的人表示一般或不怎么了解。随着蚂蚁岛的发展,蚂蚁岛精神也逐渐深入人心,大部分群众对蚂蚁岛精神以及蚂蚁岛的发展经历有了一定的了解和认知。本次乡贤访谈更是对蚂蚁岛精神的阐述和了解更为深刻,同时可结合媒体宣传教育,让蚂蚁岛精神烙印在全岛、全市乃至全省人民的心中。

在对于蚂蚁岛发展的建议中,有不少人提到了要与时俱进,不能盲目奋斗,该转变时就要积极转变。还有提到的就是要在发展经济的同时,必须兼顾生态平衡,因为绿水青山就是金山银山。蚂蚁岛精神伴随着一代又一代,它必定会传承下去。

四、乡贤访谈录

(一)林志伦——考出渔门,筑梦家乡

1.个人档案

林志伦,1971年出生于浙江省舟山市蚂蚁岛乡,毕业于中专师范专业(现为定海老校区),在职期间在杭州大学进修,在家乡教了五年书后考取人事劳动局,先后担任了办公室正副主任、社会保险科科长、公务员管理科科长、组织部编制办公室主任,现任普陀区民政局副局长。

2.精神传承铭记于心

蚂蚁岛精神源于海岛人民在社会主义建设时期的生动实践。新中国成立后,蚂蚁岛人民在党的带领下,自力更生、艰苦奋斗,和大海抗争,改造山河,展现出敢啃骨头的硬朗作风与精神风貌。而蚂蚁岛乡贤群体是蚂蚁岛精神的人格化的体现,存在每一个蚂蚁岛人的言语和行动中,艰苦创业,敢啃骨头,勇争一流。

新中国成立后的蚂蚁岛岛上无稻田,无可利用土地,居民以番薯和晒干的小鱼干为食,以捕鱼及张网作业为生,靠天吃饭,甚至年年都会发生海难,整体生活条件十分艰苦,但蚂蚁岛人民一直都是艰苦创业、艰苦奋斗的典型,因此国家在蚂蚁岛设立了很多个创新改革的试点,如第一个人民公社。

其中蚂蚁岛精神最为集中体现在"火囱船"与"草绳船":火囱是当时居民用于过冬的火炉,家家户户都有,女儿出嫁时,火囱也是嫁妆之一,且火囱里面含造船用的铜,因此社员们变卖火囱器皿首饰集资造了"火囱船";而"草绳船"的来源是妇女和小孩在家

中打草绳,对儿时的记忆便是放学回到家,第一个任务是把生草、硬草敲软,每天必须把很多草敲出来。因此,妇女和小孩打造的草绳拿到集市贩卖集资打造了第二艘大捕船,而渔业也是在这之后逐渐发展。

图1　访谈现场(从左至右分别是:秦丹,林志伦,魏进燕)

3.考出渔门回馈家乡

蚂蚁岛精神的传承在于教育,蚂蚁岛中心学校是小学初中合办的公立学校,就当时而言师资力量雄厚,老师学历要求大专以上,教育发展蓬勃,培养了一批又一批的优秀人才,推动蚂蚁岛的发展。

蚂蚁岛人常常教导孩子要"考出渔门",这也一直是林志伦努力读书的动力,林志伦家住在大兴岙,和村小隔了一座山,每天上学来回要翻四五次;进入中学后由于优异的成绩可以去桃花岛中学,只能寄宿他家,常常饥一顿饱一顿受着"饿其体肤"的苦;考入中专后想提高自己的学历,又参加了文凭进修考试,也就是高等教育自学考试,考上了杭州大学中文系,也顺利拿到了大专证书。

小学的翻山越岭,中学的远赴他乡,后续的不断前进的求学经历都是蚂蚁岛精神传承的印证。不仅如此,"考出渔门"的林志伦毕业后又回到家乡教书育人,因为儿时"饿其体肤"的经历,他一直教导着每一届学生要好好学习,"考出渔门",现在这些孩子当中走出家乡,考出去的有很多,留下继续捕鱼的也只有几个人了。

4.人员流失莫留遗憾

在本次采访中得知有陆陆续续的人都离开了蚂蚁岛,现存于蚂蚁岛的仅近千人,大概在十几年前,正值国家鼓励船舶经济发展,为带动蚂蚁岛产业发展,提高居民经济活力,政府帮助蚂蚁岛建了一个扬帆船厂,占据了小岛三成面积。在工厂兴盛时期,加上外来务工人员共有一万多工人。后来受2008年的全球经济危机影响,船厂经济处于下坡期,由于经济下滑,工人逐渐离开了船厂,这期间生意没有好转,但一直处于稳定状态。

　　近些年来,以渔业为主的蚂蚁岛逐渐往第三产业发展。一方面,国家为了保护渔场,压缩了船只;另一方面,出海捕鱼风险大,很多岛民也能够依靠国家的柴油补贴维持着渔业生计。

　　但蚂蚁岛曾有艰苦创业史,更有老一辈创造的"艰苦创业,敢啃骨头,勇争一流"的蚂蚁岛精神,现在蚂蚁岛被定义为红色旅游基地,传承红色基因,通过弘扬蚂蚁岛精神,用绿色生态加红色旅游的方式带动了蚂蚁岛的发展。

(二)邹永跃——退伍返乡,不忘初心

1.个人档案

　　邹永跃,1962 年生,普陀蚂蚁岛人,现任普陀区人民政府咨询委员会书记。他从小随父母生活在蚂蚁岛。9 岁开始上学,高中就读于当时的五七高中。1980 年离开蚂蚁岛入伍,1982 年入党,成了正式党员,1984 年退伍返回蚂蚁岛,在家乡工作 14 年后调到白沙岛工作。1996 年在党内担任党委副书记,之后又担任党委书记。

2.巾帼不让须眉,刻苦才有所成

　　在邹永跃先生的访谈中,了解到蚂蚁岛渔民生活条件艰苦,人民靠海吃海,以捕鱼为生。尽管如此,许多家庭仍然面临吃不饱、穿不暖的情况。人民吃的都是海蜇、墨鱼干、咸带鱼。由于蚂蚁岛面积小,土地少,粮食是供给制,没有其他吃的东西,条件都很艰苦。虽然日子过得艰苦,但蚂蚁岛人民并没有因此而放弃,依旧艰苦奋斗。蚂蚁岛在成立第一个人民公社之后,开始走向互助合作化。岛上不论男女,都要参与劳动。而蚂蚁岛女性更是充分体现了蚂蚁岛"艰苦奋斗,敢啃骨头,勇争一流"的精神。蚂蚁岛女性不仅要照顾家庭,还要在外劳动创业,在后勤做捕鱼网,加工鱼货。蚂蚁岛的草绳船,是妇女们在家徒手搓草绳,将搓好的草绳拿去卖钱换了这艘船。除此之外还了解到,1972年三八海塘开山采石人员 300 多人中除了筑塘口师傅是男性,其余都是女性。蚂蚁岛人民公社"苦战 3 年,围塘造田"的号召得到全岛妇女的热烈响应,她们抢时间、赶潮水、冒严寒、顶烈日,起早摸黑、夜以继日地奋战在海塘建设工地,经过一年零四个月的辛勤劳动,三八海塘终于建成。

　　该海塘是全岛妇女汗水和心血的结晶,是巾帼不让须眉精神的体现,是蚂蚁岛群众为子孙后代造福的历史见证,充分体现了蚂蚁岛女性"半边天"地位。它永远激励着现今的蚂蚁岛人民自力更生,艰苦创业,解放思想,开拓前进,创造更加美好的蚂蚁岛。后来人们为了铭记这些伟大的女性,在三八海塘刻下了女工匠的石像。2002 年,乡政府在海塘上安装了 38 盏电灯,以示"三八海塘"。

3.无私奉献,为人民服务

　　随着时代的发展,蚂蚁岛也在逐渐变化。1983 年体制改革后,蚂蚁岛从人民公社

变为蚂蚁岛乡,从人民公社业绩核算制转变为村经济合作社。蚂蚁岛上有很多为蚂蚁岛作出贡献的人,他们的贡献使得蚂蚁岛的发展得到提升,人民生活水平得到提升。作为蚂蚁岛乡贤的邹先生,也是在退伍后投入蚂蚁岛的建设之中,当时的他作为司法助理员,虽然职位不高,可每天面对各种民事纠纷,却始终坚持公平公正的调解,为乡镇营造良好的社会环境。尽管在工作中遇到很多困难和别人的刁难,邹先生却说再苦再难的工作,只要自己心怀百姓,为人民服务,其他的都不算什么。正是因为有邹先生这样无私奉献的人,才能成就今天的蚂蚁岛。

蚂蚁岛如今是红色教育基地。人民公社旧址、三八海塘、摇橹出海技术,这些处处都是旧时蚂蚁岛的历史文化痕迹。蚂蚁岛曾有光荣的艰苦创业史,都是老一辈靠着勤劳的双手、坚毅的意志、团结的精神一点一滴打造出来的。在本次访谈中了解到,蚂蚁岛的后岙村有一位叫林平达的书记,在岛上带领大家发展创业,作为党员的他,始终保持着为人民服务的宗旨,不拿群众一针一线,甚至自掏腰包建设乡村。在他突发心脏病去世的前一刻,还惦记着自己的党费没有交,叮嘱女儿一定要把党费帮他交上,他一生始终心系着党,心系着人民。这样一位伟大的人,值得我们铭记。

4.团结一心,共创蚂蚁

在本次访谈中,最让我感动的莫过于过去蚂蚁岛人民的精神。他们不惧艰难困苦,同心协力,以重振河山的豪迈气概,聚集勤劳智慧的力量,克服各种难以想象的困难,持之以恒,打造出了如今"赛苏联"的小岛。蚂蚁岛虽小,但孕育了丰富的团队合作精神,体现了共同富裕价值理念,这些精神在当下对推动浙江高质量发展、建设共同富裕示范区,具有重要的借鉴与指导意义!

图 2　该谈现场(从左至右分别是:魏进燕,邹永跃)

五、实践总结

通过本次访谈，我们清晰地了解了蚂蚁岛的发展建设历程，从建立全国第一个人民公社到改革开放建设，蚂蚁岛在一步一步发展。蚂蚁岛人民的生活水平差，但随着国家发展，乡贤的奉献建设，人民的生活水平逐渐提高，逐渐带动经济发展。近年来，蚂蚁岛通过挖内涵、打品牌、建设施、推项目等方式，推进红色教育基地建设，让蚂蚁岛精神在新时代焕发生机。在蚂蚁岛精神的指引下，这座屹立于东海之上的小岛，以惊人的力量，整装待发，欲扬帆起航。

蚂蚁岛精神的生命力在于始终与时代发展同步，时代的发展使蚂蚁岛精神日趋丰富、鲜活。新时代蚂蚁岛人坚持以蚂蚁岛精神为引领，进一步激发干部群众创业创新的动力，进一步调动海岛人民建设家园的热情，进一步唤起弘扬蚂蚁岛精神的自觉性。

因"徽"而生

——淳安县茅屏村徽文化发展历史与现状的研究

作者:汪晨　班级:B19 中文 1　指导教师:佘红艳

摘　要:徽文化是徽州人民智慧的结晶,千年来为徽州地区甚至华夏民族的发展都提供了动力。如今,徽文化逐渐消失,徽州地区历史的厚重感也逐渐降低,传承并保护徽文化成为急需解决的事情。调研项目以淳安县茅屏村为主要研究对象,在分析茅屏村历史发展的基础上,研究徽文化的发展与生存现状,并以小见大,探索徽文化在现代乡村建设中的借鉴价值以及徽文化的传承与保护。

关键词:徽文化;乡村治理;文化传承

淳安县茅屏村位于浙江省西部,是一个典型的宗族聚居村。汪氏族人自宋朝起就从江西婺源迁移至此,在一处茅草丛生似屏风之地繁衍生息至今,历经千年变革。茅屏村如今在千汾公路畔,在浙江西部边界,与安徽省黄山市毗邻。众所周知,黄山市是徽州文化的重要发祥地,而江西婺源也是古徽州的下辖地区,独特的地理位置和历史渊源让茅屏村历经千年历史洗礼都始终与徽州文化血脉相连。茅屏村和汪氏族人在徽文化的影响下经历兴衰,历史沉淀之下与其相融,又在新时代的快速发展之中谋求新的存在方式,并面临着被削弱的威胁。

自改革开放以来,茅屏村的经济建设取得了极大的成就,城乡差距进一步缩小,原本朴素的农村变得整洁、明亮。党的十九大以来,茅屏村十分重视乡村治理中的乡情乡风建设,按照十九大提出的乡村振兴战略的总要求,村两委带领着村民们积极开拓创新,合理规划村庄建设,将茅屏村建设成一个富丽文明的乡村。在乡村治理过程中,村两委充分挖掘并利用村庄的历史文化特色,在提升乡村经济实力、做好基础建设的同时,把原本容易被村民忽视的文化特色建设好,使两个文明建设有了显著成效。在这个过程中,生于徽文化、成长于徽文化的茅屏村将乡村建设中的种种复杂详细、亟待解决的问题归纳为宏观的关于徽文化的挖掘、利用与保护。本次调研项目从徽文化入手,以茅屏村为调研对象,探索徽文化在乡村治理中的借鉴作用。在调研过程中,挖掘茅屏村的村庄文化,调查徽州文化在新安地区的影响,从徽文化在当地的现代演绎中研究茅屏村徽文化的发展历史,进一步探索徽文化的价值。

一、徽文化在茅屏村

茅屏村在徽文化的浸润中诞生,而她也一直在徽文化的羽翼下成长。茅屏村汪氏的先祖们在古徽州地区生活,又在变革迁移之后带着传承的文化精神在一片新的土地上繁衍。徽文化与茅屏村的关系就像是母亲与在外的游子,游子回不到母亲的怀抱,但是带着母亲的滋润在新的环境中成长。虽谈不上将文化发扬光大,却也是始终珍惜着从故土带来的文化,并将其渗透到生活的方方面面。

(一)徽文化的内涵与特点

徽文化并不是字面意义上的"安徽文化",两者是不能等同的。徽文化指的是古徽州地区(包括歙县、黟县、绩溪、婺源、祁门、休宁)千百年来所形成的物质文明和精神文明的总称。徽文化是中国古代封建社会的典型代表,由于其相对封闭的地理特征,保留了大部分的原始内容,是中华文明的重要组成部分之一。徽文化复杂、深邃,有着极其广博的文化内涵,是徽州人民千年的智慧结晶,其独特的魅力吸引着大批中外学术界人士,是与敦煌学、藏学并称的中国三大显学。

徽文化是中国三大地域文化之一,主要内容包括徽剧、徽派建筑、新安理学、徽州朴学、徽菜等。这些内容蕴含着极其浓郁的地方特色,地域特点非常突出。古徽州地区清秀明丽、人杰地灵,历史悠久、文化底蕴深厚,徽文化也是由历史文化、地域特色沉淀而来。在沉淀的过程之中,徽文化逐渐产生三个特点:"崇尚自然、宗族社会、尚儒重学。"[1]

第一点是崇尚自然。这是徽州先民在新安理学的影响下逐渐形成的思想理念、生活方式。如北宋理学家张载提出"民胞物与"的思想,认为世间万物都是同胞、朋友,人与自然应该和谐相处。徽州人民在此类思想的指导下注重人与自然的和谐共生,保护环境、尊重生命,世代守护着赖以生存的绿水青山。徽州人民崇尚自然的思想体现在方方面面,许多宗族甚至以族法的形式明文规定禁止破坏生态环境,如江西婺源县"清代《目录十六条》中就有封山禁帖规定"[2]。

第二点是宗族社会。徽州地区相对封闭的地理环境给宗族社会的形成提供了一定的条件。徽州地区的村落大多数都是以血缘关系为纽带聚族而居,每个村落基本上都是同姓之人。在这个基础上,徽州的村落逐渐形成浓厚的宗族文化特色,一个村庄往往有着较为严格的族系特征,许多宗族都制定了族规来约束族人行为。一方面,这使得徽文化以宗族文化为核心以更具有凝聚力、生命力的方式而发展、存在;"另一方面,相对封闭的地理因素也让宗族内产生了许多落后于社会进步的规定,这在一定程度上也影响了徽州地区的发展"[3]。

第三点是尚儒重学。徽州处在"八分半山一分水,半分农田和庄园"的地理环境中,农业资源相对匮乏。人们难以仅仅通过农业来养活自己,走出去的方式只有从政和经商。在这个目的的驱使下,徽州人民勤奋读书,逐渐形成好学重教的风气。徽州人杰地灵,重学重教的风气之下养育了许多文人墨客,如理学家朱熹,朱熹为徽文化带去了新的内容,也进一步强化了徽州以儒学为核心的文化风气。

(二)茅屏村的历史特点

茅屏村为千年古村,人口众多,分居在龙川溪两岸,是一个典型的宗族聚居村。村民基本上为汪氏族人,汪姓历史可追溯到隋末唐初时期汪姓显祖汪华。汪华是姬汪第四十四代后裔,为一方枭雄,统领了江南六州,自称"吴王"。李渊登基后,汪华归顺大唐,李渊封其为越国公,这也是汪氏宗祠牌匾题有"越国流芳"的原因。而茅屏村汪氏迁居于此与一条猎犬有关。据民国十年重辑《汪氏宗谱》记载:汪氏显祖六十三代后裔豪公偕何孺人自江西婺源随猎犬打猎翻山越岭至此,来到一处茅草丛生宛如屏风之地,猎犬怎么也不肯走,于是汪豪夫妇便在此定居。又取茅草如屏风之意,名为茅屏。这一汪姓分支属于龙溪派。茅屏村还有一汪姓家族是2006年并入茅屏村的,据《汪氏家谱》记载:双联自然村汪氏祖先佰九公四子自开化县迁至龙川溪岸,与茅屏村隔溪相望已有千年。

图 1　村史展览

茅屏村历史悠久,以血缘宗族关系为纽带已经发展了近千年,是徽文化中宗族特点的典型体现。其姓氏溯源也与徽文化有着不可分割的联系,茅屏村先祖自江西婺源迁移至此,而婺源是徽文化的重要发祥地之一,如今茅屏村传承着先祖的文化历史在黄山另一边与徽州相望。

(三)茅屏村中的徽文化

徽文化对茅屏村的影响已经渗透到生活中的方方面面。首先是村庄里依旧保留着传统徽派建筑样式的祠堂,白墙青瓦马头墙,建筑庄严古朴,显示着宗族的威严感。典雅的建筑掩映在山水之间,许多建筑的选址也充分考虑了风水问题,有些村民的宅屋依旧保留着传统样式,以天井为中心进行建筑布局。村庄排水系统水圳依循村庄原有的地势,巧妙地运用天然的山水,形成山、水、居融为一体的结构,体现着徽文化中"天人合一"的思想。除此之外,村民们的生活习俗也体现出徽文化对其的影响。例如,茅屏村如今依然具有较为深刻的宗族观念,整个村庄以祠堂为中心布局,人们日常生活中的活动也以祠堂为主要的活动范围,例如春节、白喜事、中元节等,在祠堂都会举行活动。村民们尊老爱幼、邻里亲睦,这些也都显示出徽文化中宗族社会的特点。再者,茅屏村重学重教,村民们齐心协力修建了小学,是汾口镇少有的几所小学之一。这便是先祖尚儒重学的思想带给如今族人的深远影响。村民们还十分注重对生态环境的保护,在挖山修建学校的时候,为了保护一株百年樟树,在樟树周围划分出一块区域作保护,不予挖掘修建。这可以看出族人继承了先人"事亲之道以事天地"的理念。此外,茅屏村的饮食习惯也具有徽州特色。这里的菜肴多重油、重色,多采用炖、煮、烧的烹饪方式,茅屏村的毛豆腐也有着徽州毛豆腐的影子。

图 2 茅屏村祠堂外观

千百年来,茅屏村在徽州文化的影响下发展,将自己深处的文化底蕴辐射到生活的方方面面。可以说,茅屏村是独特环境中徽文化生存方式与现状的一个缩影。

二、茅屏村的乡村治理建设现状

（一）茅屏村乡村治理建设成就

党的十九大以来，茅屏村两委带领广大村民群众，合理规划村庄建设，乡村治理建设取得了显著成效。第一，经济上的发展进步。村两委合理规划村庄的基础设施建设，动员村民修建道路。原本村里一下雨就泥泞的小路都铺上了美观防滑的青石板。这在改善村容村貌的同时，也便利了人们的生活。此外，村民们在村委的组织下，开启养蚕致富路，收入显著增加，人们的物质生活水平也随之提高。第二，精神文化生活的丰富。在提高人们物质生活质量的同时，村两委也高度重视提升村民的精神文明。首先，规划修建了文化大礼堂，并定期在节假日举办文娱活动。再者，注重法治乡村的建设，村委统一规划了村里老房子的布局，并且在墙上绘制了相关法治知识宣传画。茅屏村的乡风乡情建设也有了一定成

图 3　石井路

效，村两委利用小巷两边的白墙组织绘制了民俗画，使村庄变得更加美丽的同时，也强化了村民们的文化保护意识。

总体来说，茅屏村这些年的发展是在整个大环境的进步中，追赶别人步伐而促成的。不可否认茅屏村的确不管在哪个方面都产生了较大的变化，但是这些变化只是一种量变的积累，村民的生活水平并没有因此而真正拉近与城市的差距。茅屏村经济的可持续发展还有很大的进步空间。

（二）茅屏村乡村治理建设问题分析

茅屏村在乡村建设过程中也暴露出许多问题，其中最突出的是留守儿童、空巢老人和人才流失的问题。这三者之间联系密切，人才流失导致了留守儿童和空巢老人越来越多。究其根源，茅屏村村民们的收入来源单一、经济发展方式较为保守等方面的因素引发了这一系列问题。一方面，青壮年为了谋求更多的出路，常年在外务工或经商，家里只剩下老人和儿童，与茅屏村的关系就像是旅客与路边的驿站。劳动力的流失使得村庄的经济发展更加艰难，而那些通过读书走出去并且在城市定居的青年人习惯城市生活之后鲜少会选择回到家乡。另一方面，有些发展稳定的青年人更愿意将老人和孩

子接到城市生活,如此以往,茅屏村进一步被"搬空",所有一系列的问题成了难以解开的死循环。而严重的人口问题就会导致一系列的村庄发展问题。缺少劳动力,村庄的现代化建设就会停滞不前。而依托于人而存在的文化失去了她的载体之后,原本深厚的底蕴将一点点被剥离殆尽。因此,人口问题是茅屏村亟待解决的首要问题。

近年来,茅屏村的生态环境也日益恶化。第一,村民的环保意识还比较淡薄。大多数人对于垃圾分类以及有害垃圾对于田地的危害问题还不够了解。仍然有一部分人不进行垃圾分类,更有甚者,直接将垃圾倒入田地,严重影响了农业的正常生产发展。第二,村里的垃圾分类点设置不够合理,村委的宣传也没有到位。垃圾处理点较少,村民们对于如何进行垃圾分类也不了解。第三,河流保护迫在眉睫。龙川溪水量较少,因此治理起来也比较困难。许多上游累积的垃圾漂流到茅屏村河段就积蓄在浅水区,日积月累竟成为小型的"垃圾山"。夏天较为干旱的时节更甚,整个河段满目疮痍。第四,建筑垃圾的处理问题。茅屏村近年来许多村民都开始修建新房,完工之后剩余的一些建筑垃圾就堆积在一旁,日积月累,村庄里几乎随处可见建筑材料堆砌在路边、田野里,严重影响了村容村貌。

此外,文明乡风建设的问题同样也十分严峻。第一,基础设施的建设与城市相比仍有较大差距。一些基本文娱场所的规划也都流于表面,村民们难以养成固定的文娱活动习惯,不利于乡风民俗的建设。例如,村里的阅览室开放时间较为固定,并且周末并不开放,流通的书籍也比较单一,难以吸引各年龄层的村民。村委的宣传力度也不够,村民们也大多只将阅览室作为夏天的空调休息室。文娱设施失去了它应该有的价值,不仅没有起到促进乡风文明建设的作用,还浪费了一定的人力和物力。第二,青壮年人才的大量流失使得传统文化的教育与传承更加艰难,许多儿童在城市生活缺乏家乡传统文化的氛围,对茅屏村的文化习俗了解甚少,有些人甚至不会讲、听不懂家乡方言。受在外务工人员的影响,村民的生活方式过于向城市靠拢,失去了原本乡村生活的韵味,邻里之间的感情也逐渐淡化。在内外因素的同时影响下,一方面内在的乡风得不到发展与传承,另一方面是城市文明的入侵让乡村失去了本真的韵味。一味追求经济上的发展进步,却失去了原本的乡村氛围。简而言之,就是乡村的"气质"不复存在,在城市化进程中逐渐被城市趋同化。

徽文化的保护与传承也迫在眉睫。近些年,许多村民都拆除了原来的传统样式的老房子,盖起了小洋楼,现在的茅屏村虽然变得富丽,却失去了原本的古朴、典雅。除了祠堂和一些老建筑之外,已经很难在村里看到徽派建筑了。白墙青瓦马头墙、飞檐翘角逐渐被不伦不类的"中西合璧"的建筑代替。甚至村里的祠堂也由于村民们对于传统文化保护的不重视,已经被破坏得面目全非,在遭遇过较为严重的偷盗之后,祠堂成了一个没有内涵的空壳。城市生活方式的入侵,使得于乡村的山水之间生长起来的徽文化苟延残喘。茅屏村的汪氏族人从徽文化的浸润之中来到新的土地,千年来坚守着文化宝藏,却也在历史洪流中、在被推着走的跨越式发展中,丢失了真正宝贵的文化情感。徽文化应该适应时代的要求进步,但是不应该接受忽视其精华的错误的改造。

三、徽文化的利用

(一)人口问题的解决

受传统徽商观念的影响,以及经济发展的驱动,茅屏村越来越多的青年人选择走出去,使得留守儿童和空巢老人的问题非常严峻。徽商好离别,常外出经商。但是徽商宗族观念深刻,在交通不便的古代,徽商也时刻记着家乡的父老乡亲,即使功成名就,大部分人也都选择回到家乡,为家乡建设出力。但是随着时代的发展,新一代的年轻人更趋向于走出去开辟一片新天地,把在大城市站稳脚跟作为奋斗的目标。此外,现在的青年人受宗族观念影响较小,他们追求自由、不受束缚的生活。许多通过各种方式走出去的青年人都选择定居在更加自在便利的城市,农村的人口也就越来越少。因此,古老的乡村如何留住青年人是解决人口问题的关键。当然,首要的是从根本上促进村庄经济的可持续发展。在运用现代化技术的基础上,开发新型农业,让家乡的百亩良田不仅仅只属于老年人,也不仅仅只局限于小小的乡村中,让年轻人在家乡也有自己施展抱负的"田地"。例如,将农业与电商充分结合起来,并因地制宜种植符合市场需求又适宜当地地理环境的作物,让青年人在家也可以实现自己的致富理想,并且从农业到商业各个行业都能协调发展。除此之外,徽文化也是一个可以充分利用的锦囊。可以利用徽文化的宗族观念,加强宗族的内部联系,宣传徽文化中关于宗族社会的精华观念,让一族之人的关系更加和睦,使得有些有能力的人愿意为他人、乡村出一份力,这样可以让留守儿童和空巢老人有所依靠。宗族之内也可以自行成立相关组织,定期照看老人、孩童,使"鳏寡孤独"在和谐相处的家族里"有所依""有所养"。

(二)保护生态环境问题的解决

充分利用徽文化中关于生态与绿色发展的思想,并将这些思想融合到乡村建设治理之中。例如,徽派建筑中"天人合一"的思想可以运用到乡村整体规划当中,利用好当地的好山好水,充分尊重山水的基础上,在现代的建筑方式中融入传统的建筑思想,"使得现代与传统更好地结合,推进美丽乡村建设"[1]。在徽文化中,禁碑是一大特色,许多禁碑都有关于森林保护的内容,可以将禁碑与宗族家训、村民公约结合起来,传统思想中的精华部分融到现代治理中,利用禁碑的约束力,宣传禁碑中关于森林保护的知识,可以更好地保护村庄的生态环境。

（三）乡风建设与文化传承问题的解决

徽州作为新安理学的诞生地，重学重教的风气盛行，朱熹曾说："为学之道，莫先于穷理；穷理之要，必在于读书。"茅屏村也有着重视教育的传统。乡风建设与文化传承问题的解决可以以教育为依托，从根本上解决文化的根基问题。解决好农村教育问题首先要搞好基础设施的建设。一方面，可以修建图书馆，为乡村小学引进优秀教师，由此营造浓厚的读书氛围。制定相关吸引人才的政策，用以吸引在外的本村大学生回乡反哺。在做好农村义务教育工作的基础上，引进相关特色文化课程，可以以学校特色课程为渠道，宣传教授徽文化以及本村的文化内容。村两委可以与学校合作举办文明乡风活动，将之前被人们淡忘的习俗挖掘出来，对其进行改造，并依此举行文娱活动。另一方面，可以整理村庄的历史故事修建文化长廊，潜移默化地对村民进行教育。这在解决文化传承问题的同时，也有助于加强文明乡风建设。

除此之外，有机统一古老的徽文化与乡村建设过程中形成的乡风文化是关键。徽文化是乡风的根基，是寻求乡村特色发展的基础。茅屏村内在的徽文化更偏于厚重，而在历史发展以及近年来的乡村建设中，茅屏村在徽文化的基础上也逐渐形成了具有地域与时代特色的乡村文化，简言之，就是一个村庄的文化风气。这种文化风气兼有古老与现代的特色，是村民在历史发展的进程里对文化的选择以及认同的结果。因此，协调好徽文化与乡风的关系也是让茅屏村文化持续发展的一个重要举措。对此，可以依据村庄原有的古老村规并结合现在的时代情况，制定出一个更适宜现代乡村发展的村规民约。还可以结合时事，组织村里的剧团编排更有新意的剧目，并让传统戏剧走进学校，让新一代的人以他们的视角来发展文化。在保护、挖掘古老文化的同时，以包容的心态接受现代文化的积极影响，不动摇自己的文化根基，但是可以稳步地、可持续地发展。

四、徽文化的保护

徽文化是千百年来徽州人民智慧的结晶，源源不断地为这一方土地上的人民带去发展的动力与财富。它是徽州人民的宝藏，更是世界的宝藏。然而，在新的文化背景之下，徽文化逐渐衰落，淡出人们的视野。徽文化生态受到了不同程度的冲击，除了肉眼可见的破坏，更加严重的是徽州人民的日常生活已经被入侵，徽文化的生存岌岌可危。

徽文化的生存现状引起了国家的高度重视，为了保护徽文化，文化部于2008年批准设立"徽州文化生态保护实验区"，在安徽省黄山市的全境、安徽省绩溪县、江西省婺源县划分出保护范围，是我国第一个跨省文化生态保护的保护区。除此之外，对徽州文化的保护应该渗透到日常生活之中，让古老的文化在现实生活中与人们共存。例如，开展特色教程,将徽州文化中的徽州版画、徽州戏曲、徽州篆刻等艺术融到学校教育之中,这需要地方政府与学校的合力配合,使学生们在快乐中学习、在学习中传承。新安理学也是在徽文化背景之下诞生的成果,新安理学对于推动封建社会中儒学的发展有一定作用,在一定程度上促进了社会发展。新安理学在徽州地区有着深厚的文化底蕴,可以在去除文化糟粕的前提下,结合当地的生态特色,将新安理学文化融到生态旅游当中,开辟一条新安文化旅游之路。其他如新安医学、徽派建筑、新安朴学都可以采用这种途径。文化与山水相融,让绿水青山变成金山银山,从而达到实现徽文化现实价值并且保护徽文化的目的。

图 4　徽派建筑

　　饮水思源,文渊斐然。徽文化是古老而孤独的,历经千年,终究也开始探索属于她的新的生存之路。茅屏村作为一个从徽州地区迁移而来的千年古村,她的发展历史是徽文化于乡村之中存在的缩影。溪水潺湲,故土依旧,传承、保护徽文化是徽州人民对故土的回应,也是对中华文化的保护。

参考文献

[1]程茜茜,李光萌.徽文化的利用与保护[J].文化学刊,2020(4):40-42.

[2]沈昕,周静.民俗文化的社会治理意义——以徽州古村落为例[J].理论建设,2015(3):95-98,112.

传承文化记忆，书写发展新篇章

——对萧山围垦历史文化的调查

作者：倪佳丽　　班级：A19 环工 2　　指导教师：王建友

摘　要：20 世纪 50 年代，在自然、人文双重因素驱动下，萧山儿女在位于钱塘江南岸的一片滩涂地展开了围垦工程，围垦土地 50 多万亩，创造了"人类造地史上的奇迹"。自此，萧山成了中国围垦面积最大的县市。围垦给萧山人民带来了新土地，为萧山经济社会的跨越式发展提供了广阔的空间，同时也对自然环境造成了破坏。本次实践，笔者通过查阅资料、参观纪念馆、调查访问等形式，对萧山围垦历史及发展变迁进行了研究，总结围垦为萧山带来的经济、社会效益，同时分析其对生态环境的负面影响并给出一些对策。

关键词：钱塘江；沙地；围垦；围垦精神

萧山围垦对于萧山来说是一段具有划时代意义的历史。围垦整治了钱塘江河口段流道，还解决了萧山人民土地资源不足、粮食紧缺问题，对萧山社会经济发展具有战略意义。随着新时代到来，青年一代没有亲身经历围垦场面，很难想象当时的艰辛。不过，围垦纪念馆里的照片、物件、文字，老一辈口中的故事，书籍中的描述，都在展示着围垦时的惊心动魄、波澜壮阔，同时讲述着沙地人不畏艰辛、敢闯敢拼的创业史。通过对围垦文化的调研，能够拉近历史的镜头，深入了解围垦时期的奋斗过程，弘扬围垦精神，感受沙地发生的翻天覆地的变化，在此基础上寻求对沙地未来可持续发展的更好方式。

一、钱江潮涌，沙地天成

萧山沙地位于萧山北部，地处钱塘江下游南岸，是一片富庶之地。从地图上我们可以看到萧山南部地域面积狭小，基本为山区和半山区；而萧山北部是一块广阔的大平原，这块大平原就是萧山沙地。萧山沙地的前身是钱塘江，钱塘江全长有 605 千米，是浙江最大河流，下游流经杭州湾最终注入东海。要说萧山这片沙地的形成，不得不说钱江潮。钱塘江的江口呈喇叭状,在月球引力和地球自转的离心作用与这一特殊地形的共同作用下,东海的海潮倒灌至钱塘江,形成了世界闻名的奇观"钱江潮",并被誉为"天下第一潮"。

(一)钱江潮的形成原因

钱江潮的形成有两个原因。第一个原因是受到日月之力影响。地球每 24 小时为一个自转周期,其中必有两个时间点是一次向月、一次背月。"向月和背月时,月球和地球的引力差异会分别造成一天之内海水两次涨升的现象。"而当每月初一、十五,日月地基本呈一线时,日月引力相当,则会形成大潮。特别是到了每年农历八月中旬,日月离地球最近,此时吸引潮水的引力最大,就会形成一年一度的特大潮水。世人誉之"八月十八潮,壮观天下无"。

钱江潮形成的第二个原因是地形上的便利。钱塘江江口呈喇叭状,从杭州湾到钱塘江,越往里则江面收缩越急剧。潮水易进难退,从而水面迅速升高。不仅如此,这里的河底泥沙大量淤积形成众多沙坎,潮波来时遇到沙坎的陡坡便会向上涌起形成涌潮。

另外,钱江潮还借助了东风之势。浙北沿海地区在夏秋之际常吹东风和东南风,与潮涌的方向一致,为潮水助势。

(二)钱江涌潮之利弊

滚滚钱江水,有利也有弊。涌潮冲毁了沿江房屋,带走了人们的生命,千百年来沿江人民一直在与潮灾做着长期斗争。

不过,钱江潮也给当地居民带来了丰富资源。涌潮蕴含丰富的潮能资源,而且潮水携带的大量泥沙沉积形成大片的滩涂资源,为沙地围垦创造了有利条件。在潮水的作用下,加上受到水流、地形、风暴潮等多方面的影响,钱塘江河口多次改道。而在钱塘江向北迁移的过程中,南岸萧山地区泥沙大量淤积、沉淀形成广阔的南沙大地。

二、围垦展开

百年来,南沙大地的滩涂资源因为钱塘江河口的频繁迁移改道而淤塌不定,外加山洪、潮汐等因素的影响,一直未能被利用起来。

直到 20 世纪 60 年代,为大规模整治钱塘江河口段河道,消除因河口坍塌、江水决堤给沿江人民带来的灾难,在政府的支持下,萧山人民秉着"以围代坝、以围促淤、围垦与治江相结合"的方针,展开了为期二十多年的钱塘江滩涂筑堤圈围运动。在此期间,萧山人民陆续建成了南沙大堤(一部分在新中国成立前修建)和围垦大堤。萧山围垦的堤坝称为围堤,这是海塘工程技术在新历史下的一大发展进步。

　　围堤与普通的海塘不同。以往普通的海塘，只是起到抵御海水入侵的作用，以被动防御为目的；而围堤是向大海扩张争夺土地，以积极进取为目的。因此，围堤的过程相较于一般海塘也要艰难许多，要考虑到更多的问题。

　　筑堤工作要抢在大潮尾和小潮头期间的短短七八天内突击进行，随即要抛石护坡，不久后又要砌石护坡。"围涂的高程不仅要高于杭州湾小潮汛潮线，这样可以在小潮汛来临时突击施工，而且必须高于当地的正常水位，这样围区以后才能自流排水，洗咸蓄淡。"[1]整个堤线都要沿高地修筑，避免因土质稀松塌陷造成施工负担。而且应留出足够的滩地，以备坍江时能够及时抢险筑堤。另外，还要考虑到交通航运以及为日后治水和围涂保淤保堤等问题。

　　萧山围垦的围堤，不仅吸取了传统海塘工程技术的经验，还考虑到实际情况，融入新技术、新材料，让古老的水工建筑工程运用科学的方法，并在围垦工作中发挥了关键性作用，为萧山夺得了大片珍贵的土地资源。

三、围垦进程

　　钱塘江河口段真正纳入政府规划全面治理，是在新中国成立之后。省水利部门吸取历史经验，根据沿江两岸的情况，统筹规划，确立了"治江与围涂相结合"的方针。"20世纪50年代初，加固原'西兴坝组'和修筑钱江大桥到西兴的'临桥三坝'。1958年，开始治理赭山湾凹岸险工地段，4座控制钱塘江主流道的主要挑水坝于1966年先后竣工，解决了江道主槽摆动和塌江失地的问题。"[2]适时沿江多个公社的群众陆续进行了小范围围垦，为之后萧山大规模围垦打下了基础。之后，萧山以南沙大堤为依托，有序向北、东、南方向逐步扩大围涂范围，使其永久成陆，从此江道逐渐变得深、狭长、稳定，钱塘江得到有效治理。"1966年，省市县三级政府组织在九号坝下游2.25万亩毛地进行围垦，从此展开萧山大规模围垦。至1979年，先后联合49个公社、镇，组织了23次大规模的围涂工程，共围涂41.04万亩。"[3]到1995年底，围垦工程落幕，共围垦土地51.82万亩，约占萧山总面积的四分之一。

四、围垦精神

　　萧山人靠着自己的肩膀一担一担挑出来的五十多万亩土地，铸就了他们勇立潮头、百折不挠的围垦精神，这股精神流淌在每一代萧山人的血液里，激励着他们面对艰辛仍能迎难而上、奔竞不息。

　　围垦精神是一种艰苦奋斗、百折不挠的精神。萧山围垦与一般围垦不同，要在潮涌地带赶在冬季的大潮尾和小潮头之间突击完成，条件艰苦、时间紧迫且任务繁重。钱塘江畔的气温要比内陆更低，风力更强，但萧山人民迎难而上、艰苦奋战。干部、党员们身先士卒，与广大民工同甘共苦，群众亦不退缩。围垦所需经费，大多是萧山人民自力更生解决的。围垦过程中也遭受过多次失败，台风和天文大潮的袭击，致使多块滩涂地荡然无存。萧山人民哪怕在如此多的磨难和危险面前，也从未退缩，而是吸取经验教训，不断从跌倒中爬起，敢闯敢拼，使围垦事业顺利完成。

围垦精神还是一种崇尚科学、求实创新的精神。围垦服从治江规划，非盲目围垦。萧山在围涂伊始，就正确引领群众的热情，摆正位置，依靠集体的力量，使围垦朝着科学的方向迈进。随着改革开放，社会变革，围涂政策也应时调整，同时推行机械化施工。围涂中还敢于摸索，采用新技术，在许多科学技术领域中都有所创造、有所发展。

围垦精神是一种万众一心、协调团结的精神。几万甚至几十万民工犹如一个大家庭，亲密无间，团结协调，是萧山围垦成功的一大重要因素。

围垦精神是萧山当代文化的精髓，是萧山最大的一笔精神财富，不仅镌刻在萧山人民的骨子里，也对钱塘江两岸的人民产生了积极影响。围垦精神将伴随萧山围垦走向全国乃至世界。

五、围垦意义与影响

勇立潮头、百折不挠的围垦精神激励着一代代的沙地人，使他们面对磨难能够迎难而上，在短短几十年间建设出如今高楼林立、经济腾飞的萧山新貌。围垦作为我国劳动人民与自然做斗争的产物，具有深远的意义。

围垦扩大了耕地面积。人多地少的现实矛盾得到了大大缓和。围垦之后，萧山的耕地面积扩大到63124.16公顷，相比较新中国成立初期增加了9153.83公顷，人均耕地面积0.054公顷，超过了全省人均占有耕地平均水平。社会供给满足了，萧山的社会经济水平得到了有效提升。

围垦改善了水利条件。围垦对钱塘江进行了综合治理，加固江道，解决了江道主槽摆动的问题。因此，为城市供水提供了便利，提高了江道的航运水平，也提高了沿岸平原防洪排涝的能力和安全水平。

围垦区产品的产量大幅上升。垦区开发初期以发展种植业为主，主要种植水稻和油菜，后逐步发展养殖业。随着农业技术进步和土地改良，农产品产量大幅提高。1991年围垦区的皮棉产量已接近全市的一半，而油菜籽的产量已占全市六成。目前，围垦区已成为萧山棉、麻、粮、油、水产、畜禽蚕茧等商品基地。产品产量的上升自然带动了萧山总体经济水平的上升。

围垦近十年工业发展迅速。纺织、服装、饲料、五金机械、化工、食品酿造、蔬菜加工等多种行业竞相发展，产品出口多个国家和地区。围垦区的基建也不断得到完善和加强,商业和文教事业得到相应发展。住房逐渐更新换代,如今多系楼房。人民收入水平不断提高,生活条件越来越好。

围垦在很大程度上解决了萧山的人地矛盾和粮食紧缺问题,促进了经济发展,同时也存在许多后患,最明显表现在对自然的破坏。

第一,围垦大部分是在文化大革命时期开展的,在当时认为土地越多越好,于是盲目开垦,没有进行科学分析和统筹考虑,没有考虑到围垦给整个流域带来的问题,也没有协调好人与自然的关系。目前萧山有不少围垦的土地面积,本就是属于江北岸的海宁市的。

第二,围垦为萧山地区带来了局部利益,但对于整个钱塘江流域来说却未必。由于围垦土地的扩张,钱塘江江道增加了一段不自然的弯曲,于下使钱江潮变得式微,于上又使上游水下泄变得缓慢。

第三,围垦还对海水造成了污染,影响了滩涂的水产养殖业。另外,近年来温室效应加剧,全球气候变暖,海平面不断上升。到2050年,相对海平面上升水位可能远超围垦方案中的预计理论上升量。萧山围垦地处钱塘江入海口,又靠近长江三角洲,一旦海平面上升,势必会威胁到萧山围垦地区,造成一连串反应。所以,从现在开始,相关部门就应该做好预防措施,以免不测。

六、垦区开发与保护

围垦区的大规模开发建设与产业发展为社会的经济发展作出了极大贡献,与此同时也必须关注人与自然的关系,以避免出现资源浪费、环境污染、生态结构破坏的情况。

随着经济飞速发展,城市及工业用地需求增加,土地资源必须合理开发,为长远计,节约集约利用,提高土地配置和利用效率,可以适当收取费用,以免使用中形成浪费。围垦采石在一定程度上对山体结构造成了破坏,使得植被缺失,土壤结构改变,岩层裸露。这不仅会导致生物多样性减少,还会造成水土流失,河流泥沙含量上升,抵御旱涝能力减弱。因此,要对山体栽种水土保持林,提高植被覆盖率,涵养水源,维持生态循环。

围垦区水资源还存在污染和浪费的情况。许多工业用水和生活污水未经处理或未达标就排放,农药的大量使用都对水资源造成了严重污染。再加上地下水的过度和集中开采,使得地下水资源分布不均,补给不足。工业用水的重复利用率不高,农业灌溉没有采取科学的方法,都大量消耗水资源。所以,应加强对污染源排放的管控,合理开采地下水,节约用水,循环用水,同时在农业方面投入科学的计量设施,以实现水资源的合理利用。

围垦区的农业结构也应调整。需扩大种植适宜的经济作物,如大豆、瓜果、玉米、麦子等,并采用轮作、间作、套种、复种等方式,提高熟制和复种指数,以增加产量,又可以改善土壤理化性状,调节土壤肥力。不仅可以提高经济效益,又可以建立生态的良性循环,提高土地资源的利用率。

综上所述,萧山人民不仅要把握好围垦带来的契机,借此精进工程技术,发展生产,提升经济水平,同时更要顺应自然,统筹协调,做好全面和长远的考虑。

七、小结

沙地围垦是萧山的财富,是那一代人努力的成果,更是造福子孙后代的伟大壮举。围垦的历史应永远铭记,萧山围垦是沙地人创造的奇迹,是与沙地人独立自强的个性、吃苦耐劳的品质、勇立潮头的胆略、善抓机遇的眼力、勤俭持家的作风、开拓市场的意识分不开的。而今萧山也正一直坚持弘扬沙地文化,把地方文化建设与经济发展相结合,积极促进社会、经济和文化的良性互动,不断促进社会各项事业的蓬勃发展。同时,不能忽视对环境的影响,以及处理环境问题的方法。做到社会发展与生态保护统筹兼顾,将萧山发展成一个有历史文化底蕴、有精神支撑、经济发达、可持续发展的产业新城。

参考文献

[1]马丁.萧山围垦的历史成因[M].长春:吉林出版集团有限责任公司,2014,124-131.
[2][3]王长生.萧山围垦沙地文化[M].长春:吉林出版集团有限责任公司,2014,137-149.

美丽乡镇，水墨善琏

——对中国湖笔之都善琏镇湖笔发展的探索研究

作者：吴张雨熙　　班级：B19 英语 1　　指导教师：顾协国

摘　要：党的十八大以来，党中央高度重视文化建设，将道路自信、理论自信、制度自信、文化自信并列为中国特色社会主义"四个自信"。文化是帮助人们认识世界和改造世界的精神力量，是促进人类蓬勃发展的基础。积极主动了解传统文化、继承发扬传统文化是当代青年的责任。基于"湖笔制作技艺"这项国家级非物质文化遗产，面向位于湖州市南浔区善琏湖笔小镇开展实践调研活动，了解文化背景和发展状况，分析问题，并对善琏湖笔小镇如何更好地继承与发展湖笔制作非遗技艺进行思考，提出建议措施。

关键词：湖笔制作技艺；非物质文化遗产；善琏镇

中国是一个历史悠久的文明古国，上下五千年的历史积淀了无数珍贵的文化遗产，这些文化遗产是中华民族智慧与文明的结晶，是联结民族情感的纽带和维系国家统一的基础。因此，保护好、传承好、发展好非物质文化遗产对落实科学发展观，实现经济社会的全面、协调、可持续发展具有重要意义。文化在中国的发展中占据着越来越重要的地位，习近平总书记在教育文化卫生体育领域专家座谈会上，用"四个重要"精辟概括了文化在当今的历史地位。"保护为主、抢救第一、合理利用、传承发展"是各地方和有关部门对非物质文化遗产的工作方针。

本次调研是基于善琏湖笔小镇的"湖笔制作技艺"非物质文化遗产背景，主要参观学习走访了中国湖笔文化馆、湖笔工厂、善琏湖笔小镇以及湖笔文化园，并对"湖笔制作技艺"非物质文化遗产的继承与发展现状进行了研究分析，提出合理建议。主要通过线下采访与线下问卷方式开展调研活动和数据整理分析，取得了一定成果的同时也有一些不足之处。总之，本次调研强调了文化传承的重要性，为非物质文化遗产的传播与继承贡献了一份力量。

一、非遗文化在善琏

"非物质文化遗产(简称'非遗')是指各种以非物质形态存在的与群众生活密切相关、世代相承的传统文化表现形式",而"湖笔制作技艺"就是其中传统手工艺技能一类,包含着文明上千年来的积淀。

(一)水墨善琏,风韵江南

善琏镇是一个平凡又古老的小镇,其孕育的山水景点以及蚕桑文化、湖笔制作技艺等非物质文化遗产无一不见证了其历史悠久和深厚的文化底蕴。善琏镇位于浙江省湖州市南浔区,地属杭嘉湖水网平原,镇内水系发达,石砌河岸,尽显江南水乡风韵,素有"湖笔之都、蚕花圣地"的美誉,"毛颖之技甲天下"之美名就是由其独具匠心的湖笔制作技艺而得,两次被文化部命名为"中国民间文化艺术之乡"。善琏镇是浙江省首批特色小镇,其湖笔产业园、湖笔文化园等形成了独具匠心的湖笔文化文旅融合生态圈与湖笔文化经济体,有效带动了善琏镇的发展和人民的致富。

(二)中国湖笔,天下传奇

湖笔与徽墨、宣纸、端砚并称为"文房四宝",且在"笔墨纸砚"俗语中占据首位,是中华文明悠久灿烂的见证者之一。相传湖笔已有两千多年的历史,是国之瑰宝。历史上有秦将蒙恬造笔一说,其中流传甚广的有"蒙恬与卜香莲造笔传说"。自秦后,历朝历代后人们制作的毛笔根据其不同的用途进行了完善与创新。湖笔的崛起始于宋代,随着北宋王朝战败迁都临安,政治文化中心向南移动,文人墨客集聚湖州,善琏笔庄林立,此后便呈欣欣向荣之态。

湖笔制作之材料严精。"笔之所贵在于毫",具体有"硬毫"(野狼毛、黄鼠狼毛等)、"兼毫"(混合用毛)、"软毫"(山羊毛)、"紫毫"(山兔毛),如此分类主要依据湖笔的笔头毛料不同。呈放笔头的笔杆也大有千秋,笔杆材料就有金属、木质、瓷器、竹子等20多个种类,再根据其不同用途和形态等又分成30多个种类,可谓极其精细与讲究。

湖笔制作之工艺复杂。湖笔制作全程是纯手工完成,工艺流程非常复杂,光工具就要用到很多种类,有笔头制作工具、笔杆制作工具、装配笔头和笔杆工具,每类工具又可细分成许多具体工具。制笔过程共有八大工序,依次为:笔料工序、水盆工序、结头工序、蒲墩工序、装套工序、镶嵌工序、择笔工序、刻字工序。八大工序每一道都蕴含着丰富的技艺,因此学习整套流程非常困难,传统湖笔生产主要以家庭或笔工组合为单位,找到适合自己的工序分工完成。从元代至清代,几乎家家制笔,名匠辈出,深得祖制精髓,工艺不断精进。

(三)湖笔世家，独具匠心

湖笔的制作传承让善琏镇形成了十大湖笔世家，元代的冯应科、陆文宝等笔工匠所制笔，时人千金以求，被称为"妙笔"。湖笔制作技艺多以"家庭传承""师徒传承"为主，现今善琏镇三代以上湖笔世家有30多户，五代师徒传承百余人。在技艺传承的同时也有一些湖笔老字号扎根于各地，如"戴月轩""李鼎和""王一品斋笔庄""贺莲青湖笔庄"等，这些湖笔老字号在将湖笔文化向外传播上发挥了重要作用。

二、善琏镇湖笔发展的现状调查与分析

(一)调研过程

本次调研于2021年8月展开，从8月4日开始到8月12日结束。在这8天中，分别有2天调研湖笔工厂，1天调研湖笔小镇，1天调研湖笔文化园，3天调研中国湖笔文化馆，1天采访调研居民。本调研下设线下采访与线下问卷活动方式，采访到若干人，回收30份问卷，得到一些数据。

湖笔工厂作为最主要的湖笔制作基地，占地面积广，工人多，布置精美，设有"前园"与"后园"，包括了工人湖笔制作区。在前园设展览区，橱窗中展示了各色各样的湖笔以及其证书，通过对其观赏与研究可大大提高对湖笔的了解程度。湖笔制作区有各种工序制作的工人，工人们清晰展示了制笔的全过程。学习过后，笔者对湖笔工厂的工人们进行了采访与问卷调查，得到了宝贵的数据。湖笔小镇与湖笔文化园都是为发展传播湖笔文化，响应政策号召而建立的，其文化价值和文化底蕴深厚。湖笔文化园中几乎家家户户屋内摆放湖笔或发展湖笔商业，廊下还常常摆放着一个个精美的呈放礼盒，在阳光下非常夺目。湖笔小镇内有多处融合了湖笔文化的地标与建筑，独具一格并且很有辨识度。湖笔一条街的尽头便是中国湖笔文化馆了，馆内陈设清新雅致，共分两层。一楼呈放了许多知名湖笔，有大师制作的、独具特色的经典作品，也有湖笔制作技艺大赛中的金奖作品，令人大开眼界。馆内墙上介绍着湖笔世家、制作工序、用料等珍贵资料。二楼与一楼相比更具特色，有浓重的历史文化气息。从楼梯口望去就有制笔大师以及名人雕像映入眼帘，走近便有蒙恬与卜香莲两位传说中的人物的石像，另一边更有湖笔制作技艺的介绍视频，来访者可以自由播放各种程序。完整地参观过后，湖笔文化深深印刻在笔者脑海中，让人不禁感叹人类文化的奇妙伟大。

(二)问卷分析

为详细了解善琏镇湖笔发展状况、非物质文化遗产的传承传播情况，本调研设置了

线下问卷活动,共发放了 30 份问卷,回收有效问卷 30 份。问卷共设置了 7 个问题,其中有 5 道单选题、1 道多选题和 1 道简答题。该问卷采用匿名制,因而数据内容更真实可靠。

(1)"您是否知道湖笔制作技艺为国家级非物质文化遗产?"29 人选择"是",1 人选择"否",可见善琏湖笔小镇人民几乎都有对自己家乡文化的正确认知,对于国家级非物质文化遗产有一定的了解,而仍有人不知道该技艺的重要性,可见当地对重要文化的宣传和认识还没有普及。

(2)"您是否从事过湖笔制作相关工作或想要从事湖笔制作相关工作?"其中,4 人从事过并正在从事,5 人从事过但现在没有从事,2 人没有从事过但想从事,19 人没有从事过也不感兴趣。该数据中,从事过并正在从事湖笔制作相关工作的人数只占 13%左右,从湖笔制作相关工作中转业的人员有 17%左右,有从业意愿的人数只占 7%左右,从未尝试且没有意愿的人数有 63%,占了大多数。由此可见,善琏镇的湖笔就业形势严峻,湖笔制作劳动力缺乏,人们传承与学习技艺的意愿不高,湖笔制作技艺非物质文化遗产的继承与发扬面临着较大的挑战(见图 1)。

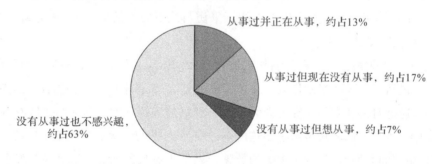

图 1　调查对象从事湖笔制作情况

(3)"您认为您对湖笔的了解程度如何?"其中,4 人表示非常了解,17 人表示一般,9 人表示不了解。可见,将近 85%的受调查者对于湖笔处于较浅的了解程度,反映出湖笔文化传播不太到位,当地居民也缺乏去了解继承发扬湖笔制作工艺非遗文化的积极性(见图 2)。

(4)"您见过什么湖笔文化的宣传形式?"本题为多选题,下设 6 个选项,30 份问卷的选择方式多样,但选择两到三个选项的偏多,其中受调查者见过较多的湖笔文化的宣传形式有"湖笔文化节"和"湖笔一条街建筑"。由此可见,传扬非遗文化可以多从建筑物着手,伴随与文化节类似的让全民有参与感的活动形式可以最大限度上起到作用。而其中"中国湖笔文化馆""毛笔制作大赛"这两个宣传形式由于其独具特色,理论上可以被更多人接受,而从数据结果看,可能由于宣传不到位,受众少,没有特别迎合人们的兴趣而暂败于湖笔文化节与湖笔一条街建筑(见图 3)。

(5)"您对湖笔有什么看法?"其中 10 人认为"可有可无,对我没什么影响",20 人认

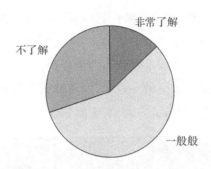

图2　当地居民对湖笔文化了解程度

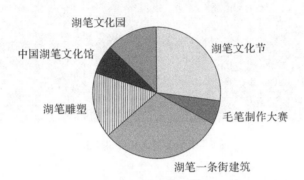

图3　当地居民接触湖笔文化的主要形式

为"是宝贵的财富，需要继承发扬"，100％的人都认为湖笔不是糟粕，可见小镇人民对于文化传承都有正面积极的态度，且大部分人都将其视为财富，优秀文化在人们心中占据了越来越重要的地位（见图4）。

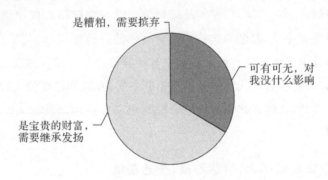

图4　当地居民对传承湖笔文化的态度

　　（6）"您对于湖笔发展现状有什么看法？"其中10人认为"发展得很好"，13人认为"现状是不错的，但还需要加把劲"，7人认为"发展得不够好"。从数据中可看出，善琏湖笔小镇湖笔发展受到重视并在努力建设设施，扩大宣传力度，现阶段取得了不错的效果，但进步空间还是很大。

　　（7）"请您对湖笔发展提出宝贵的建议"该题为简答题，意在让受调查者自由表达自己的意见。该题收到答案多样,受调查者广提建议,有:增加宣传形式、形成品牌效应、明星代言、加大资金投入、嵌入电视剧拍摄、向国际化发展、提高湖笔从业者薪资、给予湖笔商人优惠、加入教科书、提高湖笔质量和产量等,每个建议都有一定的参考价值和可行性。该题也是本问卷最有价值的一道题,向本调研的目的——探究如何更好地继承与发展湖笔制作非遗技艺,迈出了一大步(见图5)。

图 5 发展湖笔文化建议词云

三、善琏镇湖笔发展存在的问题与原因分析

(一)湖笔文化普及程度不高,受众少,传播范围不广

根据问卷中第一、四、六问,可见善琏镇湖笔文化在善琏镇人民中仍未做到人人熟知。虽然已有湖笔文化节、湖笔制作技艺大赛这样的宣传形式,但其受众较少,一般只有湖笔从业者以及中老年一代比较关注。中青年群体以及儿童群体在文化传播中的力量是不容小觑的,并且随着现代网络技术的不断发展,互联网已成为人们了解和获得信息的主要途径。因此,如何在文化传播中合理利用现代技术以及加入时代元素是我们值得思考的问题。

(二)湖笔产业规模不大,待遇不高,技艺较难

根据问卷中第二问,湖笔产业从事者规模不大,人们从事意愿不高,说明湖笔制作的职业待遇普遍不高,制作技艺由于是代代相传且历史悠久,虽然极具韵味但缺乏创新。技艺大师人数很少,人们很难得到其"真传"又缺少系统的教学方法,导致学会制笔的人较少。长此以往,湖笔的产量与质量下降,很大程度上影响了湖笔产业的发展。湖笔从"产"到"销"各个阶段是互相影响的,循环往复,牵一发而动全身。

(三)湖笔制作缺乏创新,品质不一

根据问卷中第七问,人们建议的中心在于"创新"二字。纵观市面上的湖笔,大部分外观相似,款式单一,质量不高。因此,湖笔缺乏辨识度,无法给人留下深刻的印象。湖笔市场缺乏管控,湖笔技艺不够精进,这也是影响湖笔发展的一大问题。

(四)群众参与度不高,缺乏积极性

根据问卷中第三、五、七问,可见群众对于善琏镇的湖笔发展缺乏参与的积极性,但也能提出许多宝贵且实用的建议。善琏镇湖笔文化和湖笔产业大多是以当地政府主导、商户自由发展的形式开展的,关于其大型活动和建筑的开展和建造是政府和村委会负责的。其缺点在于较少让群众参与到文化建设事业中来,没有最大化利用群众的创造力量。

四、建造湖笔文化发展的"桥梁"

经过为期8天的实践调查以及调研活动与问题分析,笔者对湖笔文化、湖笔制作技艺非物质文化遗产有了更深入的了解。笔者通过所获得的群众意见以及文献参考,提出了一些针对所发现问题的解决措施,以此为建造湖笔文化发展的"桥梁"贡献一份力量。

(一)促进乡村旅游与非物质文化遗产融合发展

非物质文化遗产需要不断地传承和发扬,而地方旅游业的发展也需要历史文化的支撑,将两者合理融合可以起到事半功倍的效果。

1. 创新活动形式,打造特色小镇

旅游业的发展需要一定的文化特色作为支撑。善琏湖笔小镇的文化特色除了非物质文化遗产,还有各种活动形式如湖笔文化节、湖笔制作技艺大赛等。在此基础上,可以扩大活动覆盖范围,让更多人参与进来。也可以让比赛活动的种类多样化,比如设置"青少年识湖笔""湖笔文化创作大赛"等,让青少年也加入文化传播的队伍中来。同时,政府可以将湖笔文化发展史加入当地中小学的课本中,在幼儿园增加有关湖笔的动手课,让湖笔文化无处不在,也增加了其发展潜力。

2. 发扬网络效应,促进文旅融合

旅游业兴盛与否,还有一大关键点便是知名度。当代是电子信息时代,各种网络平台层出不穷,浏览量也以惊人的速度增长着。善琏镇的文旅发展要注意抓住时代红利,

合理利用网络。比如,打造几个精美的公众号,利用抖音、小红书等平台推送小镇风光与小镇特色。同时,加快新农村进程,打造焕然一新的新时代农村面貌。在旅游产业发展过程中,注意将湖笔文化进行重点介绍与展示,打造富有特色的旅游纪念品。

(二)全面传承湖笔产业,重塑湖笔品牌

我们应积极响应国家号召,促进中华文化走向世界。要想湖笔文化"走出去",最不能轻视的就是湖笔自身的塑造。

1. 重视工艺继承,开放教学课程

政府应重视湖笔制作工艺继承人的培养,增加笔艺大师人数,使得湖笔制作技艺不失传并且不断改进提高。政府也需做好湖笔制作技艺的教学视频录制,合理适度地在各大平台开放,让更多人有了解它的机会,也让笔工们能更便捷地提高制笔技艺。

2. 注重老字号笔庄的保护与传承

文化发展中注重形成品牌效应有重要意义。政府应注重"老字号"品牌的发展,推进"李鼎和""王一品"等老字号笔庄的保护传承。政府还可给予高技能湖笔制作工人一定的补助津贴,给予湖笔产业从业者一定的制度保障。同时,加强市场监管,清理市场上的盗版、劣质湖笔商品,维护品牌声誉是刻不容缓的。

3. 弘扬湖笔文化,开发文创产品

针对湖笔产业中产品单一、知名度不高的问题,政府可以聘请民间艺人、专业文化人才、文化志愿者等对湖笔进行展示、评鉴、保护,发挥人才优势,开发高端文化创意产品。

(三)征求群众意见,走到群众中去

文化的发展离不开群众的支持,人民是文化的创造者、继承者与传播者。走到群众中去,广泛纳谏是保证文化常青的关键点。

1. 建立专门渠道,广泛纳谏

政府应充分发挥人才优势,广收建议,在湖笔文化系列活动以及建筑建造等方面号召人们的"金点子"。可以采用匿名信箱、邮件,或者实名制建议方式,给予一些特定的渠道,听取民声。被采纳的建议可给予公示表扬或者奖品奖励方式,提高人们的积极性。

2. 提高民众参与度,加强情感共鸣

小镇可定期举办文化遗产系列讲座,提高人们保护文化遗产的意识。同时,可设立多个流动岗位,招募志愿者参与文化馆管理、活动组织等,让人们充分参与进来。通过这些活动,人们的家国情怀、文化共鸣一定会更加强烈。

五、小结

本次调研通过参观、采访、问卷等方式对善琏湖笔小镇湖笔发展情况进行研究，从中可以体会到非遗技艺的传承发展离不开国家、政府和每个人的努力。非物质文化遗产是千年历史积淀下留存的宝贵财富，需要大家有意识地去保护和继承。本次调研也存在着一些问题，如有些场地选择不具代表性；线下问卷份数太少，参考性不强；问卷下发场地太局限，只在小片区域，人群的意见不能充分反映真实情况；线下采访问题有重复且得到反馈少、质量不高，因而此活动形式降低了整个调研的效率，应找到更合适的调研方式。虽然出现过一些小问题，但经过努力，本次调研活动还是顺利结束了。对一个原本默默无闻的小乡镇来讲，拥有非物质文化遗产是它的一道光，以湖笔制作非遗技艺为基础打造特色小镇让善琏湖笔小镇散发点点星光。在新时代，在文化日益重要的今天，善琏湖笔小镇正迎来发展的春天，独具特色的"湖笔"必将走得更高更远。

赓"系"时代精神,编"结"幸福蚁岛

——关于蚂蚁岛渔嫂编渔绳精神背后红色文化传承的调查

作者:陈丽雯,周燕,陈芊伶　　班级:A19 行政 1　　指导教师:林晓芳

摘　要:渔嫂、渔绳文化历来是蚂蚁岛精神文化的一大特色。但由于现代渔业生产的发展变化,许多渔绳结濒临失传。调查了解到,舟山普陀区蚂蚁岛上有很多非物质文化遗产的坚守者,依然奋斗在渔绳结的传承教学和渔绳结衍生品开发推广工作的第一线,其中渔嫂的贡献和引领作用突出。通过实地调研,与蚂蚁岛当地的渔嫂进行交流,学习其智慧的渔绳编法,分析其技法的传承效度,深入其背后的奋斗精神,思考其发展的延伸空间。通过调研海岛的渔绳编结文化,一方面采用大众所喜闻乐见的形式更具体地传承海岛非遗文化,另一方面将其背后奋斗精神更好地契合时代精神传承给下一代。

关键词:红色文化;蚂蚁岛;渔嫂;渔绳

前　言

21 世纪是海洋世纪,海洋正越来越成为新时代人类生存和发展所依赖的空间,而海岛是其得以发展的重要载体。近两年红色旅游在国内如火如荼地展开,浙江普陀区蚂蚁岛依托其历史优势及其艰苦奋斗的红色精神,再创海岛乡村振兴新局面。但在实际发展过程中仍存在部分问题,陷入瓶颈,其红色旅游同其他地区的红色旅游大致相同,海岛特色优势结合得不够突出,沟通链条冗长,想要提升海岛幸福力,需先提升其自治能力,优化政府引导作用为目标的治理网络结构,抓住特色突破口,突出群众渔民渔嫂的力量,利用海岛非物质文化遗产的优势,培育并塑造海岛乡村共同体对接政府渔嫂多元化主体。而渔嫂处于海岛乡村的环境当中,身份具有特殊性,可以充分链接不同网络群体中的结构洞,明确海岛发展的潜力和优势方向,且很多还是红色发展史中的亲历者,掌握了独具海岛特色的传承技艺和故事,能够更好地响应国家的精神发展需求,正

确解读相关政策并合理改造海岛乡村。本文以蚁岛渔嫂渔绳技艺传承为个案,从历时和共时的角度探索链接海岛非物质文化遗产同红色旅游的发展前景,探索其普遍性、适用性、针对性发展方式。

一、深入考究,探其背景

(一)政治背景

2021年是中国共产党成立100周年,为响应共青团中央"学党史、强信念、跟党走"学习教育工作部署的重要举措,并基于习近平总书记于2017年10月18日在党的十九大报告中提出了乡村振兴战略,本项目组以普陀区蚁岛为实践地点,该岛凭借着"敢啃骨头,艰苦创业,勇争一流"的红色精神,使岛屿村落中的贫困落后现象大为改观,其红色革命奋斗精神在海岛和农村非常值得研讨和学习,具有推广意义,尤其是当地的渔嫂文化及其衍生出的渔绳结文化,在普陀区蚁岛的非物质文化传承中占据重要地位。

2021年3月,浙江省委书记袁家军在省党史学习教育动员部署会上,将蚁岛精神确定为红船精神引领下的浙江"红色根脉"之一,把蚁岛精神列入浙江省党史学习教育方案。蚁岛精神不但没有过时,在新时期的征程中,还具有很强的生命力。因此,依托当地的红色资源,挖掘红色故事,追溯红色记忆,以坚定青年爱党爱国意识,传递其红色精神并为其岛屿"红色记忆"和"绿色发展"积极组织策划、建言献策。

(二)经济背景

在实现共同富裕的基础上,浙江省相较于其他省份确实更具有优势。浙江是一个很有活力的省份,发展主要依靠内生增长,并且城乡结构更加完善,内部收入差距较小。舟山位于浙江省,是全国唯一的群岛城市,也是首个以海洋经济为主题的国家级新区。党的十九大的胜利召开为我国今后的经济发展指明了方向。舟山市普陀区蚁岛的红色旅游是一大亮点和机遇。红色旅游作为我国特色旅游,在迎来了巨大发展机遇的同时也面临着不少的挑战。目前,为了满足社会发展的需要,以及增加人民的幸福感、获得感和体验感,舟山市蚁岛有必要凭借其"红色文化根脉"的历史优势,努力发展以旅游业为主的第三产业,尤其是作为非物质文化遗产的渔绳结文化,对于文化传承及文旅发展的推动力是可以预见的。当然,整个红色旅游作为我国特色旅游体系的重要组成部分,迅速兴起发展的同时也将面临巨大挑战。

(三)文化背景

中华文化是中华民族自信的底气,是凝聚民族复兴无穷力量的一面旗帜,其中最能体现民族精神内核的表现形式是红色文化,也是中国特色社会主义文化自信最重要的来源和组成部分。站在新时代的历史方位,在文化自信的背景下,传承和发展红色文化既要传承红色文化蕴含的革命精神,更要和时代精神交相辉映,共同凝聚起中华民族伟大复兴的磅礴力量。浙江省舟山市普陀区蚂蚁岛是红色革命精神的重要承载基地,而岛上的渔嫂文化更是其中的精髓。省妇联党组书记、主席王文娟在"传承千鹤妇女精神座谈会"上向全省妇女提出要努力成为重要窗口的建设者、维护者和展示者。立足新时代、发挥新优势、展示新形象,舟山妇联将以贯彻落实好重要指示精神为重要政治任务,紧紧围绕市域社会治理现代化总目标,牢牢把握坚持和完善共建共治共享社会治理制度的总要求,继续擦亮"东海渔嫂"这张名片,引领和推动全市妇女成为"重要窗口"海岛风景线的巾帼维护者、建设者和展示者。基于此背景,要更加注重传承,要努力为东海渔嫂精神注入时代内涵,引导青少年们接过传承之火,努力延续红色精神,传承渔绳结等非物质文化遗产,助力海岛的向新发展。

二、陷入瓶颈,探其原因

(一)蚂蚁岛的现状

蚂蚁岛目前主要靠旅游业宣扬红色文化,重温峥嵘岁月,尤其是宣传制绳工艺和渔嫂背后的精神,以吸引旅客以及相关的考察人员,进而推动当地的经济。多年来,蚂蚁岛依托建设旅游生态岛,发展旅游业传递红色精神文化实现发展,以艰苦奋斗的渔嫂创业历史为依托,以艰苦创业的精神作为支柱,向全国各地普及蚂蚁岛精神和蚂蚁岛文化。

可蚂蚁岛发展到今天,单纯靠单一地展示制绳工艺这一活动,也许可以支撑短期内的发展,但是从长远来看,今后的经济发展文化传播等各方面推进,仍会面临一些障碍。目前,蚂蚁岛发展也许已经进入了瓶颈时期,如果要实现长足的发展,保证渔嫂精神的传承和红色文化的传播,那么将古老的制绳工艺和现代技术相结合、大力宣传制绳工艺形成品牌效应等,已经是刻不容缓的趋势。

(二)蚂蚁岛红色文化陷入瓶颈的原因

1. 蚂蚁岛文化内涵缺乏创新

蚂蚁岛近年来的发展模式主要是重温过去的峥嵘岁月,尤其是以讲述渔嫂编织渔绳的故事为主,但这种宣传内容比较单一,形式也不够有趣,缺乏对精神背后的挖掘和对这类特色资源的创新发展。另一方面,整个蚂蚁岛旅游基地服务与建设队伍的年龄趋于老龄化,随着老一辈年龄的增长,能够宣传蚂蚁岛红色文化、教授渔绳结编制技巧的人少之又少。因此,需要改变传统的红色文化传播方式,使编织渔绳得以和当今社会及人们的生活相融入,呈现出更加丰富和有创造力的渔绳文化。

2.蚂蚁岛文化缺乏品牌效应

蚂蚁岛虽然大力宣扬旅游业,但是缺乏其独有的品牌,当下经济社会高速发展,即使酒香也怕巷子深,因此可以在一定程度上将蚂蚁岛商业化。所谓的商业化,并不是将蚂蚁岛成为纯商业投资,为资本积累推波助澜,而是打造出一定的品牌效应,依托蚂蚁岛独有的过去的创业活动,挖掘其活动的本质内涵特征,以渔嫂编制渔绳故事为依托首先吸引人们的目光,以宣扬红色文化感受峥嵘岁月为内核,以当代网络为媒介,将这种品牌效应不断地扩大化,古老的渔绳有了一定的商业化特征,蚂蚁岛精神和文化才能传播得更远,更加深入人心。

3.蚂蚁岛文化缺乏传承群体

当地大多数青年人外出务工或者求学,在学成之后,大多数人不愿意回来为舟山的建设而奉献青春以及多年所学,固然追求个人的自身发展无可指摘,但是蚂蚁岛在人才引进方面,相较其他岛屿显得弱势很多。再加上原始的制绳手艺可能也会在很大程度上止步于上一代,这就需要一代代的年轻人去传承制作工艺,更需要把这种制绳工艺背后的精神铭记于心,一代代传承下去。相关的政府可以在这方面多多加强对青少年的教育,在许多孩子学成之后,推出相关的优惠政策,例如推出住房补贴、公积金等政策吸引青年人来岛工作,为制造渔绳的技艺和发扬渔嫂精神的传承助力。

三、不破不立,探求创新

(一)蚂蚁岛模式需要追求创新和突破

经实地调查走访发现,蚂蚁岛主要依靠制绳工艺、陈列展馆、讲述过去的故事来宣扬红色文化,要使其精神与现代思想相融合创新,可以将现代编织工艺融到传统的渔绳编织技术当中,将渔绳作为手工艺品展览或赠送或售卖给来当地游览的人,让他们在实物中感受岁月的艰辛与不易,这份感情也会显得更加真挚而有力量。

再者,当今科技与信息不断发展,人们可以在家就实现与外界的沟通互联。人们往往会因为时间问题,例如工作、学习、生活等方面的原因,不能亲自来蚂蚁岛观光,那么或许可以依托现代技术在线上实现这一设想。这就要求相关技术部门工作人员制出蚂蚁岛的 3D 游览图,实现从外观到各个部门、各个科室的穿梭,在指尖就可以实现蚂蚁岛的最直观体验游览,进而让游览者对蚂蚁岛在线上有一个初步的印象,并且可以将制作渔绳的过程通过 3D 技术生动地展现在人们的面前,由线上的 3D 游览吸引游客们,让他们感受新旧文化与技术的融合。

(二)蚂蚁岛文化精神发展传承的建议和措施

1.推动文化革新,深入挖掘编草绳、渔绳结中蕴含的文化精神

蚂蚁岛当地搓草绳的历史精神可追溯到 20 世纪 50 年代。蚂蚁岛受其自身陆域面积的影响,农业生产受到了极大的限制,但蚂蚁岛居民在这种艰苦的条件下靠妇女们顶起了半边天。蚂蚁岛的妇女放工后捶草,晚上搓草绳,坚持了三个月终于用 12 万斤草绳换来了一艘大捕船,也叫"草绳船"。可见,蚂蚁岛搓草绳的精神文化具有十分深刻的历史内涵,它帮助居民自力更生走向富裕,是当时居民梦想起航的基石。想要让更多的人学习了解蚂蚁岛搓草绳的精神,就应根据蚂蚁岛独特的历史文化条件,深入挖掘搓草绳、编制渔绳结活动中蕴含的时代意义及内涵,不仅要传承其在过去表达的艰苦奋斗精神,更要在此基础上进行革新,努力探索其在当今时代的表现形式,呈现出更丰富、更具有创造力的草绳和渔绳文化,吸引更多的人了解学习编制技艺及其背后的文化内涵,实现渔绳文化的现代创新与传承。

2.提高品牌意识,打造独属于蚂蚁岛的红色精神文化品牌

加强在公众号、自媒体的宣传,扩大渔绳结文化的知名度与影响力。作为红船精神引领下的浙江"红色根脉"之一,蚂蚁岛精神对于浙江走中国特色社会主义道路具有十分卓越的引领作用,而作为蚂蚁岛红色文化中的一个重要部分,拥有鲜明地方特色和悠久文化底蕴的草绳和渔绳结也在文化弘扬与传播中承担着十分重要的责任。要使蚂蚁岛的红色精神在全中国乃至世界范围内传播,就必须要打造独属于蚂蚁岛的绳结文化品牌,充分了解渔绳结文化的传播现状,揭示其发展中的优势及劣势。同时也要善于借鉴其他区域品牌发展的典型案例,总结出对于渔绳结文化发展的启示。最后在基于典型案例的经验启示的同时,结合蚂蚁岛当地渔绳结文化传播发展的现状和环境分析,制定促进渔绳结品牌文化发展的对策:利用多渠道对渔绳结文化进行传播和推广,提高区域品牌意识,加大渔绳结产品研发投入,树立积极的红色文化品牌形象,提升品牌影响力。

3.搭建传承桥梁,助力红色精神文化的接力与传承

可以与舟山市中小学达成教育合作,开展渔绳结历史教育及制作学习课程。在蚂蚁岛当地渔绳文化传承与发展的调研中发现,随着新区的建设和交通的便利,越来越多的蚂蚁岛当地新一代居民选择离开小岛,在大岛甚至更繁华、拥有更多机会的大城市工作生活。教授渔绳结编制技巧的渔嫂,最年轻的一位都已经 47 岁了,最年长的一位已有 75 岁了,且在交谈中了解到,她们的后辈们大多在外工作学习,不再学习渔绳结编制手艺了。由此可见,蚂蚁岛的渔绳文化传播队伍十分缺乏新生力量,为传统渔绳编结文

化注入时代精神和新鲜血液已刻不容缓。面对这个现状,蚂蚁岛的渔绳文化队伍应寻求当地政府的支持,与舟山市中小学校达成特色教育合作,搭建起老一辈传播者与新生代传承者的桥梁,定期在中小学开展渔绳结历史故事分享会、渔绳结技艺学习交流课程,让文化直接影响范围从蚂蚁岛扩大到整个舟山群岛,让中小学生更多地了解渔绳结文化、学习渔绳结技艺、传播渔绳结精神。在文化传播与传承上,单靠渔绳结专门队伍中的七八个人是远远不够的,所以需要政府颁布一些特殊政策,疏通蚂蚁岛渔绳结传播与传承过程中的阻碍,扩大渔绳结文化的新生代传承者范围,让更多的人了解学习渔绳结中蕴含的红色精神的内涵,促进其更好地传播发扬。

四、总结

总而言之,想要从根本上推动蚂蚁岛渔嫂、渔绳结中蕴含的红色精神文化的传播与发展,不仅要蚂蚁岛上下一心,创造出更多更丰富的渔绳结形式,还需要政府在政策与平台上提供大力支持,更需要区域间的共同合作,合理规划、合作协调,共同促进文化传播与传承,从而真正实现红色文化历史与现代文明内涵相融合,实现更健康、更高效的可持续发展。

"继承红色基因，飘扬五星红旗"

——关于温州瑞安国旗教育纪念馆国旗设计历史背景及其理念的调查

作者：朱秀容　　班级：A19 英语 2　　指导教师：顾协国

摘　要：2021 年恰逢中国共产党成立百年之际，为庆祝党的百年华诞，特此开展关于国旗设计背景历史及其理念的调研报告。五星红旗承载着民族记忆，了解其设计者、设计理念与历史背景是每一位时代青年应当做的。此次社会实践走访温州瑞安国旗教育纪念馆，学习国旗文化、弘扬爱国精神，展现国旗文化传承现状以及接下来具体的发展策略与建议。为大众科普国旗文化的同时，继承红色基因，增强全体民众的民族认同感与自豪感。

关键词：国旗文化；爱国精神；温州文化

作为中华人民共和国的国旗，五星红旗已经在中华大地上飘扬了 72 年。每逢国庆大典等重要场合，五星红旗总是以庄严的姿态呈现在世人眼前，诉说着中国故事。

1949 年，曾联松设计的五星红旗图案凭借其简洁而庄严、美感与寓意并存的设计，在几千幅图案中脱颖而出，被选定为中华人民共和国国旗。而作为国旗设计者的故乡，温州瑞安对国旗也有着极其特殊的感情，建有曾联松广场、国旗园。2019 年，在新中国成立 70 周年之际，温州瑞安建成了全国首家综合性国旗教育基地 — 国旗教育馆。当地政府致力于把国旗馆打造成集国旗科普、红色教育、特色文化于一体的爱国主义教育综合展示馆，通过融合国旗元素与瑞安地域元素和文化元素以弘扬国旗文化与爱国主义精神，潜移默化地影响世代瑞安人。此次社会实践着力于科普国旗文化历史背景、传播国旗文化以及目前传承国旗文化存在的问题并提出对应的解决方案。

一、从"温州文化"到"温州人精神"

一方水土，孕育一种精气神。古有诗云：温州好，别是一乾坤。温州坐落在中国东南沿海地区，凭借得天独厚的地理位置，从一个落后的小渔村发展成全国先进文明城市，创造了令所有人都敬佩的"温州模式"。40年前，温州以先行者的姿态，在中国改革开放进程中独领风骚。温州人抓住改革开放的机遇，始终是中国改革开放与民营经济道路上的领头羊。在改革初期，温州人凭借"南有吴川，北有温州"的名号享誉全国；凭借强大的商业头脑以及数学天赋，被誉为"东方的犹太人"。这座有着千年墨香传承的历史文化名城步履铿锵，凭一曲嘹亮的文化传承进行曲，奏响在瓯越大地。在文化研究方面，温州深入挖掘文化底蕴，推出一批有重要影响的原创性成果和标志性成果，充分挖掘文化名人资源，推动瓯越文化元素融入城市建设和市民生活。温州鼓词、温州细纹刻纸以及活字印刷等文化形式多样，群星璀璨。温州文化源远流长，自成一派，在潜移默化中影响着一代又一代的温州人民。

其中将所有温州人串联在一起的就是温州精神，温州精神的内核就是：白手起家，敢闯敢拼，百折不挠。温州人不惧万难，迎难而上，敢啃硬骨头，凭借其特有的创新与实干精神开辟出一片新天地。经济学家钟朋荣就曾把温州精神高度概括为：白手起家，艰苦奋斗的创业精神；不等不靠，依靠自己的自主精神；闯荡天下，四海为家的开拓精神；敢于创新，善于创新的创新精神。正如热播电视剧《温州一家人》中所演绎的那样，温州农民万顺背井离乡在中国和世界各地艰苦创业，经历了无数的失败与旁人的冷眼相待，最终取得成功。温州人没有向困难低头的习惯，没有向磨难屈服的爱好，有的只是顽强拼搏、坚韧不拔的勇气与决心。温州人崇尚实干，向来只做实事。事实上，随着时代的变迁，温州人精神也在不断地与时俱进，时至今日，温州也不断彰显文明城市新姿态，以谋求更进一步的发展。

二、"温瑞小城"中冉冉升起的新星

曾联松——中华人民共和国国旗五星红旗的设计者。虽然他早已去世，但他和国旗的故事一直都在。

曾联松于1917年12月17日出身于瑞安城关一个普通的知识分子家庭。爷爷曾叙卿是瑞安城里远近闻名的老中医，父亲曾宇人是公务员，先后在杭州和南京工作，母亲沈炳娣则出身书香门第，是位贤妻良母式的家庭主妇。曾联松幼年在私塾求学，6岁就读瑞安县立高等小学，15岁在瑞安县立初级中学毕业后到南京继续求学。曾联松在南京先后就读江苏省立南京中学和国立中央大学，抗战爆发后曾联松随中央大学迁至重庆。大学期间，21岁的曾联松加入中国共产党，有了政治信仰，自此他一生对党忠贞不渝，虽在中途因国民党的白色恐怖与组织失去联系，但仍一心向党，并在68岁高龄时，重新入党。抗日战争时期，中国备受摧残蹂躏，所谓的人权自尊被随意践踏，国民生活在水深火热之中。此时他忧国忧民，立志报国。早在"九一八"事变后，他就和许多志同道合的爱国青年一起走在瑞安街头参加抵制日货、提倡国货的活动。在南京求学时，他也勇敢积极响应了北京学生发起的"一二·九"运动，罢课游行示威，并由此走上革命之路。纵观曾联松老先生的一生，信仰坚定，无论顺境逆境都泰然自若。从学生时代起，他就是一位充满理想主义的爱国青年。

曾联松先生中学就读于浙江省重点中学瑞安中学。在中学时期，他遇到温州著名的花鸟画家金作镐，这对他的一生都产生了巨大的影响，点燃了他对美学与绘画的热情。曾联松先生酷爱书法，能写一手好字，在这里，他打下扎实的书法和美术基础。青年时期在温州，曾联松有了对中国初步看法及自己的革命思想，其中温州文化精神潜移默化他，实干创新爱国，迎难而上，勇于做时代的弄潮儿。

三、"海派文化"的精致与包容

曾联松先生后期居住上海，受到上海文化一定的影响。上海是中国的经济中心，也是中国最繁华的地方之一。正如老话所说的"两千年历史看西安，一千年历史看北京，一百年历史看上海"。从 1843 年上海开埠以来，上海就凭借优越的地理位置与国家宽容的政策飞速发展，最终成为远东第一大城市的地位。时至今日，上海也还是稳居东亚中心城市的地位。上海文化又被称为海派文化，其宗旨是海纳百川、兼容并蓄。海派文化就是以尊重多元性、个性，并且兼顾个人和社会利益，以契约精神为主导的理性的、随和的、较成熟的商业文化。海派文化最显著也最令人敬佩的特点就是精致性与包容性。正是因为其精致性才能吸引无数海内外优秀人才去上海奋斗；正是因为包容才能集百家之长，让游子有家的归属感。

上海兼容并包的地域文化刺激着曾联松，也开阔了他的眼界。1947 年 7 月中旬，他就在自家阁楼上开始前无古人、后无来者的国旗设计。正是基于对革命道路的理解，他最终才能设计出如此简洁明了又能如此为国人所动容的五星红旗。

四、"国旗之父"诞生记

1949 年 7 月，曾联松从人民日报上得知国家正在向全国人民征求国旗图案的通知。从学生时代起即是一位爱国青年的曾联松，曾目睹过脚下这片土地及土地上的中国人民曾遭受过的种种苦难：山河破碎、饱受蹂躏、民众离乱、满目疮痍……而如今，由中国共产党领导的、人民当家作主的新中国即将诞生，那些不见天日的日子终于过去，华夏大地又展现出应有的蓬勃生机。面对中国历史即将展开的新的一页，曾联松以激动的心情反复认真阅读报纸上刊登的征集通知，为新中国设计国旗图案的想法随即在他的脑海中产生。上海的夏夜常常酷热难耐，而当时居住在今上海市虹口区山阴路

145弄6号的这位年轻人，正是熬过了许许多多炎热的夜晚，经过一次次苦心构思、一遍遍裁剪实践后，才将国旗的最终设计方案定下来。血红的红旗底色象征着先辈们的流血牺牲，最大的一颗星星代表着中国共产党，其余的四颗星星代表中国社会的不同阶层，以党为中心，听党指挥，拥护中国共产党的领导。从此，一面代表着中国共产党领导的、为中华民族全体成员共有的五星红旗开始在中国的上空飘扬。国旗精神与爱国精神深入人心，成了一代代青年人的伟大追求，起到了真正的旗帜作用，指引着一代代的青年们！每当看到这一面鲜艳的五星红旗在天空缓缓升起，强烈的爱国情怀就在内心激荡。炽热的红色和鲜亮的黄色相互映衬，犹如先辈们的鲜血与光辉的未来交相辉映。

最成功的设计往往能够引起人们强烈的共鸣，真诚的人设计出感人的作品。正是因为曾联松先生对党抱着赤子之心，描绘出内心对党和人民最真切的想法，才能真正地打动人心。而曾先生之所以能设计出色调和谐、元素鲜明而又含义丰富的国旗图案，也与其儿时受老师熏陶从而对书画产生浓厚兴趣不无关系。在当时如此恶劣艰难的条件之下，曾联松毅然决然投身国旗设计，在家里设计出五星红旗，邮寄到北京。

五、红旗飘飘

在政协提出向全国收集国旗创意时，收到了全国人民陆陆续续三千多份的邮件投稿，显示普通老百姓对自己当家作主的积极与热情，其中也不乏郭沫若、朱德、艾青等名人及美学大师的作品。但是最后脱颖而出的稿件竟是出自一位整天与数字、算盘等打交道的普通财务工作者之手，这是很多人不曾想到的。没有夸张华丽的图案，没有艳丽的浓墨重彩，有的只是金色的五星与血红的背景，革命烈士鲜血渲染的红旗，表现了中华人民共和国崛起的不易与壮烈。旗面上的最大的一颗星星代表中国共产党，其余四颗星星则代表着中国各个阶层，寓意全国各阶层听党指挥，在中国共产党的领导下，走向光明的未来。在当时毛主席就指出：我们的五星红旗这个图案表现的主旨是革命人民大团结，因此既是团结的又是革命的。生长在和平年代，但是不能忘记战争所带来的苦痛。正是许多前人抛头颅洒热血，牺牲自我，照亮新中国前进的道路，才有了现在的幸福生活，永远也不能忘记他们。

一开始曾联松先生设计的国旗与现在的五星红旗有一些出入，最大的一颗黄星中间有镰刀斧头图形。在后来关于国旗的讨论中，政协委员一致认为镰刀斧头与苏联国旗相像，另外考虑到国旗设计的简洁性原则，最终大家决定去掉镰刀斧头，于是诞生了现在简洁而不失庄严的标准五星红旗。新中国的五星红旗旗面是鲜红色，左上方点缀着五颗五角星，四颗小五角星围绕着一颗大五角星并且小星星都有一个尖角的延长线相交于大星的中心，其中美学设计深入人心。旗面长宽比为3：2，材质为春亚纺。1949年10月1日，伴随着毛主席"中华人民共和国中央人民政府今天成立了！"的庄严宣告,新中国第一面五星红旗在天安门广场缓缓升起。

六、探访国旗教育馆,追寻"旗"迹故事

(一)国旗教育馆基本概况

国旗教育馆位于温州瑞安市西山山顶,2019 年国庆期间开馆,总面积高达 2600 多平方米,总共四层,内设电梯。从外面看去,场馆上面就是一面大红旗,进入场馆内头顶就是一面巨大的五星红旗。进入场馆,处处都是国旗元素。开馆时人山人海,一票难求,人气水涨船高,总共接待游客超 30 万次。"红旗飘扬"为场馆的设计主题,里面一共设了 4 层,分序厅、尾厅、附属厅和 4 个主题厅——国旗诞生厅、国旗知识厅、国旗荣耀厅、瑞安发展厅。里面有展览品和收藏品超过百件,有人物模型、书法篆刻,还能欣赏到当时政协委员推选的其他几十份备选国旗。温州瑞安作为全国唯一一个国旗红色宣传阵地,接待了许多的中小学生及国家领导,成为独具地方特色的红色基地。馆中有一座大雕塑,刻画的是曾联松老先生一手拿着书、一边仰望星空思索国旗的设计。场馆中也不乏有许多趣味性活动,手动制作国旗、国旗知识竞赛、3D 技术换脸合影等。教育馆地上四层至地下一层中间有一个通天的弧形显示屏设计,可以立体展现升旗仪式,非常逼真壮观,场内随处可见热情洋溢的免费讲解员,带你走入承载民族记忆的红色国旗文化。在场馆的二楼有一个集体对着国旗宣誓的场所,振奋人心,同护一面旗,共爱一个家。此外,国旗教育馆还推出了瑞安市"奋斗百年路·启航新征程"——国旗教育馆百年党史特展。本次特展设在负一楼,是瑞安市首个纯数字化主题展馆,创新采用多媒体展陈方式,设置 25 块屏幕,全景式、立体化、互动性地展示党的百年光辉历程与瑞安的发展成就,增强温州人的自豪感、归属感与成就感。

(二)国旗教育馆现状(存在的主要问题)

事实上建设国旗教育馆只是学习国旗文化、弘扬爱国精神的第一步,如何实现场馆的可持续发展也是当地政府值得深思的一件事。

(1)国旗教育馆缺少强有力的政策支持且相关基础设施建设落后。国庆刚开馆的时候去参观纪念馆,人山人海,蔚为壮观,许多人慕名而来在场馆外排队一下午只为目睹半小时五星红旗的容颜。而现在,去做调研时偶尔会碰到几位零星的参观者。大多数人只是追求一时新鲜,追赶潮流,争相前来打卡。此外,教育纪念馆属于文化场所,致力于传播国旗文化弘扬爱国精神,非营利门票不收取费用,营收途径有限,从而更加需要当地政府的财政支持。

(2)对国旗严肃性的认识不够。国旗拿反不自知、小国旗随手丢的现象屡禁不止,

甚至连用国旗做麻袋的现象也时有发生。从严格意义上来说，这些行为都违反了《中华人民共和国国旗法》相关规定。由于游客基数大、流动性强、难以究责等诸多难题，相关法律法规难以有效执行。

（3）国旗教育馆活动单一，没有推陈出新。虽然馆内有手动制作国旗、国旗知识竞赛、3D技术换脸合影等活动，但是缺乏创新、缺乏趣味性，让人觉得体验一次就够了，不会想要来第二次。

（三）实现国旗教育可持续发展的建议

（1）当地政府政策大力扶持，促进周边产业链发展。完善周边住宿、娱乐、餐饮等服务，形成一条完整产业链，最大限度促进当地可持续发展。定期组织党员前往国旗教育馆实地考察学习，深刻感受国旗精神。开展党史有奖知识竞赛活动，开展国旗精神讲座，举办国旗文化月等活动，学习国旗文化，弘扬爱国精神。此外，学生也是国旗教育主要受众群体，国旗教育从小抓起，这对于培养国民国家意识有很好的积极引导作用。组织学生课外实践去往国旗教育馆学习国旗精神。重视学生的国旗教育，增强民族认同感与自豪感，增强大家的爱国之情，塑造正确的价值观。

（2）加强国旗教育，每天升降国旗，定时组织学习《中华人民共和国国旗法》。以重大场合、重大节日为契机，展开国旗教育。针对随地丢弃小国旗乱象可以采取如下措施：在主要出入口设置国旗流动箱，当游客进馆参观时可免费领取小国旗，离开时再根据个人意愿进行回收。既避免了国旗的随意丢弃，又避免了海量的浪费。此外，在类似景区也可以设计专门的国旗回收桶，由景区负责人收集后统一处理。最主要的是加强人们敬畏国旗、爱护国旗的日常教育。

（3）馆内活动推陈出新，每月或者每半年更新一次。多增加一些趣味科普活动，如观看电影、赠送国旗纪念周边等。此外，可以充分利用科学技术来满足多层次人群的需求，使受众更加直观形象地了解革命知识，增强受众的情感共鸣，从而达到爱国主义宣传效果。比如，采用数字投影仪、虚拟场景等技术手段，将革命人物的革命活动经历和历史事件直观形象地展现在公众面前。这种宣教方式更易于公众对国旗精神的理解和消化，从而增加受众的认同感，强化爱国主义教育。

七、小结

多次参观国旗教育馆，令我感慨颇深。新中国成立70周年我们有了自己的首个国旗教育馆，在和平年代也一定不能让年轻一代忘记战争、忘记中国觉醒的年代史。温州瑞安首个国旗教育馆给广大市民科普各方面的国旗知识，讲解员陪同讲解，全国各地应该以此为借鉴，多建设一些国旗教育馆，让大家都有机会真正了解和接触我们的国旗，学习国旗文化,弘扬爱国精神。尤其是上海,作为国旗真正的诞生地更应该承担起科普国旗文化与民族精神的责任,可以多建设一些国旗教育馆。但是建设国旗教育馆学习国旗文化,只是弘扬爱国精神的第一步。重点是要落到实处,这就需要政府与全体市民的共同努力。愿大家都能汲取国旗文化营养,继续奋斗拼搏,热爱祖国,建设美丽中国!

奏响东海浩歌

——关于舟山锣鼓的调查

作者:詹庆亳　班级:A19生科1　指导教师:王月琴

摘　要:舟山的文化因海而生,与海结缘,称之为海洋文化。不断进步且发展快速的当代科学技术,使得人类社会发生了巨大的变化,海洋的战略地位也越来越高。而且随着国家对海洋文化的重视程度上升,舟山丰富多彩的海洋文化愈发成为国民不可或缺的精神源泉。立足传统,去糟存精,推陈出新,才能不被历史掩埋,再创辉煌。本次调查基于对舟山国家级非物质文化遗产——舟山锣鼓的历史和现状的调查研究,总结现状,分析问题,并对如何传承和保护海洋文化提出建议。

关键词:舟山锣鼓;海洋文化;文化传承;文化创新

一个国家和一个民族在精神层面的表达是文化。在历史的发展过程中,文化经过历史的积累、沉淀,对物质和精神层面进行了整理与升华,这对一个国家和民族的发展有着长远的意义。"这种对文化的高度的民族认同感,能够影响国民的一言一行,强化爱国主义精神。"[1]海洋文化是在海洋劳动实践的过程中产生的,对教育领域有着深远意义,也有着高度的动员作用。而且文化软实力对于一个城市来说是城市实力的一个十分重要的组成部分,对于一个国家来说是竞争的重要因素,因此海洋文化不仅在城市的发展中起着重要作用,更是在国家的发展中起着不可替代的作用。

党的十九大报告指出:"在坚定的文化自信中弘扬优秀的传统文化。"舟山锣鼓是非遗也是独属于舟山的海洋文化。舟山锣鼓是优秀的传统文化,蕴含着深厚的舟山渔民的海洋精神。

本调研课题从舟山锣鼓入手,访问了舟山民营的和公立的博物馆、非遗馆。同时,制作了调查问卷,并对浙江海洋大学的海洋锣鼓队的队长——孙于佳进行了采访,以此来深入了解舟山锣鼓。经过深入的调查和细致的归纳分析,对舟山锣鼓的历史渊源、现状、传承和发展进行了研究分析。海洋文化的发展是时代所趋,它不容小觑。

一、舟山锣鼓的历史渊源

舟山锣鼓作为一种热门的民间小型吹打乐有着很多别称,如"三番锣鼓""码头锣鼓""海上锣鼓"等,在舟山的庙会、婚嫁等民俗活动中都不免有着它的身影。在海洋劳动实践中,舟山锣鼓不仅有着汽笛的作用,人们敲响锣鼓以此代表船只即将离开或到达目的地,从而提醒船上的旅客做好上船或下船准备。舟山锣鼓也有着招徕客人、呼救和消遣时光的作用。除了这些,舟山锣鼓还应用于祭海、娱乐、表彰等方面。

1958 年,舟山市白泉镇的舟山锣鼓传承者——高家两父子,继承传统,推陈出新,在原来的基础上对锣鼓点子进行了改进与扩充。他们将渔民闹海、斗海、满载而归的情景与锣鼓的节奏和曲调结合,既表现了人海斗争的惊险场面和东海渔民那种破浪前行的气概,又显现出开船、拢洋等节日热闹的氛围。因此,舟山锣鼓便有了"海上锣鼓"的美誉。

1959 年,在奥地利维也纳举行的第七届世界青年联欢节上,南京部队前线歌舞团的锣鼓表演获得了各国观众的赞美。"他们所表演的锣鼓是根据白泉'高家班'锣鼓点子整理而成的,具有乐曲欢快、旋律激昂、气势磅礴的特点。他们以十抵百,由十多个人组成的乐队的演奏效果,却超过了几百多人的大乐队,南京部队前线歌舞团也因此获得了民间音乐比赛金奖。"[3]

1960 年 8 月,隶属于中央广播文工团的民族管弦乐队特地来到了白泉镇对舟山锣鼓进行实地的考察。在考察的过程中,他们被高如兴领班的海洋锣鼓吸引住了,他们协助高如兴整理加工舟山锣鼓,最终创作出了海上锣鼓,包括出洋、下网、拔网、回洋、庆丰等方面的海上渔业生产图景。在此之后,舟山锣鼓经过几次改进,三次进入了杭城去参加浙江省业余文艺会演,每一次都获得了创作演奏一等奖,舟山锣鼓名震海内外。

"1986 年,《中国民族民间乐曲集成》编入了舟山锣鼓的吹打曲,使得舟山锣鼓成了中国艺术瑰宝之一。"[2]

"20 世纪 90 年代后,舟山锣鼓的乐队常活跃于基础文化活动中,由此有了新的发展,开始了振兴的道路。"[3]

2006 年 5 月 20 日,舟山锣鼓成了舟山市唯一的国家级非物质文化遗产,非遗编号Ⅱ－43。

二、舟山锣鼓的发展现状

舟山锣鼓的形成源于海洋劳动实践,表现出了当时人们生活的状况,还有对生活的诉求以及当时舟山人民的积极向上的文化精神风貌,促进了和谐社会的构建。但随着时代的发展变迁,舟山锣鼓渐渐失去了往日的荣光。

根据调查结果,超50％的人未曾知晓舟山锣鼓,剩下知晓舟山锣鼓的大多是有所耳闻,对其不甚了解(见图1)。对此,必须深入了解其原因,才能更好地传承和保护舟山锣鼓。

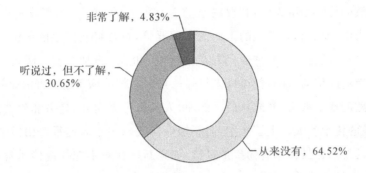

图1　当代大学生对舟山锣鼓的知晓程度调查结果

(一)人们的生活方式发生改变

在大众对文化消费与体验不断发生变化的今天,文化与科技,文化创意、设计服务与日常生活的融合为我们带来了更多的体验产品。而且随着经济的发展,人们对于精神上的愉悦追求愈发强烈,抖音、快手及哔哩哔哩等手机娱乐软件,各种新闻 App 以及各种影视软件等娱乐途径应时出现,这些极大地改变了人们的娱乐方式。舟山人民的生活也就是随着这些娱乐途径的兴起多了更多的选择,而舟山锣鼓也就淹没在这娱乐大流中,渐渐淡出了人们的视线,唯有那些传承者们还在苦苦支撑。

根据调查结果,超过50％的人不知道舟山锣鼓(见图2),并且受调查的人群是在舟山暂住或定居的人,可推测放大到整个省乃至全国,这个比例可能会大得多。接触过舟山锣鼓的人基本是通过网络接触到舟山锣鼓的,也有通过线下活动了解到舟山锣鼓的。因此,在当代新兴媒体等网络平台在文化的传承和保护中的作用越来越重要的情况下,

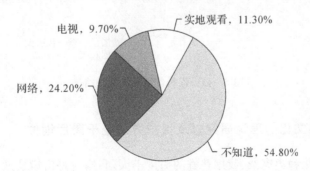

图2　接触舟山锣鼓的途径调查结果

传承和保护海洋文化必须重视新兴媒体,将舟山锣鼓融到人们的生活中,从而使得舟山锣鼓慢慢为大众所知。

(二)传承断层

舟山锣鼓的传承后继无人,其发展也就寸步难行。以前,舟山锣鼓队队员大多不是以舟山锣鼓为生,他们有着其他的工作或事情要忙,很难组成完整的队伍。而且,由于当时的条件,他们没有也不允许他们有专业老师的指导,再加上资金匮乏、社会保障机制不完善和市场经济的影响,使得许多年轻的舟山锣鼓传承者抛弃舟山锣鼓这门手艺,不得不向残酷的现实低头,弃鼓从商。然而,人又有生老病死,老去和死亡是不可避免的,舟山锣鼓的传承者大多上了年纪,而年轻一代又承担不起传承舟山锣鼓这一重担。随着老一辈的舟山锣鼓传承者的接踵过世,如果新一代再不能扛起传承舟山锣鼓的大旗,那么舟山锣鼓可能就会随着老一辈一起被泯没在时间长河中,被掩埋在黄土之中,只留下一个冰冷的代号。

当然,如果只是背出鼓点、模仿手法是不够的,没有神韵、内涵和灵魂的舟山锣鼓只能是徒有其表。鼓点和手法固然重要,但是"空有其形,不得其意"的舟山锣鼓,是不大可能为人们所认可的。当舟山锣鼓不再为人们所认可时,其会慢慢地消逝在时间长河中。

根据调查结果,超过 50%的人认为舟山锣鼓的发展出现了断层,但是并没有消失在历史长河中,只是新鲜血液还没发展起来(见图 3)。可见,人们对于舟山锣鼓还是认可的,只是由于传承者缺乏的问题而暂时实力不济。因此,要想传承和保护舟山锣鼓,培养好新一代是重中之重。

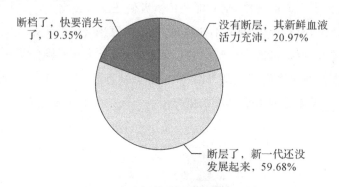

图 3　舟山锣鼓传承现状调查结果

(三)对海洋文化的理论研究以及保护方法处于滞后地位

由于海洋文化种类庞杂、我国普查的力度不大,我国对舟山锣鼓这类海洋文化缺乏更深入、更广泛的了解。还有保护观念滞后,资金技术贫乏,对于海洋文化的价值缺乏正确的开发利用,以及一些旅游市场的庸俗化的低廉开发导致海洋文化变质。

再者,就是海洋文化的教育和传承渠道不畅。舟山锣鼓等海洋文化不受教育领域的重视,使得其传承、保护与教育脱节,从而导致相关人才的缺失。

2021 年 9 月,某平台主播魔改中国国粹黄梅戏上了热搜,遭到了央视痛批。对于海洋文化的传承和保护来说,需要利用正确开发的方式,不需要这种庸俗低廉的、只为赚取流量的方式。如果不重视这个问题,那么当新一代被当代糟粕的网络文化误导,而丧失了文化自信的时候,中华民族传承了五千年的海洋文化将面临断裂的危险。

作为国家级非物质文化遗产的舟山锣鼓,受到重视和关注是必然的,但随着舟山锣鼓的传承与保护的不断推进,其中存在的问题也慢慢凸显出来,需要解决。要想让舟山锣鼓在当今社会发展得更加稳健、快速,生存得更加好,就必须保护传承和解决问题一齐推进。

三、舟山锣鼓的传承与保护

随着当代海洋兴国战略的不断拔升,海洋文化也一跃而起,受到了广泛的关注和重视,因此,它的传承和保护也是重中之重。舟山锣鼓是一种来自民间的艺术,正是这种在民间的以人为载体、口口流传的舟山锣鼓让现在的人们能够更加真实地去感受和接触到那段已经逝去的历史。这不仅体现了舟山锣鼓的民族精神和历史文化内涵,也体现了其传承的价值。

据调查结果,其中很多人没有观看过舟山锣鼓,而观看过舟山锣鼓的人大多是通过电视、网络以及一些非遗宣传活动等方式观看了舟山锣鼓的表演(见图 4)。人们对舟山锣鼓的传承与保护所提的建议也大多是加大宣传力度,由此可见宣传在海洋文化传承和保护中有多么重要的作用,利用好网络、教育、创新等宣传途径和手段,是海洋文化传承和保护的成功关键。

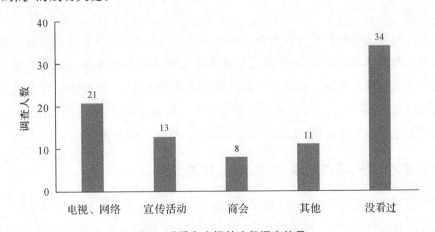

图 4　观看舟山锣鼓途径调查结果

（一）利用网络技术传播海洋文化，开展多样化的文化传承和保护活动

随着信息技术的发展，网络对于社会的影响力也越来越强大。因此，要想海洋文化更好地传承下去，应该充分利用信息技术的优势，"将网络技术作为其传播的媒介和载体，从而实现海洋文化与现代网络技术的有效融合，最终达到促进海洋文化发展的目的"[4]。网络在社会上普及程度不断升高，网民的数量也在不断上升，网络的群体结构也越来越多样化，它几乎覆盖了整个地球以及各行各业的人。因此，利用网络所拥有的强大的社会舆论导向能力，以及其传播的广度和速度等方面的优点，来不断提高国民对海洋文化的文化自信、文化自觉以及我国海洋文化的影响力，是实现舟山锣鼓这类海洋文化传承和保护的良策。

在实际生活中，多种多样的活动形式也可以被用来传承和保护海洋文化。2019年，白泉原生态舟山锣鼓队收到了电视台的邀请，赶赴北京参加了由中央电视台戏曲和音乐频道主办的节目。结合当代比较热门的网络综艺节目等，有助于传播舟山锣鼓，更好地传承和保护舟山锣鼓。2021年，舟山各地也开展了各种各样的活动，例如比赛、文艺汇演等。通过比赛、文艺汇演等方式能提高人民对舟山锣鼓认同感和认知度，从而促进舟山锣鼓等海洋文化的传承和保护。

（二）借助国民教育路径弘扬海洋文化，将海洋文化引进校园

在舟山市白泉镇的白泉中心小学把舟山锣鼓引进了校园。在许多节日庆典或者在一些比赛中，学校的舟山锣鼓队的演出排在第一位出场，一开场就气势恢宏。这个有着20多位成员的锣鼓队，最小的成员是从三年级开始作为替补跟着学基本功，等他们到四年级才正式上手、表演。每一年，锣鼓队都有老成员离开及新成员进来，但队伍的总人数基本不变。在大学校园里，也有着舟山锣鼓队，他们也是以相似的制度来维系队伍。

教育在海洋文化的传承过程中是一种极为重要的传播方式，它能够将我国海洋文化深入贯彻到教学过程中，进而多角度展开多样化的海洋文化渗透，不断增强学生对海洋文化的文化自信。因此，"传承和保护海洋文化必须有目的、有计划地，并且要充分地发挥教育的力量，将海洋文化向所有学生推进"[5]，从而增强海洋文化在我国学生当中的影响力和他们的文化自信，从而解决舟山锣鼓后继无人的现象。

（三）继承传统，取其精华，去其糟粕，推陈出新

创新使得文化能够生生不息，如果只是墨守成规就会淹没在时间长河之中。对于海洋文化要进行精益求精，取其精华，去其糟粕，这也是所有传承者不懈追求的目标。舟山锣鼓得以形成和传承下来，也是以传统为基础不断创新发展出来的。

调查发现,高家人在传统锣鼓的基础上加入了丝竹乐器使得舟山锣鼓的表达内容更加丰富细致,这是他们对锣鼓的刻苦钻研和不断创新才换来的成果。后来朱良成发现了丝竹伴奏的局限性:丝竹伴奏在室内效果好,但到了户外,声音就有些不够大。因此,他尝试用吹打乐器配合舟山锣鼓,并为此自己写好谱子,几个演员磨合了好几个月,才呈现出最后的成果。他还说:"一个地方做戏文,第二回再去还有人捧场,第三回就没人看了,所以任何东西都要创新才能生存,锣鼓也是如此。但在创新过程中,老底子也不能丢。新的东西总会变旧的,旧的东西等个几年也能变新的。"[6]

可见,文化的创新要推陈出新,走出自己的路,不能被前辈们的技巧束缚住。一直是旧的东西,湮没在时间长河中是迟早的事。当然,创新是要有意义的创新,如果是毫无意义的创新是没有太大作用的,甚至还会降低它原有的内涵。戏剧与流行音乐的结合就很成功,《赤伶》《新贵妃醉酒》及《牵丝戏》等的出现,使得戏剧焕发新生,重新散发出了灿烂的光芒。因此,我们要在继承的基础上对舟山锣鼓的内涵和外延不断地进行创新和更新,并在创新的基础上求发展,使舟山锣鼓真正成为既有丰富的历史底蕴,又有充满时代特色的新的海洋文化。

(四)其他

2021年9月,舟山日报图书传媒有限公司开发设计了一款"舟山非遗"系列蓝牙音箱,以舟山锣鼓为原型设计的卡通造型,不仅有着作为摆件的美观外形,还有着播放舟山锣鼓代表曲目的功能。"在定海东管庙弄朱家大院,舟山市首家区级'非遗馆'——定海区非物质文化遗产馆,他们将布袋木偶戏、舟山锣鼓等丰富的非遗资源用实物、图文、全景VR等方式展现在人们面前。"[7]这些新颖的传播方式不仅有趣,而且很有效果。

当然,舟山锣鼓的传承和保护还有很多方式:成立舟山锣鼓保护与发展领导小组,建立相应的办事机构,对舟山锣鼓的保护、传承进行全面规划;进行舟山锣鼓艺术资源普查,建立交流档案数据库,出版相关丛书或者开设相关网站;建立原生态的舟山锣鼓保护基地,拨出专项经费扶持各类舟山锣鼓基地;成立舟山锣鼓研究会,抓好舟山锣鼓的理论研究工作;充分发挥舟山锣鼓的审美价值和社会经济价值,让舟山锣鼓进入社会生活的各个领域,综合利用;等等。

因此,包括舟山锣鼓在内的海洋文化的传承和保护不仅仅是传承者个人的事情,也不仅仅是舟山的事情,它需要社会各界人士一起努力,才能更加繁荣昌盛。

四、小结

海洋文化的发展是时代所趋,其传承与保护受到了极大的重视,有着举足轻重的地位。在当代,海洋文化建设不仅是舟山发展关注的重点,更是国家发展的一个重点。

"城市的发展和国家之间的竞争，不仅仅体现在经济、科技等'硬实力'方面的比拼，还体现在文化底蕴及人文精神等'软实力'方面的比拼。"[8]从无到有的舟山丰富多彩的海洋文化，是舟山前辈们在海洋劳动实践中，用汗水和鲜血创造的。因此，当代的舟山人民要不懈努力，勇于开拓创新，为舟山的发展献出一份力，使得舟山的发展更上一层楼。国民要树立坚定的文化自信和文化自觉，提高对海洋文化的认知与认同，并将其传播和弘扬出去，从而增强我国海洋文化的社会影响力，逐渐提高我国的文化实力和国际地位。

参考文献

[1]陈曦.在弘扬优秀传统文化中坚定文化自信[N].沈阳日报,2020-07-23(009).

[2]吴顺珠.定海·普陀山导游词[M].北京:海洋出版社,2013:225-226.

[3]林翰羽.舟山锣鼓传承现状探究[J].北方音乐,2018,38(8):25-27.

[4]侯力丹,刘洪彩.在坚定文化自信中弘扬优秀传统文化[J].人民论坛,2018(3):134-135.

[5]徐锡英.地方特色文化在音乐教学中的传承——以舟山海洋文化进校园为例[J].中小学音乐教育,2018(1):32-34.

[6]朱良成.过去敲舟山锣鼓叫"喜行"　希望这个"欢喜行当"能继续热闹下去[N].舟山晚报,2020-10-15.

[7]吴建波.创新传承让舟山民间非遗"活"起来[N].舟山日报,2021-08-23.

[8]王一.软实力,城市崛起的新动力[N].解放日报,2021-08-07(008).

图书在版编目（CIP）数据

蓝色报告. 2021：浙江海洋大学学生关于社会经济
发展问题的调查与思考 / 严小军，杨灿军主编. -- 杭州：
浙江大学出版社，2024.9
ISBN 978-7-308-24644-6

Ⅰ. ①蓝… Ⅱ. ①严… ②杨… Ⅲ. ①社会发展－调
查报告－舟山－2021②经济发展－调查报告－舟山－
2021 Ⅳ. ①D675.53②F127.553

中国国家版本馆 CIP 数据核字（2024）第 035502 号

蓝色报告 2021

——浙江海洋大学学生关于社会经济发展问题的调查与思考

主编　严小军　杨灿军

责任编辑　何　瑜
责任校对　朱梦琳
封面设计　十木米
出版发行　浙江大学出版社
　　　　　（杭州市天目山路 148 号　邮政编码 310007）
　　　　　（网址：http://www.zjupress.com）
排　　版　浙江大千时代文化传媒有限公司
印　　刷　广东虎彩云印刷有限公司绍兴分公司
开　　本　787mm×1092mm　1/16
印　　张　15
字　　数　311 千
版 印 次　2024 年 9 月第 1 版　2024 年 9 月第 1 次印刷
书　　号　ISBN 978-7-308-24644-6
定　　价　68.00 元